JN069946

建築新講座テキスト

建築生産 （第三版）
Building Construction and Management

松村秀一・権藤智之　編著

角倉英明／渡邊史郎／佐々木留美子／高橋寿太郎／西野佐弥香
小笠原正豊／奥村誠一／杉田洋／片岡誠／磯部孝行／岩村雅人／森田芳朗

市ケ谷出版社

はじめに （第三版発行にあたって）

　2010 年に本書の第二版が出版されて以降，施工現場で外国人労働者の姿を見ることは日常的になり，設計コンペにおいてプロポーザル方式が広がり，新国立競技場（2019 年）で用いられた ECI など新たな発注方式も見られるようになった。こうした中で，建築をつくる社会がどのように成り立ち，どのような方向へ変化しているのか，建築とどのような形で関わるを理解しておく必要性が高まっている。

　現在，建築生産への注目はかつてないほど高まっている。

　第 1 に，建築をつくる上で理解すべき内容が広がると同時に大きな変化が生じている。

　建築生産は「建築をいかにつくるか」を扱う領域であるが，これは単なる建築「施工」にとどまらず，それ以前の企画や発注，設計や施工を経た後の再生や解体までを含む。こうした建築をつくる流れや全体が成り立つ仕組みを，設計であれ，施工であれ建築に関わる人間が理解しておくことが，「良い設計をつくる」ことの絶対条件となる。

　第 2 に，新たな建築のつくり方を実現する可能性が高まっている。

　グッゲンハイム・ビルバオ美術館（1998 年）では，航空機に用いられてきた 3D-CAD によって複雑形状建築を実現した。BIM や CNC 加工など情報技術の力を借りて行う建築生産の合理化は，新規性の高い建築には欠かせないものになった。

　施工以外にも，例えば PFI や PPP といった企画段階，運営段階の工夫は，そもそもどのようなプロジェクトが望ましいのかを問い直すもので，自治体をはじめ発注者の知識や資金が限られる中でも新しい空間づくりにつながりうる可能性を秘めている。

　近年増加しているリノベーション等の建築再生においても，設計者は設計するだけといった単純な建築生産のモデル自体を問い直すことによって，新しい魅力的な建築との関わり方が生まれる可能性がある。建築生産に関わる領域やこれまでになされてきた工夫を理解することによって，これまでに実現できなかったような建築や空間，それに関わる仕事や価値を生み出す可能性が急速に高まっている。

　上記のように，建築生産は現在進行形で変わり続けている分野であり，プロジェクトを通じて実践的に新たな動きが生み出される分野でもある。

　本書第三版では，第二版をベースに古くなった記述や統計情報を全面的に書き換えた。第二版では新たな動きとして紹介され，この 10 年で一般化したものもあれば，法規や制度が変更になったものもある。著者は第二版の著者と比較的若手の研究者，実務者が組んで各章を担当した。

　本書第三版の大きな特徴として，各章に関連したコラムを設け，新たな動きやプロジェクトの解説を加えている。

　建築をつくることには，積み木や粘土ともつながる原始的な魅力がある。本書から現在の建築生産社会がどのように成り立ち，どのような魅力を持つものかを学び，実践に結びつけていただきたい。

　2022 年 6 月

　　　　　　　　　　　　　　　　　　　　　　　　　　　　　　権藤智之

はじめに（第二版発行時）

　ここ数年，建築学科の卒業生の就職先は多様なものになりつつある。従来のように，建築学科卒業　＝（イコール）建築設計者，建築施工管理技術者，建築系公務員　というようなわかり易い図式ではなくなってきている。このことは，短期的に見れば，新規建設の需要が減少し，そうした職場での求人が以前よりも減っているという事情の反映だともとれるが，より長期的には，建築生産を取り巻く環境が大きく変化し始めていることの現れとして認識する必要がある。

　端的に言えば，設計開始から竣工・引渡しまでが建築生産業務の主要な部分だったのが，その前段階にあたる事業企画，各種の発注業務，そして後段階にあたる維持管理，再生，解体，廃棄といった業務の重要性が増してきているのである。そのため，そうした業務に関係のある職場に就職する卒業生が増えてきている。

　何故従来の建築生産業務より前あるいは後の段階の業務が重要性を増してきたのかについては，建築という行為の社会的な位置付けの変化との関連から本書の中で詳述しているが，これから建築を学び，その成果を社会還元や自己実現に結び付けたいと思う者は，それらの段階も含めて広く建築生産の仕組みを理解しておく必要がある。

　私たちが，2004年というタイミングで新しい「建築生産」の教科書をつくり，2010年にそれをよりわかり易くした本書を新たに作成した背景には，こうした共通の時代認識があり，それに相応しい教科書が見当たらないという事実があった。

　ところで，本書は，初期の意図通り，建築生産の新しい拡がりをできる限りカバーするべく編修・執筆された。だが，それだけに前書「建築生産」では，内容は多岐にわたり，一度通読しただけで完全に理解するのは困難かもしれなかった。

　そこで，今回の新版では図表を増やし文章を簡潔にするなど，より理解しやすいものを目指した。とはいえ，建築生産の全体像を一気に理解するのはやはり難しいだろう。だから，建築学を修める中で，建築に関する様々な知識が身につき，「前よりは建築の全体像がわかるようになってきたな」と思ったら，再度手に取ってみてほしい。

　皆さんが，本書で得た知識や思考法を用いて，本書に出ていないような内容の建築生産のあり方を切り開くことができたら本当に素晴らしいと思う。執筆者一同心より期待している。

　2010年9月

編修執筆委員長　松村秀一

目　　　次

本書の構成と使い方等について

1) 本書は，主として第Ⅰ編（第1章から第6章）で，建築生産全体に関わる，あるいはそれを規定する事柄を扱い，第Ⅱ編（第7章から第14章）では，建築プロジェクトのプロセスに沿って，構成する業務の内容や関連する理論と手法を扱っています。

2) 各章は，概ね1回の講義で扱える内容を心がけており，合わせて1学期分の講義に対応するように編修しています。

3) 建築生産は非常に拡がりのある分野です。そのため，この教科書の中には，それだけで一つの科目を構成するような章がいくつも存在します。

　具体的には，建築法規，建築施工等の科目にも利用できる内容を多く含んでいますので，「建築生産」という名称の科目でなくても，広く教科書や副読本として利用できるものと考えています。

　本書第三版では，実務の現場に出る人たちを意識してまとめていますので，企業研修にも役立つと思っています。

4) その他，以下のような点に注意してお使い下さい。
　・「総合工事業者」，「元請業者」と「ゼネコン」，あるいは「技能工」と「職人」のように，同じ対象を意味しているのに異なる用語を用いている場合があります。できるだけ用語は統一しようと心掛けましたが，個々の文脈によって最も適切な表現がある場合には，そちらを優先することとしています。

5) 統計データや法令等は，令和4年（2022年）1月の時点で見直しをしていますが，必ずしも最新のものとは限りません。

第Ⅰ編
建築生産を支える基礎要素（インフラ）

第1章
建築生産とそれを取り巻く環境の変化

1・1　建築を学ぶ中での建築生産の位置付け

　建築構法，建築構造，建築材料，建築計画，環境工学，建築設備，建築史，建築法規，建築設計等々，大学や高専や工業高校や専門学校等で建築を学んでいる人は，こうした建築に関わる様々な専門分野の基本的な事柄を扱う講義や演習を受けて，徐々に実社会での建築活動を通じて活躍するための基礎的な力を付けていく。

　しかし，それぞれの講義や演習の内容が，実際の建築活動とどう結び付くのかや，そもそも建築活動とはいっても具体的にどういう種類の職場があり，自分たちの将来の活躍の場はどのようなふうに広がっているのかは，なかなかわからないし，ぼんやりとしたイメージしか持てずにいるのではないだろうか。

　本書が扱う「建築生産」という科目は，設計開始から竣工・引渡しまでの建築生産業務の主要な部分だけでなく，近年益々重要性を増している，その前段階にあたる事業企画，各種の発注業務，そして後段階にあたる維持管理，再生，解体，廃棄といった業務について，またそれに対応した職場や産業について学ぶ科目である。

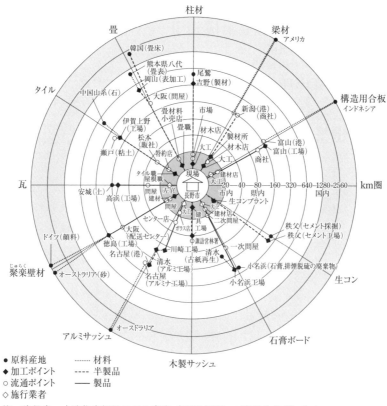

注．建設省，木造住宅振興モデル事業（長野市域）の資料を参考にした。
図1・1　住宅現場に届くものの物流距離図（1985年・遠藤和義）

この科目を学べば，いろいろな専門分野の講義や演習で学んだことが，どのような形で将来の実務に結び付いてくるのかが，かなりはっきりと見えてくるだろう。

1・2　建築生産の面白さ

建築生産とは人々の居住環境としての建築空間を実現することである。そこでの課題は，どのような建築空間をいかにして実現するかということだが，一般に「建築生産」という言葉を使う場合には，「どのような建築空間を」という課題よりも「いかにして実現するか」という課題のほうを強く意識する。

ここで，ごく普通の現代日本の住宅について考えてみよう。誰かの生活を支えることになるその住宅は，一体何人ぐらいの人たちによって実現されるだろうか。20〜30人程度と考える人がいるかも知れないが，それでは到底足りない。まず，住宅の建設現場で働く技能工の種類だけで，大工・左官屋・建具屋・畳屋・瓦屋・水道屋・電気屋・ガス屋等々といった具合に，30を超えるのが普通である。一つの職種それぞれに2人ずつ作業をすれば，それだけで60

〜80人にはなってしまう。

しかも，住宅を実現するのに関わっているのは建設現場に出入りする技能工だけではない。大工が組み立てる柱や梁といった木材は，国内外どこかの製材業者の手で所定の断面，所定の長さの木材に加工されたものだし，元々その木は別の林業関係者の手で育てられたものである。畳にしても，建設現場に出入りする畳屋が全てを作っている訳ではない。畳表は国内だと熊本の，国外だと中国のイグサ農家がつくったものである可能性が高く，縁は国内最大の産地，岡山県の専門業者が大量生産した可能性が高い。畳表の下に隠れている畳床は建材メーカーの大工場で製造された化成品かもしれない。つまり，建設現場に出入りするそれぞれの技能工の背後では，もっと多くの人々が住宅の部分をつくる仕事に従事している訳である（図1・1）。

さて，この住宅の例が示しているように，一つの建築を実現するのには，実に大勢の人々，多くの種類の産業が，場合によっては国境を超えて関わっている。そして，建築の面白さは，いつも決まった組合せで仕事をしている訳ではなく，「今度のプロジェクトでは，どこのどんな技術を持った産業にどの部分をつくってもら

図1・2　他産業の先端技術を建築に適用した例（北京五輪水泳センターにおける新素材 ETFE の適用）（文献1）

図1・3　伝統工芸を適用した例（京都迎賓館　晩餐室柱，長押が設けられ，随所に伝統技能が活用された日本的な空間（左：舞台扉には截金，右：綴織天井照明：指物の技能で製作された立体的な障子））（文献2）

おうか」と，プロジェクトごとにある程度，自由に構想することができる点にある。従来建築の分野では用いられてこなかった他産業の先端技術の利用可能性に着目してそれを建築生産に応用すること（図1・2）も可能だし，ある建築が実現される地域ならではの伝統工芸産業の力を借りること（図1・3）も検討対象になり得る。

　本書は，建築を志す学生が，こうした産業と生活を結び付けるデザインとしての建築生産の面白さを知り，将来それを自分のものにするために必要な知識を身に付けることができるように構成されている。

1・3　ストック型社会の中での建築生産

　建築生産は社会的な活動そのものであり，時代によってその内容も問題の所在も少なからず変化する。殊に現在は，人口が減少に転じ始めた時代の大きな転換点であり，建築生産を学ぶ人にとってそのことは極めて重要な意味を持っている。

　それでは，建築生産に求められる事柄はどのように変化してきているだろうか。かつて「建築生産」という言葉が意識的に用いられ始めた背景には，近代的な建築空間が不足しておりそれを効率的に生産しなければならないという課題が存在したのだが，今や，そのことは大きな課題ではなくなりつつある。

　今日の日本においては，高度経済成長期以降の旺盛な建築生産活動の結果，近代的な建築空間は量的に充足している（図1・4）。また，前述したように，これまで増加の一途を辿ってきた人口も，今後は減少し続けることが予測されており，建築空間への需要そのものが減少する。したがって，これからの日本においては，もはや不足する建築空間を効率的に生産することは大きな課題とはならず，これまで使われてきた建築ストックの老朽化や陳腐化にいかに効果的に対応するかが大きな課題になる。具体的には，既存ストックに手を加え居住環境として再生させる行為（図1・5〜7）や，既存ストックを合理的に運営する行為が，建築生産の中で大きな位置を占めることになる。

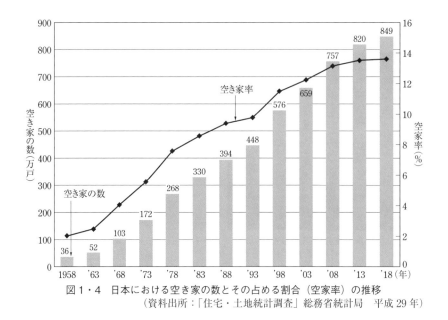

図1・4　日本における空き家の数とその占める割合（空家率）の推移
（資料出所：「住宅・土地統計調査」総務省統計局　平成29年）

(a) 工事中　　　　　　　　　　　　　　　(b) 完成後

図1・5　既存建物に外断熱を施し，外装を一新した例（デンマーク）

図1・6　既存建物の上に1層分増築した例
（デンマーク）

図1・7　既存建物の側面に部屋を増築した例
（フランス）

1・4　発注者側から見た建築生産

　時代の転換の中で重要視されるべき事柄の一つにプロジェクトの起こり方がある。

　近代的な建築空間が不足しており，次々に新しい建設プロジェクトが起こっていた時代には，プロジェクトの起こり方やそれに影響されるプロジェクト組織の編成は問わずもがなであった。

　しかし，建築空間が量的に充足している時代にあっては，どのようにして新しいプロジェクトが起こるか，どのようにして新しいプロジェクトを起こすかが，建築生産の最重要課題の一つになる。そして，そのことに伴って，新しいプロジェクトを起こす発注者の役割がより重要なものとして意識されることになる。

　建築を志す学生の中にも，将来発注者側に立

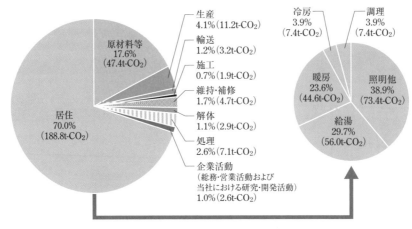

図1・8　建物の LCCO$_2$ の構成比（資料出所：積水ハウス㈱ホームページ（2012年）より）

って活躍する人も増えるだろう。したがって，プロジェクト目標の設定，資金の調達，目標達成のために最も効果的な発注方式の選定等において，発注者がどのような行動をとるかによって，その後の建築生産のプロセスや組織形態が変わり得ることを十分学んでおいて欲しい。

1・5　環境問題と建築生産

　これからの建築生産を考える上で念頭に置かなければならない事柄に，その環境への影響の大きさがある。

　建築生産に伴う環境への影響としては，建設時や運用時のエネルギー消費や炭酸ガス排出もあるが（図1・8），本書では特に建築の解体・廃棄に伴う問題への対応を意識的に取り上げている。そのため，従来，主として竣工・引渡しまでを対象としていたのに対して，本書では，利用段階から利用を止め解体，資源循環に至るまでの一連のプロセスを建築生産の対象範囲としている。

　具体的には，既存ストックを長期に亘って運用する上での維持保全やファシリティマネジメ

ントといった課題，解体とその後の資源循環に関わる課題について，十分に学べるように配慮している。

1・6　建築生産を支える産業と人材

　ところで，建築関連産業は日本の産業全体の中で大きな位置を占めてきたし，そのことへの期待は今もなお大きい（図2・9）。しかしながら，これまで建築関連産業を支えてきた国内の新築需要は今後減少するものと考えられる。そうした中で，建築関連産業が日本経済を牽引する中核産業であり続けるためには，上に述べたような大きな変化の方向を見据え，新たな産業のあり方を見極める必要がある。

　本書では，これから社会に巣立つ人々の活躍の場や形態の変化をも意味する産業の変化の方向について，考える材料を十分に提供しておきたいと考えている。活動の場の国際化をも意識し，要所要所で海外の事情との比較や日本の特殊性を説明している点，さらに終章で著者グループの考える産業の未来像を示している点等に注意して学習することを薦めたい。

コラム

卒業生の就職先と「建築生産」　　　　　　　　　　　　（松村秀一）

　最近は，ホームページ上で卒業生の就職先をわかりやすいグラフ等に表して紹介している大学が多い。下には東京大学の例をあげたが，これを見てわかったような気になる学生の方も多いだろう。でも，果たしてどこまでわかっただろうか。

　例えば「建設業」や「設計事務所」。それぞれが「業」としてどういう成立ちのものかも，中に入るとどのような仕事をしているのかも，規模や業務内容から見てどのような種類があるのかも，よくわからないというのが正直なところだろう。これをわかるようになることが「建築生産」という科目の目的の一つである。

　他方，未来に向けて，ここでは「その他」とされている新しい活動領域を作っていくための基礎知識を身につけてもらうのも「建築生産」の目的の一つである。

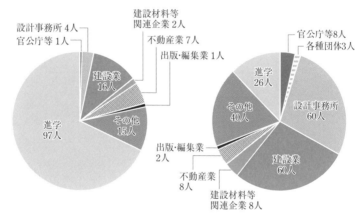

学部卒業生　　　　　　　　　　　　大学院修士課程修了生

（東京大学大学院工学系研究科建築学専攻 2021 年進振ガイダンス資料より）

第 2 章

建築生産と産業構造 I ── 一般建設業

2・1　建設産業の担い手と市場構成

2・1・1　日本の建設市場の規模と特徴

　2020 年度の建設市場の規模を示す建設投資額（土木と建築の計）は，63.2 兆円（2020 年 10 月国土交通省発表の見込み値（名目））である。これは，GDP（国内総生産）の 11.8% に相当する。ただし，この数値には，リフォーム・リニューアル，維持・修繕，再生に関わる工事は含まれていない。

　過去の建設投資額の推移を見ると，バブル経済崩壊直後の 1992 年度に 84.0 兆円，対 GDP 比 17.4% のピークがあり，現在はその約 3／4 の規模に縮小している。

　図 2・1 は，建設投資額を土木と建築に分けて推移を見たものである。土木と建築は工事目的物の違いだけでなく，前者が政府による投資，後者は民間による投資が大半を占める性格の違いがある。

　建築投資は，2020 年度 38.2 兆円で，建設投資額全体の 60.4% を占める。建築投資のピーク 1990 年度は 52.2 兆円，対建設投資額比 64.1% で，バブル経済期の建設投資全体の増加は，民間の旺盛な設備投資を中心とした建築投資の伸びによるものであった。バブル経済崩壊後，その反動によって建築投資が縮小する一方，政府は景気対策の一環として公共事業を増加させたことがグラフからもわかる。2011 年以降，東日本大震災からの復興工事や好況によって特に建築投資額は増加傾向にあった。

　市場規模は，金額ベースの建設投資額のほか，建築着工床面積でも見ることができる。建設投資額の推移は，工事量の変動に加え，それに連動することの多い工事費の上昇・下落の影響も

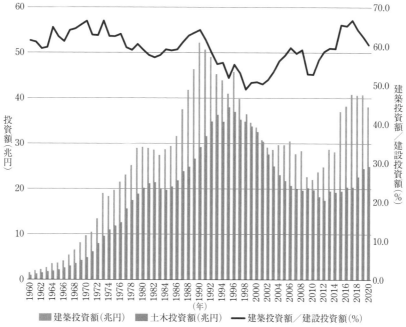

図 2・1　建設投資額の推移（資料出所：国土交通省）

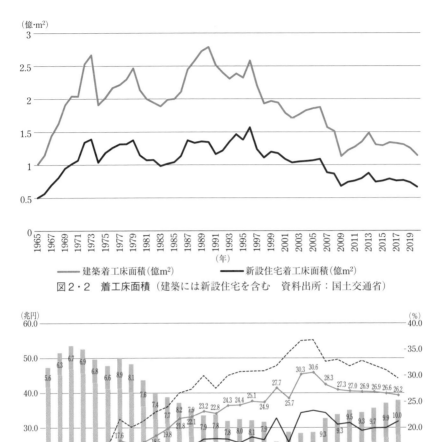

図2・2　着工床面積（建築には新設住宅を含む　資料出所：国土交通省）

図2・3　元請完成工事高における維持・修繕工事の推移（資料出所：国土交通省，建設工事施工統計調査）

受ける。それに対し，着工床面積の推移は，実際の需要量の変化を直接的に表す。

図2・2は，建築と新設住宅（建築には新設住宅を含む）の着工床面積の推移である。1972～73年，1978～79年，1987～91年，1996年頃に建築全体で2.5億 m² 程度以上まで拡大する局面があった。建築全体で年間3億 m² の水準に近づいたこの4回のピーク時に，工事単価が上昇している。

リーマンショック後の2009年は，ピークで

あった1991年度の年間2.79億 m² から，同1.13億 m² へと約59％ も減少した。なお1996年の上昇は，1997年4月の消費税率アップに起因する住宅を中心とした駆込み需要によるものである。

図2・3は，近年，縮小傾向にある新築市場に対比して，注目されているリフォーム・リニューアル，維持・修繕，再生に関わる工事量の推移を見たものである。建築工事に占める維持・修繕工事の完成工事高の割合は，2010年

頃まで増加傾向にあり，東日本大震災後にピークを迎え2012年度には建築工事全体で30.6%と，1990年度の11.9%から3倍程度まで割合が増加したが，その後は横ばいか減少傾向にある。住宅，非住宅で比較すると非住宅の建築工事の方が維持・修繕の割合が高く推移している。

2・1・2 建設業の概要と現状

わが国では，国内で以下の1〜3に示す規模の建設工事を行う者は，建設業許可を必要とする。

① 500万円以上の工事
② 1,500万円以上の建築一式工事
③ 延床面積150 m^{2}以上の木造住宅工事

許可を受けるには，建設業に関する経営経験・技術力・誠実性・財産的基礎の4基準を満たす必要がある。また，許可は一般建設業者と特定建設業者に分けられ，元請工事1件につき総額4,000万円（建築一式工事では6,000万円）以上の下請契約を締結するためには，特定建設業者である必要がある。特定建設業者は，上記の4基準がより厳しく設定され，下請人の保護に関する規則も加えられている。

2020年3月末現在で，47.2万業者が建設業許可を取得している。

許可は，大臣許可と知事許可に大きく分けられる。知事許可は一つの都道府県にのみ営業所を有する場合，大臣許可は，2以上の都道府県に営業所を有する場合に必要となる。

また，許可は担当する工事の内容によって29業種に区分され，大きく，元請として工事一式を請け負うことの出来る建築工事業・土木工事業と専門工事業に分けられる。建築工事の元請となる建築工事業は，約15.1万社ある。2016年6月より新たに解体工事業が業種区分に加わった。

図2・4は，すでに見た①建設業許可登録業者数に加えて，②当該年度に施工実績のある事業者数，③そのうち，建設業専業の業者数の推移を示す。③が業者数の実態に最も近いと考えられ，約16.1万業者となる。ただし，これには総合建設業者，専門工事業者が合算されている。

許可業者数は，1971年4月の建設業法改正の影響（1974年4月に登録制から許可制に移行）で，未登録業者の駆込み登録により大きく増えた。その後，許可業者に限れば，市場の低迷期（1970年代やバブル経済崩壊後）に業者数が増え，市場拡大期（バブル経済期や消費税率アップによる駆込み需要のあった1996年）

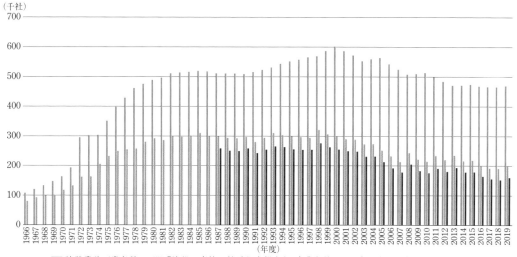

図2・4　建設業者数の推移（資料出所：国土交通省，建設工事施工統計調査，土木などを含む）

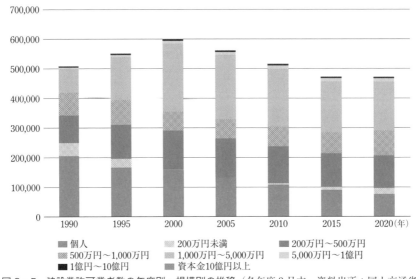

図2・5　建設業許可業者数の年度別・規模別の推移（各年度3月末，資料出所：国土交通省）

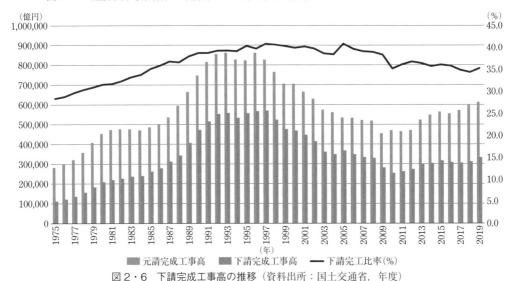

図2・6　下請完成工事高の推移（資料出所：国土交通省，年度）
注．下請完成工事高とは，発注者（建築主）から直接ではなく，他の建設業者から下請として請負った建設工事
の完成工事高である。

に減少や増加率が低下する経験則が認められた。しかしながら，図2・5に示すように市場の縮小している2000年以降においても60万業者をピークに減少に転じており，建設業を取り巻く環境の変化と，業界の行動様式の変化を示している。

　一方，建設業で働く就業者の数は，バブル経済崩壊以後も1997年まで増え続け，685万人のピークに達した。他産業の多くはこの時期就業者数を減らしており，建設業が雇用の安全弁として機能していたことがわかる。

　しかし，1998年以降，就業者は減少に転じ，2020年以降ほぼ横ばいで2021年3月は499万人となっている。

　図2・5は，許可業者の規模別の推移を示す。建設業における中小企業の範疇は，資本金ベースで3億円以下となるが，現在，99％程度がそれに該当する。小規模零細な業者の占める割合が高いが，2000年以降の許可業者数全体の減少は，この層の減少によるところが大きい。

表2・1　グローバル建設企業の売上高ランキング（2003年と2020年の変化）（資料出所：Engineering News Record，売上の単位は100万ドル。2003年のランキングは225位まで確認し社名が同じであったもののみ）

2020年	2003年	企業名（国名）	2019年総売上高	うち海外売上高
1	13	CHINA STATE CONSTRUCTION ENGINEERING CORP., (中)	180354.6	14143.3
2	–	CHINA RAILWAY GROUP LTD., (中)	154905.3	6571.7
3	17	CHINA RAILWAY CONSTRUCTION CORP. LTD., (中)	123427.0	8205.0
4	–	CHINA COMMUNICATIONS CONSTRUCTION GROUP LTD., (中)	89506.1	23303.8
5	–	POWER CONSTRUCTION CORP. OF CHINA, (中)	57009.3	14715.9
6	1	VINCI, (仏)	54574.0	24499.0
7	51	ACS, ACTIVIDADES DE CONSTRUCCION Y SERVICIOS, (西)	45016.0	38950.3
8	52	CHINA METALLURGICAL GROUP CORP., (中)	43558.9	2851.2
9	39	SHANGHAI CONSTRUCTION GROUP CO. LTD., (中)	40200.3	663.6
10	2	BOUYGUES, (仏)	33225.0	17142.0
11	6	HOCHTIEF AKTIENGESELLSCHAFT, (独)	30243.0	29303.0
12	–	CHINA ENERGY ENGINEERING CORP. LTD., (中)	27000.9	5325.2
13	–	BEIJING URBAN CONSTRUCTION GROUP CO. LTD., (中)	21196.0	607.6
14	22	STRABAG SE, (オーストリア)	18668.6	15659.4
15	8	大林組 (日)	17937.0	4323.0
16	–	EIFFAGE, (仏)	17426.0	5203.0
17	–	SHAANXI CONSTR. ENG'G HOLDING GROUP, (中)	17076.2	0.0
18	–	CHINA NATIONAL CHEMICAL ENG'G GROUP CORP. LTD., (中)	16735.3	4478.3
19	4	鹿島建設 (日)	16419.3	3790.1
20	3	SKANSKA AB, (スウェーデン)	16116.4	12881.3
21	5	大成建設 (日)	16092.0	375.0
22	–	LARSEN & TOUBRO LTD., (印)	16055.5	4094.5
23	9	BECHTEL, (米)	15891.0	5277.0
24	–	FERROVIAL, (西)	15714.0	12064.8
25	28	HYUNDAI ENGINEERING & CONSTRUCTION CO., (韓)	15165.6	6300.0
29	7	清水建設 (日)	14024.5	1180.5
35	10	竹中工務店 (日)	11335.0	1108.0

THE TOP 250 INTERNATIONAL CONTRACTORS (ENR) の2020と2003より

　こうした規模の階層は，元請・下請・孫請といった建設業の重層下請制にも関係している。図2・6のように，下請完成工事高[1]は，1990年代に増加し，近年は35％程度で推移している。建築生産の実態は，その過半を下請に依存していることがわかる。

　資本金階層とは別に，わが国の建設会社は，年間受注高や完成工事高を指標として，大手5社，準大手，中堅，……といった層に分けることができる。ただし，大手企業の市場占有率は

1)　発注者（建築主）から直接ではなく，他の建設業者から下請として請負った建設工事の完成工事高をいう。

他産業に比べて低く，20 数パーセントにすぎない[2]。

表 2・1 は，米国の建設系専門雑誌 Engineering News-Record が 2021 年にまとめた 2003 年と 2020 年のグローバル建設企業の売上高ランキング上位 25 社と日本の大手建設会社 5 社を合わせたものである。バブル経済期には，このランキングで日本企業がトップとなったこともあった。日本の大手 5 社は，国内市場の縮小と海外工事（自国外での工事）の比率が同規模の欧米企業に比べて低いこと等によって，順位を下げている。建設活動の活発な中国が国内市場のみでも圧倒的な売上高となっている。

2・2　建設業の歴史

2・2・1　社会的分業成立以前

　建設行為の原初の姿は，その使用者の自力によるものであったはずである。次に農耕などと結び付いた共同体の成立によって，建設行為はその内部の共同作業へと展開していったと考えられる。こうした共同体内部の労働の交換の名残ともいえる「結」などの慣習は，島嶼や山村などにおいて，躯体の建方や屋根葺きなど，比較的大がかりな工程に現在も残っている。たとえば，世界遺産にも登録されている岐阜県大野郡の「白川郷」における結は，合掌家屋の屋根の葺き替えに限らず，生産および生活全般にわたる近隣の合力組織として，重要な役割を果たしていたことが知られている。また，海外においてもこうした共同作業による建設は広く見られ，現在に引き継がれているものもある。

　次の段階として，おそらくはこうした共同作業の繰り返しから，ある種の専門化が生じたと考えられる。より効率的な生産を目指した作業の分解が必然的に発生し，各作業を得意とする者が現れる。やがて彼らは，農業や漁業などの生業を持ちつつも，必要のあるときは器用職人として労働への対価を得るようになったと考えられる。

　その後の人口増加や生産力の上昇による建築需要の増加によって，彼らに専門的・固定的な社会的分業が定着する。古代において，大工・左官などの専門工はすでに存在したことがわかっている。また，のちには，「渡り」などと呼ばれる仕事を求めた彼ら自身の移動によって，その専門化が進んだ。

2・2・2　直営による建設

　専門工の存在が安定すれば，発注者は彼らを中心に人を雇い，材料や道具を支給し，仕事を指示して建設行為を遂行する。専門工には働いた日数に応じて給与を支払う。このシステムを「直営」と呼ぶ。中世・近世初期までは，これによる建設が一般的であった。直営は工事の運営や管理に関わる知識や技術，また建物完成の最終的な責任が，発注者側に存在することを前提とする。専門工の役割は，まだ直接的な労務提供にとどまった。

　古代から，発注者側にこのマネジメント能力を担保するための組織が発達した。建設行為は，外敵からの防御や生産活動など国家の成り立ちとの関係が深く，当時の国家機関や政治体制と非常に強い関係を持って発展した。

　後にも，長大トンネルの工事など完成責任を発注者側で負担せざるを得ない場合や，材料の選択や手間のかけ方などに発注者側の自由裁量を大きく確保したい数寄屋の普請などにおいて，直営は適所に用いられ，現在に至っている。

　一方，専門工の地位は，その熟練技能に基礎を置いている。建築工事に関わる技能は，現在でも比較的長期の修得期間を要する。熟練に至る過程や熟練レベルの個人差によって，親方・職人・徒弟などの階層が発生し，専門工グルー

---

2)　一般社団法人日本建設業連合会法人会員 95 社の受注額

プが形成される。その結果，発注者は専門工グループへの対価を親方にまとめて支払う場合も出てくる。それによって，専門工グループ内部で親方の裁量権もある程度拡大するが，依然として仕事全体の責任と権限はまだ発注者にある。

こうした専門工グループは，工事を通じて自然発生的に組織され，彼らは比較的早い時期に当時の政府機構から分離して，民の系譜を本流に，座などを形成しながら発展していった。

2・2・3　請負の発生

建設工事の請負は，13世紀には行われていたという記録がある。ただし，それは労働だけの請負，いわゆる手間請けで小規模工事に限られていた。中世の終わりの座の排除後，近世に入って請負はさらに拡大する。先行したのは，商人による木材など材料の納入請負で，これが入札に付されるようになった。

現在の建設業の典型的な契約方式である，材

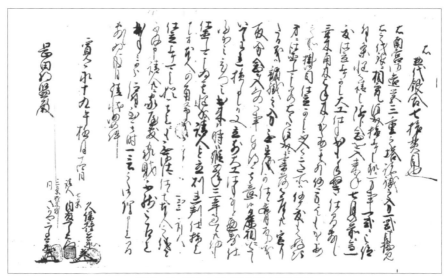

図2・7　南宮大社三重之塔の請状奥書

右

　惣代銀合せて七拾貫目也

右，南宮三重之塔御造営諸職の分に目論見，右の代銀に相究め，注文指上げ申し候処に，万事一式に仰せ付けられ候条，慥に御請け申し候。随分念を入れ，来年七月以前に急度仕立上げ申すべく候。大工仕事少しも手ぬき仕るまじく候。垂木，角木，は年木のかため，其外何方にても，かための所は御目に掛けて仕立申すべく候。若し，右の御注文に書落御座候とも，定たる義は，諸職の分異儀なく仕るべく候。葺瓦の義，取分け念を入れ候への御事，其意を得奉り候。亀相にいたし，いてわれ損じ申し候はば又立前大工仕事など，悪しく仕り，ゆがみ，ひづみ出来し候時は，縦い五年，三年過ぎ候とも，何も仕直し申すべく候。其のため慥なる諸人を立て，則ち連判仕り指上げ申し候間，本人何角滞の義御座候はば，万事請人より仕立上げ申すべく候。猶其上にも無沙汰仕り候はば，本人の儀は申すに及ばず，請人とも，家屋敷，家財残らず召上げられ，曲事に仰せ付けらるべく，其時に至り一言の御理申し上げまじく候。後日のため請状仍って件の如し

寛永十九年午極月十四日

岡田將監殿

　　　　　　久保権兵衛　印（花押）

　　七条

　　　請人　内藤一郎右衛門　印

　　　　　　三条材木町

　　　　同　さかや二郎兵衛　印（花押）

図2・8　請状の文面

工一式の建設請負の初期の実例の一つが，寛永17年（1640年）の美濃南宮神社の造営である。このとき先行した諸殿は，業種別の請負で入札によったが，三重之搭は一式請負で施工された。

図2・7，8は，南宮大社三重之塔の請状である。この文書は，請負，とりわけ現代のゼネコンやプレハブ住宅メーカーの一式請負の誕生当時を伝える貴重なものである。

請状は，『惣代銀合せて七拾貫目也。右，南宮三重之塔御造営諸職の分に目論見，右の代銀に相究め，注文指上げ申し候処に，万事一式に仰せ付けられ候条，慥に御請け申し候。随分念を入れ，来年七月以前に急度仕立上げ申すべく候』と始まる。

一式の工事費と工期が示され，請負としての基本的な要件をまず満たしている。文書中に具体的な施工法等の指定はなく，請負者の裁量による下請の管理等の良否が工事の経営を左右する。言外にその「リスク」は，請負者側にあることが示されている。

また，『御意に入らざる所は何ケ度も，御好み次第に仕直し申すべき候』とあり，顧客満足度を追求する現代の品質管理にも通じる考え方が表明されている。

また，『大工仕事など，悪しく仕り，ゆがみ，ひづみ出来し候時は，縦い五年，三年過ぎ候とも，何も仕直し申すべく候』と，現代の品質保証，瑕疵担保責任に通じる精神が表明されている。さらに，『無沙汰仕り候はば，本人の儀は申すに及ばず，請人ともに，家屋敷，家財残らず召上げられ，曲事に仰せ付けらるべく』とあり，請負う側の責任は非常に大きい。

2・2・4 建設業の誕生

江戸後期や明治期になると，それまでの職人の技量や信用を基盤にした請負業ではなく，一定の資本を有し技術にも明るく，資材や労務の調達など建築工事のリスク一式を引き受けることを事業とする近代的な建設業者が見られるよ

うになる。特に明治期の大規模建設工事において，現代の大手建設会社に通じる請負業者がこれを請負い，企業規模を拡大する例が複数見られた。横浜での洋風建築や築地ホテル館（1868）などに関わった清水組（1804年創業，現清水建設）はその代表例といえる。

建設業は，1949年（昭和24年）に制定された建設業法で，『元請，下請その他いかなる名義をもってするかを問わず，建設工事の完成を請け負う営業をいう』と定義された。請負の定義は民法にあり，『請負は当事者の一方がある仕事を完成することを約し，相手方がその仕事の結果に対して，その報酬を与えることを約することによってその効力を生ず』である。

つまり，建設工事の発注者は，工事目的物を設計図書等で請負者に明示し，工事一式の代金や工期などを請負者との間で取り決め，その完成に対して報酬を支払う。建設産業は，この請負の成立からスタートしたというのが定説である。当然，それ以前にも請負とは異なる形態の建設行為は存在したので，建物や建設行為の歴史に比べ，建設業のスタートは，それに相当遅れたことになる。

過去・現代を問わず，一般に建築工事の履行には様々なリスクが含まれている。契約の履行に関連して起こり得る全てのリスクを排除して契約すれば，請負というビジネスモデルの必要性は薄れ，請負者であるゼネコンやプレハブ住宅メーカーも当然その存在理由を失う。つまり，建築工事に含まれる本質的で適度なリスクの抑制とそれへの対価によって，建設業は成り立っている。

2・3 建設労働

2・3・1 労働市場

(1) 建設業就業者

図2・9は建設業就業者数の推移を示している。建設業就業者数は1992年以降の建設バブ

ル崩壊以降も一貫して増加してきたが，1997年の685万人をピークとして以降減少に転じている。2010年以降は500万人程度で推移しており，2020年は492万人で全産業の就業者数に占める建設業就業者数は7.4%である。厳密

にいうと，日本標準産業分類のうえでは建築設計事務所につとめる設計者はサービス業，ディベロッパー企業内部の技術者は不動産業など統計上の建築関連技術者は他産業に属しているため，広い意味の全就業者にしめる建設業関係者

図2・9　建設業就業者数の推移（1972年まで沖縄県を含めない。2012年から産業別分類の変更あり，2011年は東日本大震災の影響により推計値）

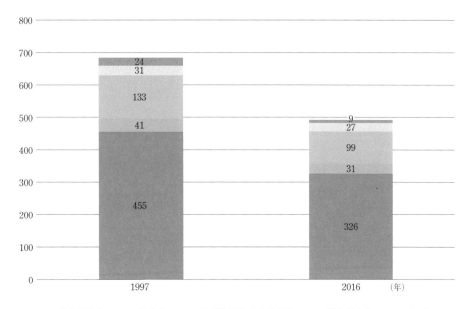

図2・10　就業者数減少の内訳（職種別，労働力調査を基にした国土交通省の推計）

の割合はもっと高くなる。

さて，建設業は労働集約的で参入障壁が低いため，経済不況期に労働者を吸引するという意味で雇用安定に寄与してきたが，その分だけ労働生産性を低い水準に押しとどめてきたともいえる。2016年度時点の建設業就業者数492万人の内訳は，生産現場で働く技能労働者が326万人，現場を管理するなどの技術者が31万人，管理的職業，事務従事者が99万人である（図2・10）。最近の，建設業就業者数の減少は，現場で働く技能労働者・労務作業者などのブルーカラー層であり，建設現場の空洞化が心配される。

(2) 多様な雇用形態

建設業は総合工事業をはじめ様々な専門工事業との重層構造からなっており，一般的な建築プロジェクトでは，3〜4次下請まで重層化している。さらに，建設業は受注産業であり，需要の季節変動も大きいことから技能労働者や労務作業員を製造業のように社員として雇用することが難しい。技能労働者は，専門工事業や工務店等に雇用されていると一般には解釈されがちであるが，厳密には雇用といえない場合が少なくない。

専門工事業における従業者の区分は曖昧かつ複雑である。専門工事業が請負う工事において，その専門工事業と何らかの関係，少なくとも指揮・監督を受ける関係にある人を，従業者と呼ぶことにする。この従業者を専門工事業における呼称でいうと，「正社員」，「協力業者の従業員」，「その他の従業員」の3つに分類できる。このなかで，技能労働者が「正社員」に位置づくことは少なく，「その他従業員」に含まれる場合が大多数である。その内訳は「直用」，「常用」，「日雇」など様々である。「直用」とは直接雇用，「常用」は常時雇用（使用）の略語と解される。[3]「直用」の対義語となる「間接雇用」は，派遣労働において労働者と派遣先との間に派遣元が入る形態をさす。「常時」の対語である「臨時」がある。また，「準直用」，「半直用」などのより不安定な処遇・呼称が存在している。技能労働者に関してはこのように複雑な雇用形態となっている。2022年現在，コロナ禍での雇い止め，派遣切りが大きな社会問題になっているが，建設業の技能労働者の雇用条件を取り巻く状況はより深刻であると言える。

(3) 建設労働力の不足

国土交通省の労働力調査によると，バブル期には3%〜4%を示していた労働力不足[4]はバブル崩壊以降には急激に解消し，建設投資が縮小してきた1998年以降2004年までは不足率がマイナスの値となっており，やや過剰な状況となっていた。2005年以降，一度は不足の状況を示したものの2008年から過剰の状況に逆戻

図2・11 技能労働者不足率（単位%，8職種計，季節調整値，資料出所：国土交通省）

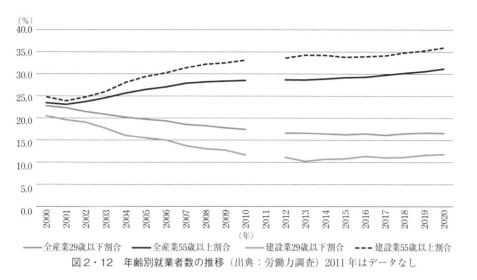

（%）

図2・12　年齢別就業者数の推移（出典：労働力調査）2011 年はデータなし

凡例：全産業29歳以下割合　全産業55歳以上割合　建設業29歳以下割合　建設業55歳以上割合

りしていた。2011 年の東日本大震災によって状況は一変して不足の状況となり，緩和はされたものの不足の状況は続いている。短期的な建設労働力の需給は建設需要の増減に左右されるため，中長期的な視点で労働力のバランスを見ていく必要がある（図2・11）。

　一方，全産業と建設業就業者の年齢別割合の推移を示したのが図2・12である。全産業と比較して，建設業は 55 歳以上の割合が増加し，29 歳以下の割合が減少している。これは若年者の入職が少ないとともに，今後比較的高齢の熟練労働者の離職が増えることが見込まれ，技能の継承も大きな課題であると言える。

2・3・2　労働条件

(1)　労働時間

　図2・13 は年平均の建設業と全産業の労働時間を示している。総労働時間は 1990 年前後のバブル期の 2,200 時間／年からは減少しているが，2000 年頃からは 2,000 時間／年強で横ばいである。建設業の労働時間は全産業と比較する

と月あたり 20.8 時間，およそ 2.5 日間長く，製造業で定着している週休 2 日制などの条件が建設業では満足されていない。建築作業所において 4 週 8 休（4 週間で休日が 8 日）を実現した割合は 4 割程度にとどまる[5]。このような労働時間は総合工事業と専門工事業の従業員では置かれている状況が異なり，現場作業を伴う専門工事業の労働時間が長い。

(2)　賃金

　建設業の生産労働者の労働賃金は 1980 年代後半から 1990 年代前半のバブル期に急増した。その後も労働賃金は横ばいとなり，1997 年以降は徐々に減少に転じている（図2・14）。建設男性生産労働者と全産業男性生産労働者の年間賃金格差は 2009 年時点で年間 130 万円程度建設業が少なく，屋外労働など過酷な労働条件であるのに賃金的に報われているとはいえない。労働時間と同様に，労働賃金も総合工事業と専門工事業の従業員とでは格差が存在する。また，各専門工事業間でも賃金格差が存在している。さらに，給与の地域間格差も存在してい

---

3)　請負（定められた範囲の作業の遂行）に対して，常用（定められた作業を一定期間実施）という用語が用いられる場合もある。
4)　国土交通省の労働力需給調査に基づいている。建設業許可を受け，資本金 200 万円以上で労働者を直用する法人企業約 4000 社が調査対象。不足率＝（確保したかったができなかった労働者数－確保したが過剰となった労働者数）× 100 ／（確保している労働者数＋確保したかったができなかった労働者数）
5)　日本建設産業職員労働組合協議会による 2020 年 9 月の建築作業所へのアンケート結果より。

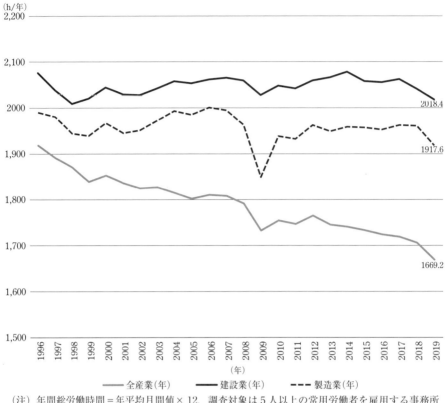

図2・13　年間労働時間の推移（資料出所：厚生労働省「毎月勤労統計調査」）

る。これらの賃金格差は厚生労働省の毎月勤労統計調査などで確認することができる。

2・3・3　福利厚生

　労働者の労働条件は，賃金や労働時間のほかに，病気や失業あるいは退職後の生活保障のための給付が重要な問題になる。このような賃金以外の労働条件を整えるために事業主は，賃金以外の費用の手当をする必要がある。このような賃金以外の費用を含めて労働者を雇用するために支出する費用を労働費用という（図2・15）。そして，賃金以外の労働費用を賃金外労働費用という。賃金外労働費用の中で特に大きな比重を占めるのが法定福利費である。

　法定福利費とは，労災保険，雇用保険（この2つを総称して「労働保険」という），健康保険，厚生年金保険（この2つを総称して「（狭義の）社会保険」という）の保険料（表2・2），

児童手当拠出金，身体障害者雇用納付金，労働基準法の休業補償などのうち事業主が支払う福利厚生費をさす。これらの福利厚生費の合計は，事業主が労働者に支払う賃金の60％をしめるという試算がある。したがって事業主が労働者を社員として雇用するためには多くの社会保険料の負担が必要になってくる。この社会的保険料の負担を減らすため，技能労働者を社員として雇用せず，工事を外注する形で外部の下請け組織に請け負わせる重層構造が成立してきた。建設市場の縮小基調が継続する状況の中で，建設産業の底辺を支える技能労働者の安定した労働環境の確保はますます難しくなってきている。

　また，建設業の技能労働者は一定の職場に長期に勤続することが少ないため，事業主が退職金を積み立てるという制度がなじまない。したがって，事業主が替わっても勤務期間を通算して退職金を支払うことが可能となるような建設

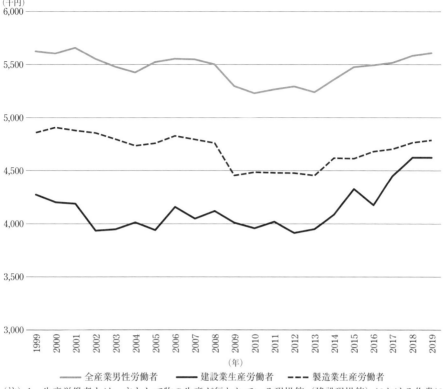

(注) 1. 生産労働者とは，主として物の生産が行われている現場等（建設現場等）における作業に
　　　　従事する労働者である。
　　　2. 年間賃金総支給額＝きまって支給する現金給与額×12＋年間賞与その他特別給与額
　　　　きまって支給する現金給与額＝6月分として支給された現金給与額（所得税，社会保険料
　　　　等を控除する前の額）で，基本給，職務手当，精皆手当，通勤手当，家族手当，超過勤務手
　　　　当を含む。
　　　3. 調査対象は，10人以上の常用労働者を雇用する事業所。

　　　　　図2・14　年間労働賃金の推移（出典：厚生労働省「賃金構造基本統計調査」）

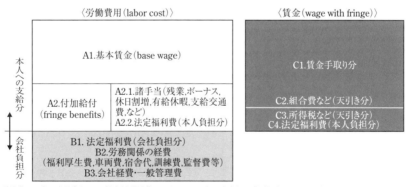

労働費用のうち会社負担分が賃金外労働費用である。このうち法定福利費（社会保険料など）の占める割合が大きい。
　　　　図2・15　建設技能労働者の労働費用と賃金の考え方（岩松準作成）（文献1）

業の特性を考慮した建設業退職金共済制度（建
退共）がある。しかし，臨時・日雇い等の雇用
に対しての適用率は充分とはいえない。建設労
働者にとって老後の生活は安定しているとはい

えず不安は大きい。このような他産業に対して
不安定な立場にある建設労働者の労働条件を改
善するために労働組合が組織されているが，代
表的な労働組合である全建設労働組合総連合

表2・2　建設業の社会保険料と労使の負担

	負担率	被保険者負担	事業主負担
健康保険料（東京都）	9.84%	半分	半分
介護保険料	1.80%	半分	半分
厚生年金保険料	18.30%	半分	半分
児童手当拠出金	0.36%	なし	全部
労災保険料（建築事業）	0.95%	なし	全部
雇用保険料	1.20%	0.40%	0.80%
計	32.45%	15.37%	17.08%
給与30万円の時	97,350円	46,110円	51,240円

注）負担率は被保険者の給与に対する比率。2021年4月時点の数値。健康保険は土建国保と若干異なる。

（全建総連）の組織率は高いとはいえない。

2・3・4　労働災害

　建設業が「きつい」「汚い」「危険」ということから3Kと呼ばれているのは衆知の通りである。その危険を表す内容として，労働災害が挙げられる。図2・16は労働災害の発生状況の推移を示している。建設生産は屋外作業，高所作業を伴うために労働災害は他産業に比べて多い。安全管理の徹底が建設業の重要課題として取り組まれてきたことを反映して死亡者数は減少してきている。しかし，全産業の死亡者数の約3分の1は建設業が占めており[6]，建設業の全産業の就業者にしめる割合が7.4%であったことを考えると，相対的に危険な状況の割合が高いことに違いはない。労働災害発生の程度を表す指標に「度数率」と「強度率」がある。度数率とは延べ100万時間の労働で発生する死傷者数である。強度率は労働災害によって労働に従事できなくなったと推定される日数の割合である。建設業は重大事故が多いため強度率が高いのが

特徴である。

　それを反映して，建設業が負担する労災保険料は他産業よりやや高めに設定されている。2021年4月時点の建築事業従事者の賃金の9.5/1000が保険料であるのに対して，一般の製造業[7]は6.5/1000である。

2・3・5　技能訓練

　現在，建設産業の抱える最も大きな課題の1つが建設労働者の不足である。新規入職者が減少するとともに高齢化が進行しており，技能習得には一定の期間がかかるとされることからも不足の解消は中長期的に見ても容易ではない。こうした傾向は多くの先進国に共通しており，開発途上国をはじめとする海外からの技能者調達への依存が深まっている。日本でも，外国人建設労働者は増加傾向にある。建設分野における外国人労働者数は，2011年の12,830人から，2019年には93,214人と大幅に増加した。この3分の2程度は外国人技能実習生と呼ばれる実習目的で来日した外国人であり，3年から5年

6）　令和2年度の労働災害死亡者数は全産業802人に対して建設業258人（32.2%）。
7）　労災保険料は産業ごとに均一ではなく，建設業の中でも事業によって保険料が異なる。製造業の場合も業種によるばらつきが大きい。「その他の製造業」を一般の製造業として例に挙げた。

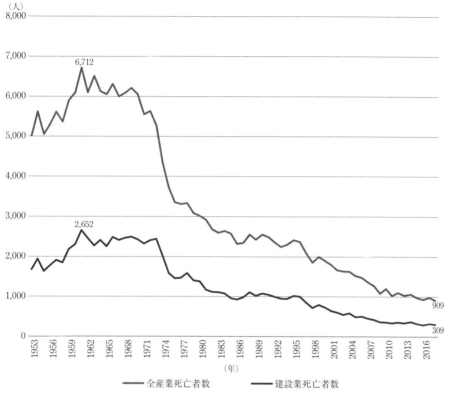

図2・16　労働災害発生状況の推移（資料出所：厚生労働省）

の短期間日本に滞在している。これに加えて，2019年4月から特定技能制度が新設され，就労目的での外国人労働者の滞在が可能になった。

技能者育成には公的な職業訓練校のほかに個人や企業が私的に行う教育訓練活動がある。前者の公的な職業訓練における建築科への入学希望者は減少を続けている。一方，バブル期の技能者不足を受けて多数の企業内職業訓練機関の設立をみた。しかし，その後の建設不況の波を受けて短期的な効果の少ない教育訓練に対する投資が縮小され，廃校になったり訓練期間の短縮を行っているものも少なくない。縮小基調の建築市場の中で，技能者育成の費用を個別の事業所で負担するには限界がある。たとえば，アメリカでは労働組合が技能者育成費用を負担するなど海外では建設産業全体として技能者育成費用を負担する仕組みが歴史的に確立している。日本でも，産業全体の問題として技能者育成費用の負担について検討を加える必要がある。

ものづくりの基盤となる技能指向の若年者も増えつつあり，その受け皿として一部の工業高校，専門学校，大学といった文部科学省系の教育機関で技能者育成プログラムの採用も始まっている。技能者育成には現場でのOJT（On the job training）による教育訓練の役割が重要であり，海外の職業訓練契約制度に基づいた技能者育成システムがあるように産業と連携した教育プログラムの開発が必要である。

技能者の処遇改善に向けては技能者の能力を適切に評価し処遇に反映させる仕組みが欠かせない。技能者の資格，社会保険加入状況，現場の就業履歴等を業界横断的に登録，蓄積する仕組みとして建設キャリアアップシステム（CCUS）が2019年4月より本運用を開始した。CCUSにより蓄積される就業データを，先述の建退共制度と連携させ，退職金給付の徹底につなげることも計画されている。

コラム

霞が関ビルディング施工の工夫　　　　　　　　　　　　　　（権藤智之）

　日本初の超高層ビルと言われる霞が関ビルディングは1968年4月に竣工した。高層ビルの地上部分は基準階の繰り返しである。鉄骨の柱・梁を建てた後に、床のデッキプレートを敷き、配筋をしてコンクリートを打設する、といったように多くの工事が順番に行われていく。こうした工事の工期を短縮するには、工事ごとの工期を揃える同期化が必要となる。例えば、配筋工事だけ8日かかり、他工事は6日とすると、鉄骨やデッキプレートは6日／階のペースでどんどん上階へ施工していく。ただし、上階は配筋がされていない。配筋工事より下の階の工事は1階毎に2日間休まないといけない。これでは働いた日数に応じて賃金が決まる職人は他の現場に行ってしまう。そして何より、建物全体ができあがってゆくペースは、一番遅い配筋工事の8日／階に揃ってしまうことになる。そのため、霞が関ビルディングにおいては多くの工事を6日／階のペースに統一した。これによってある工事が行われるすぐ下の階では次の工事が行われ、同じペースで無駄なく上階へ施工していくことになる。

　この6日／階というペースは現在から見ても遅いものではない。日本初の超高層建築でこのスピードを実現するために、工事ごとに様々な工夫が盛り込まれた。例えば、鉄筋を1方向のみ配筋するデッキプレート、トイレの床上配管ユニット、セルフクライミングタワークレーンなど、多くの技術が新たに開発された。中でも有名なのが「キの字」の鉄骨である。霞が関ビルディングは実現するため柔構造（地震の揺れを受け流す）が採用された。そのため外周部には3,200mmという短い間隔で柱が並ぶ。通常、柱間をつなぐ梁は柱にあらかじめ取り付けた短い梁（ブラケット）と梁を接合するが、柱の間隔が短いため、ブラケットを延ばして直接接合すれば接合箇所を半分に減らし、梁をクレーンで揚重する手間もなくなる。このように高層建築の施工では、工事全体あるいは工事間のマネジメントと各工事における工夫の双方が同時に求められる。

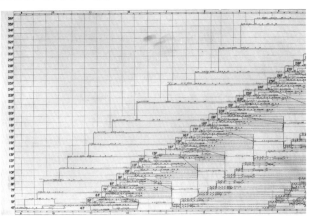

キの字の鉄骨の施工（三井不動産蔵）　　　　霞が関ビルディングの全体工程表（抜粋、三井不動産蔵）
柱に長いブラケットが取り付く　　　　　　　様々な工事が連続し同じペースで上階に上がっていく

第 **3** 章

建築生産と産業構造Ⅱ ── 住宅産業

3・1 住宅産業の担い手と市場構成

3・1・1 日本の住宅市場の規模と特徴

　建築市場の中で住宅市場の占める位置は依然として大きい。2017年度の住宅投資は17.6兆円。これは建築投資額の約43.0%，GDP（国内総生産）の約3.2%に相当する。

　住宅市場は，他の建築市場と同様に新築市場と再生市場から構成される。現在日本の住宅ストックの総数は約6,240万戸であり，その量は総世帯数の1.16倍に相当する。この数字は先進諸国の中でも決して小さなものではないが，日本では比較的短い年数で建て替えられる住宅が多いために，住宅市場に占める新築市場の割合は先進諸国の中ではかなり大きなものになっている。

　新築市場の大きさを示す指標としては，知りたい事柄によって工事金額，床面積，戸数等を使い分けるのが適当だが，一般には工事の単位

としてわかりやすい戸数を用いる場合が多い（図3・1）。日本の新設住宅着工戸数は1968年に初めて年間100万戸を数えて以来，増減を繰り返しながらも41年連続して100万戸超を維持し続けた。しかし，リーマンショックを契機にした不況などが原因となり2009年に約78.8万戸までに落ち込み，これ以降100万戸を下回る状況が続いている。

　日本では，第二次世界大戦後，政府が持家政策を推進した経緯があり，新築住宅市場における持家の比率は戦後一貫して高い。また，戸建住宅と集合住宅が市場を大きく二分している点や戸建住宅の分野で注文住宅が大半を占めている点も日本の新築住宅市場の大きな特徴である。（図3・2）。

3・1・2 新築市場で見られる生産供給者

　住宅の建設方法自体は，持家であろうと貸家であろうと，また戸建住宅であろうと集合住宅

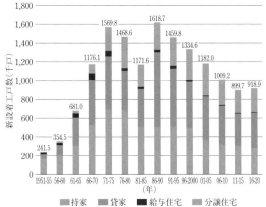

新設住宅着工戸数は1973年は史上最高の約190万戸を記録した。
＊通常，住宅市場は持家と貸家に大きく二分できる。政府の統計において，分譲住宅と持家が区分されている場合，「持家」は注文住宅のことを指す。

図3・1　新築住宅の着工戸数の推移（5ヶ年平均）
（出典：「住宅着工統計」）

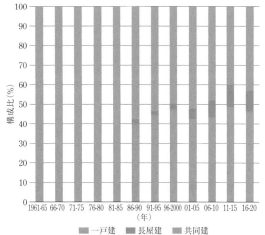

＊昭和63年4月から「一戸建・長屋建」が「一戸建」と「長屋建」に区別された。

図3・2　新築住宅の着工戸数の建て方別構成推移（5ヶ年平均）
（出典：「住宅着工統計」2020年）

であろうとそう大きく変わらない。専門メーカーによって生産された建材や住宅部品が現場に搬入され，それらの加工・組立て・据付けを，大工・建具・タイル・電気・給排水等の各専門工事業者が適宜実施する。しかし，誰が建設プロジェクトを起こし，誰がそうした部品メーカーや専門工事業者の仕事を組織するかが，少なくとも戸建住宅と集合住宅とでは大きく異なる。

　日本の戸建住宅の多くは注文住宅である。その場合，建設プロジェクトを起こすのは，一般に住み手自身である。住み手は自らの責任でプロジェクトのための資金を調達する。どのような住宅を建てるかについても住み手自身が基本的な構想を描くのが普通だが，設計・施工に関しては，産業側である工務店や住宅メーカーがまとめて請負う，設計施工一貫が一般的である。この場合住み手はその一企業とのみ契約を取り交わすことになる。

　元々は，各地域で在来構法による木造住宅の設計・施工を一式請負していた工務店に対し，プレハブ住宅を全国で生産供給する企業を住宅メーカーと呼んで区別していたが，今日では在来構法による木造住宅においてもパネル化やプレカット工法等のプレハブ化手法が用いられるようになっている。さらに，在来構法による木造住宅を全国的に生産供給する住宅メーカーも存在しており，両者の区別は生産規模による区別だと見なして大きな間違いはない。明確な定義はないが，工務店は概ね年間数十戸までの新築住宅を手掛ける企業，住宅メーカーは概ね年間千戸以上を手掛ける企業として区別するのが一般的である。ただ，両者の中間的な規模の企業もあり，それらを「地域ビルダー」と呼ぶ場合がある。

　また，市場に占める量は多くないが，設計事務所も注文住宅の担い手である。この場合住み手は設計について設計事務所と，施工について建設会社と契約を取り交わすことになる。この方式は設計と施工を分けて発注・契約すること

から，設計施工分離と呼ばれている。

　戸建住宅の中には土地付きで販売される分譲住宅もある。これには，既に完成した住宅を売買する建売住宅と，住宅の設計に住み手が参加する余地の残された売建住宅とがあり，両者とも用地取得，住宅の建設までの資金調達，商品企画，設計・施工の発注・管理等の業務をディベロッパーが行い，住み手は売買契約によって完成した住宅を購入するだけとなる。また，実際の設計・施工の担い手に関しては注文住宅と同様である。

　分譲集合住宅の場合も，ディベロッパーが同様の役割を担う。設計・施工に関しては，別々の企業が行うケースが戸建住宅の場合よりも多いが，ゼネコンが設計・施工を一式請負するケースも少なくない。

　賃貸集合住宅市場では，プロジェクトを起こすのは有効利用をしたい遊休地を保有する企業あるいは個人であり，彼らが資金調達等に責任を負うのが一般的である。低層の賃貸集合住宅の分野では工務店や住宅メーカーが設計・施工を担い，中高層の分野では分譲集合住宅の設計・施工を担うゼネコン等の企業が中心的な役割を担うケースが多く見られる。

3・2　住宅産業の歴史

3・2・1　1950年代まで

　産業化という観点からこれまでの日本の住宅の歴史を顧みた場合，1950年代までに今日の住宅産業の成立に基礎を与える原形のようなものが形作られていた。

(1)　請負制度の普及

　第二次世界大戦以前の日本では，建設される住宅のほとんどは低層の木造住宅であり，その建設自体は大工を中心とする職人社会によって担われていたが，プロジェクトの経営については，施主が各職ごとに逐次支払いをする直営方式が多かった。一方，近世に起源を持つ棟梁に

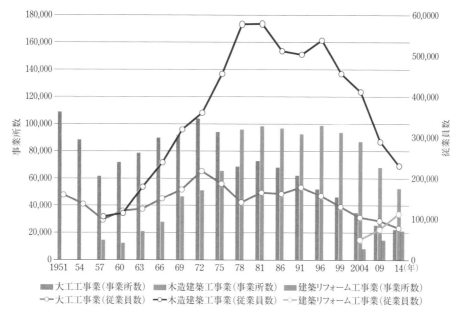

建設業許可制度の分類に従うと，元請として工事一式を請け負うことのできる木造建築工事業が1950年代以降，事業所数・従業員数とも増加傾向を示しているのに対し，専門工事業としての大工工事業は70年代から減少傾向を示している。90年代後半から木造建築工事業も顕著な減少傾向を示すようになった。一方で2000年代以降には建築リフォーム工事業が増加した。
＊建築リフォーム工事業の集計は，2004年より始まった。

図3・3　大工工事業，木造建築工事業及び建築リフォーム工事業の推移
(出典:「事業所・企業統計」および「経済センサス」)

よる立替え請負も戦前から見られたが，今日ほどには普及していなかった。いくつかの証言から，大工等が設計・施工一式を請け負う方式が普及し始めたのは戦後の復興期であり，法人化した請負業としての「工務店」の一般化もこの時期に始まったものと考えられる。

(2)　住宅金融の一般化

　住宅建設の量が増えるには個々の施主が容易に資金調達できる経済環境が整っている必要がある。その意味で住宅金融の成立は重要である。民間分野での住宅金融の古い例には，昭和初期から見られたいわゆる無尽式による月賦販売方式があり，戦後の住宅不足の中，1950年代に急速に普及した。また，1950年には政府が住宅建設資金を融資する機関として住宅金融公庫を設立し，その後の持家建設の促進に大きな影響を与えた。今日見られるような民間金融機関による住宅ローンの成立は1960年以降の出来事である。

(3)　組織的な土地供給

　住宅の新規建設量を増やすには，土地の供給量を増やす必要がある。そうした意味で，住宅建設向けの組織的な土地供給の先鞭をつけたのは大都市圏の私鉄資本であり，大阪では明治末期に箕面有馬電気軌道が，東京では大正期に田園都市線が，それぞれ大規模な建売住宅団地を供給している（図3・4）。戦後急拡大した住宅

図3・4　田園都市開発（文献2）

図3・5 プレモス（MIDO同人設計）

図3・6 プレコン
（田辺平学らの設計による）

需要への対応が課題となる中，1950年代以降政府も住宅地開発に大きな役割を果たすようになり，新しい宅地での公営住宅（1951年～），公団住宅（1955年～）の供給が，活発化していった。

⑷ **住宅生産の工業化**

住宅の建設に用いる部材をできるだけ工場で加工して建設現場ではそれらを組み立てるだけですむようにするという工業化の技法に関しては，戦前の住宅営団の試み，戦後の工場生産住宅（図3・5）やコンクリートブロック住宅（図3・6）等の開発・適用等が早い例だが，今日まで続く技術としては1955年に設立された日本住宅公団によるプレキャストコンクリートパネル構法の開発，同じく1955年以降の鋼材メーカーによる軽量鉄骨構造の開発が見られた。

ただし，そうした技術に基礎を置いた，組織的で大規模な住宅の生産供給が本格化するのは，1960年代以降のことである。

3・2・2 1960年～1973年

高度経済成長期と呼ばれるこの時期は，新築住宅の着工戸数が年々増加する中で，住宅産業が日本経済の主役として大きな注目を浴び，新しい形の住宅関連産業が次々に現れ市場に確固たる足場を固めていった時期である。

⑴ **住宅メーカー**

住宅メーカーの多くは，鉄鋼業，化学工業，家電製品製造業，木材加工業等，他産業の企業が，拡大する戸建住宅市場に参入する形で誕生した。そのため，彼らが生産供給する住宅には，当時の一般的な戸建住宅に用いられていなかった軽量型鋼，合板パネル，プラスチック建材等，新しい工業材料が多用されており，それらが工場で部品の形に加工されて建設現場に搬入されることから，「プレハブ住宅」あるいは「工場生産住宅」と呼ばれた。

また，ツーバイフォー構法を用いて木造住宅を生産供給する住宅メーカーも誕生した。[1]

住宅メーカーの販売方式も特徴的で，住宅展示場でのカタログを用いた販売や新聞・テレビ等のマスメディアを用いた広告，そして営業専任スタッフの組織化などがこの時期に始まった。（図3・7，8）。

図3・7 1960年代のプレハブ住宅展示場

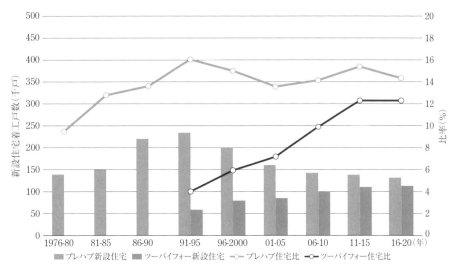

*プレハブ住宅比およびツーバイフォー住宅比は,新設住宅着工戸数総数に対する構成比である。1988年4月からツーバイフォー住宅が別途集計されたため, ここでは91-95年からツーバイフォー住宅を独立して集計している。

図3・8　プレハブ住宅・ツーバイフォー住宅のシェアの推移（5ヶ年平均）
（出典:「住宅着工統計」）

⑵　マンションディベロッパー

　後にマンションと呼ばれることになる民間分譲集合住宅の第1号は東京の都心部に立地した四谷コーポラス（1956年）だといわれているが, 本格的に供給され始めたのは東京オリンピックの前年（1963年）頃であり, この時期が「第一次マンションブーム」と呼ばれる。ただし, 当時の購入主体は, 企業役員層が中心であったといわれており, 今日のように, 一般のサラリーマン層が主たる購入主体であるようなマンションが増えるのは, 1970年代前半の日本列島改造ブームの時期である。用地取得, 企画・工事発注・販売までを専門的に行うマンションディベロッパーが活躍し始めたのもこの時期である。

⑶　部品メーカー

　今日の住宅生産を支えている各種の部品メーカーは高度経済成長期に黎明を迎え, 様々な部品を世に送り出した（図3・9）。ここで大きな役割を果たしたのは, 質の安定した集合住宅を早く大量に建設するため1955年に設立され, 一貫して集合住宅生産の工業化を先導してきた日本住宅公団[2]である。公団が中心となって開発を進めてきた, ステンレス流し台, スチールサッシ, 住宅用換気扇といった住宅部品は, 1960年に「KJ部品（公共住宅用規格部品）」として大量発注されるようになり, 部品メーカーの開発力の強化と生産力の整備等を後押しすることになった。

　一方, 戸建て住宅の分野では, 市場規模の急速な拡大に乗じる形で, プリント合板やラスボード等の新建材, プラスチック製樋やアルミサッシ等工業材料を基本材料にした住宅部品等を生産供給する部品メーカーが, それぞれ独自の販売ルートを確立していった。

---

1)　1974年に枠組壁工法の技術基準が定められオープン化すると, それ以降ツーバイフォー住宅を建設する企業が増え, そのシェアを拡げた。

2)　その後, 住宅・都市整備公団→都市基盤整備公団→都市再生機構と, 組織改変が行われ, 今日に至っている。

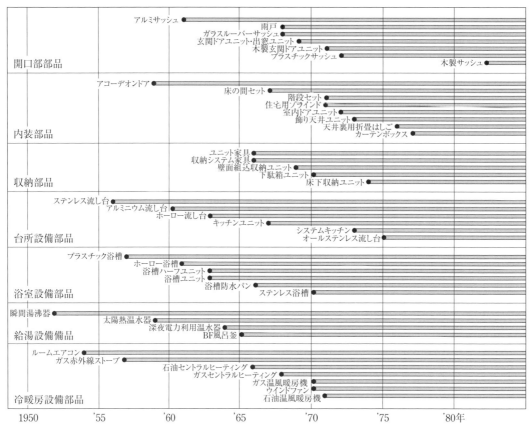

図3・9　主要住宅部品の開発年表（文献3）

3・2・3　1974年〜2005年

1973年から1974年にかけては日本の住宅産業にとって大きな転機であった。第一に，戦後一貫して問題であった住宅不足が数の上では解消されたこと。1973年の政府による住宅統計調査において初めて，全ての都道府県で住宅総戸数が総世帯数を上回ったのである。第二に1973年11月に起こったオイルショックをきっかけに，高度経済成長期が終焉し，日本経済全体が低成長期に入ったこと。それまでのように大量迅速に住宅を生産供給する必要は減じた。1973年に日本史上最高の約190万戸であった新築住宅の着工戸数が，翌1974年には，その約2/3の130万戸にまで一気に減ったのである。

この時期以降，「量から質へ」が流行の標語となり，住宅産業は需要の高度化，多様化への効果的な対応を強く求められるようになった。特に，1980年代以降の住宅産業では，それまでの少品種大量生産方式から多品種少量生産方式への移行を指向する動きが顕著になった。プレハブ住宅や住宅部品の工場では自在に加工，制御可能な工作機械の導入や受注生産方式の採用が見られたし（図3・10），集合住宅においても，様々な住戸プランを混在させる企画が一般化していった。

1980年代後半には，いわゆるバブル経済下で新築住宅の着工戸数が再び増加した。長引く新築需要の低迷に苦しんでいた住宅産業はこの市場の活況を歓迎したが，これによって過度に新築市場に依存する古い体質から脱却する時期

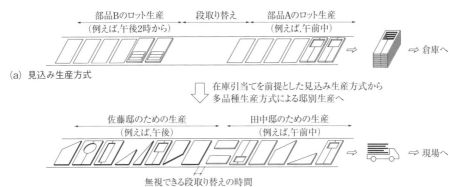

(a) 見込み生産方式

在庫引当てを前提とした見込み生産方式から
多品種生産方式による邸別生産へ

(b) 受注生産方式

　上段は，1980 年代まで主流だった見込み生産方式。受注量を予想して同じ部品をまとめて生産する点，
段取り替えに時間を要する点が特徴。これに対し，下段の受注生産方式では，個別注文に関する情報処理
の高度化，そうした細かな情報で自在に制御できる工作機械などの技術革新により，極端な場合，1 品ず
つ異なる部品を同じラインで生産できる。

図 3・10　見込み生産方式から受注生産方式への移行（文献 4）

は遅れることになった。

　また，大工等一部の職人の減少と急速な市場
拡大が重なり，優れた技能を持つ職人の調達が
困難になったため，木造住宅におけるプレカッ
ト工法の採用，集合住宅における複合化工法の
採用等が進展した。その一方で，資材単価，技
能工の賃金が高騰し，住宅の建設単価は消費者
物価指数のそれを遥かに上回る形で上昇した。

　1990 年代に入りバブル経済は崩壊したが，
その後新築住宅市場が大きく縮小し始めたのは
1990 年代末になってからである。この間，住
宅産業にとってはバブル期に顕著になった高コ
スト体質と 1995 年の阪神・淡路大震災時に散
見された性能・品質面での不備が大きな課題と
なった。これらに対して，内外価格差を利用し
た建材や住宅そのものの輸入の活発化や「住宅
品質確保促進法」の制定，既存住宅市場の重要
性の指摘等の動きが見られた。

　1990 年代末からこれまでは，一貫して新築
住宅市場は低迷しており，コスト・性能・サー
ビス面での競争が激化するとともに，新築以外
の有望分野を模索する動きが目立つようになっ
た。また，地球環境への負荷の低減が広く社会
的な課題として認識されるようになり，住宅産
業においても資源循環に向けた技術開発やライ
フサイクル評価の適用等の取組みが始められた。

3・2・4　2006 年以降

　2000 年代後半になると，長期的な人口減少
の予測と空き家増加の進行も重なり，既存住宅
市場での住宅産業の成長が期待されるようにな
った。2006 年に「住生活基本法」が制定され，
住宅政策の重点に既存活用も加わり，長期居住
を可能にする構造や設備と適切な維持管理計画
を備えた住宅を認定する「長期優良住宅」や住
宅の建築時や点検・リフォームなどの維持管理
時の情報を蓄積して売買に役立てる「住宅履歴
情報」，住宅の健康診断ともいえる「インスペ
クション」などが整備された。住宅産業はこう
した制度を活用し，流通性の高い住宅ストック
の形成と既存住宅市場の活性化につなげる動き
を見せている。また，大工等の住宅生産を担う
職人の高齢化と新規入職者の減少に拍車がかか
り，職人不足が深刻化した。

　こうした国内の動きがある一方，住宅メーカ
ーを中心にして国内の住宅産業の中には海外事
業に取り組む企業が増えた。主にアジアや北米
への進出が多く，地元企業との共同で不動産開
発や住宅の生産供給が行われるようになった。

　既存住宅や国外といった新しい市場での成長
を求める住宅産業の動きが本格化している。こ
れまで新築一辺倒で突き進んだ住宅産業は，ま
さに現在大きな転換期の只中にあるといえる。

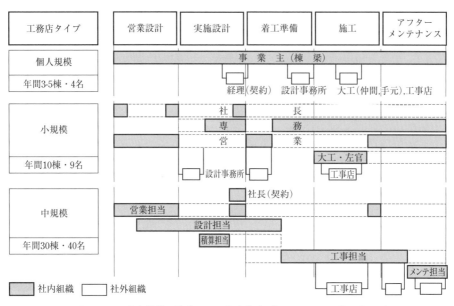

工務店タイプ	営業設計	実施設計	着工準備	施工	アフターメンテナンス

図3・11　中小規模工務店による注文住宅プロジェクトの進め方の例

3・3　注文住宅プロジェクトの編成

3・3・1　工務店による一式請負

　注文住宅の分野で最も多く見られるのが工務店による設計・施工の一式請負である。この場合，住み手との打合せ，設計，施工，引渡し等の業務の全てに工務店が責任を負うことになるので，住み手にとっては資金を調達する役割が求められるが契約相手が一本化しており，煩雑さが少ない。

　図3・11は，規模の異なる工務店による注文住宅プロジェクトの分業の様子である。住み手との打合せ，設計，見積り，発注，施工管理は社内で分業化されており，資材納入と施工自体は，この工務店と契約を取り交わした資材納入業者と専門工事業者が実施している。社内での分業化は，工務店の規模等に応じて異なり，打合せから施工管理までの全てを社長一人で担当する場合もみられる。また，資材納入業者と専門工事業者はほぼ全て日常的に付き合いのある業者であり，経験的な信頼関係を重視した組織編成である。なお，大工など職人を雇用する工務店は必ずしも多くないが，そうした工務店では直接施工する部分がある。

3・3・2　住宅メーカーによる一式請負

　住宅メーカーによる注文住宅の場合も，工務店の場合と同様に一式請負が一般的である。その特徴的な点は，社内組織のより高度な分業化と協力工務店の存在である。

　住み手との打合せ，設計，見積り，発注，施工管理は，各地の販売拠点内で分業化されるが，資材発注・現場納入に関しては自社工場等が一元化して行う場合が多い。これは部品等の資材に関して自社生産部分があること，大量発注を前提に部品メーカーとの間で直接取引きを行っていることによる。

　現場施工の段階では，協力工務店に複数種の専門工事業者への発注と現場管理の一部を任せ，他の複数種の専門工事業者には販売拠点の工務担当部署が直接発注する（図3・12）。直接発注する部分は住宅メーカーによって異なるが，独自構法を用いる躯体工事と設備工事とする場合が多い。協力工務店や専門工事業者の選定は能力審査等によるが，それを通過した業者への発注は継続的なもので，プロジェクトごとに競争的関係の中で業者選定をする方式はとらない。

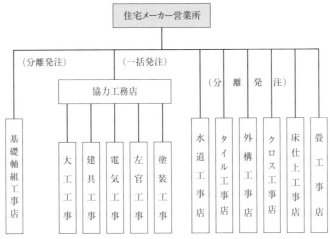

図3・12　住宅メーカーによる現場施工の組織の例（文献5）

それら協力業者の中には，特定の住宅メーカーの工事だけを行っているものもいるが，独自に行う木造住宅等の工事と兼業している場合も少なくない。

3・4　集合住宅プロジェクトの編成

3・4・1　ディベロッパーによる分譲集合住宅

　一般の分譲集合住宅の場合は，事業計画，土地の取得，設計委託，工事発注等の業務に，住み手が関わることはなく，ディベロッパーが一括して担当する。事業計画に外部の専門家が関わるか否か，設計委託の際に設計事務所やゼネコンに対してどの程度細かな指示を出すかは，ディベロッパーが持つノウハウによって異なる。

　また，住まい手が希望に合わせて住戸内の間取りや仕様を選択・変更できる販売形式の集合住宅もある。中には標準プランからの自由な変更が可能な場合もあり，そうした変更に関するコンサルティング，設計変更，工事費差額の清算，施工図の変更，住戸引き渡しまでの業務をディベロッパーから受託する専門企業も存在する。（図3・13）

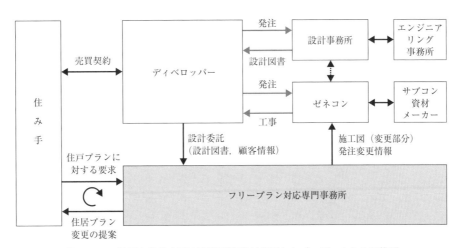

図3・13　住戸内設計変更の専門事務所が参画したプロジェクトの組織例

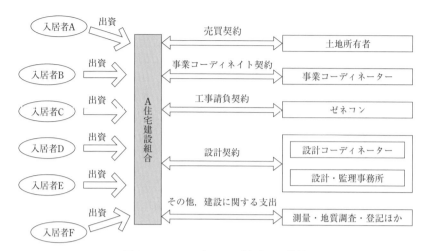

図3・14　コーポラティブ方式の組織例

　分譲集合住宅で比較的よく見られる方式にコーポラティブ方式がある。この方式は,「自ら居住するための住宅を建設しようとするものが組合を結成し, 共同して事業計画を定め, 土地の取得, 建物の設計, 工事発注, その他の業務を行い, 住宅を取得し, 管理していく方式」(国土交通省)である。

　本来は, 住み手が自ら組合を結成し, その組合が注文住宅における施主のように振舞う方式を意味しているが, 住み手が自分たちだけで人を集めることが容易ではないため, 建築設計者等の専門家がコーディネーターとして組織づくりから設計, 工事発注までの一連の業務を主導するようなプロジェクトの編成が一般化している。通常の集合住宅の場合と異なり, 住み手同士の話合いを合意へと導くところに, コーディネーターの多くの労力がさかれる(図3・14)。また, 賃貸住宅においても, 土地所有者が参加して進めるコーポラティブ方式が実現されている。

　賃貸集合住宅には,「木賃」と呼ばれる低層木造のものから超高層RCのものまで様々なタイプがあるが, 住み手がプロジェクトに参加することはなく, 注文住宅における住み手の役割を土地所有者が担う形のプロジェクト編成が一般的である。ただし, 賃貸集合住宅の場合, 事業主である土地所有者自らは居住せず収益事業として企図されるのが普通であり, 収益性に関わる業務が少なからぬウエイトを占める。そのため, 大手住宅メーカー等, 収益計算を含む事業計画から設計・施工, さらには, 入居者の募集, 斡旋, 管理業者の紹介までを一括して受注する企業が存在している。

3・5　ストック再生プロジェクトの編成

再生プロジェクトが新規建設プロジェクトと異なる点は，工事対象の幅が大きい点である。戸建住宅のリフォームを例に挙げると，外壁や水周りだけに手をつける場合もあれば，大規模な増改築のように，ほとんどの部位が工事の対象になる場合もある。そのため，住み手と一専門工事業者だけの体制もあれば，新築工事と同様の設計，施工体制などもあるように，プロジェクト体制は工事内容に合わせて幅を持っている。なお，近年では住み手だけで進める DIY も増えてきている。

再生プロジェクトに特徴的なもう一つの点は，それが既存住宅の劣化現象や不具合の発生を契機に始まることが多い点にある。現段階では劣化や不具合の診断・評価を施工業者やマンション管理会社が兼務していることが多く，発注者と産業間の信頼関係の確立という観点からは，より中立的なインスペクションやマンション管理士の役割が重要となっている。

集合住宅の大規模改修のプロジェクト編成も基本的には戸建て住宅のリフォームのそれと同様だが，分譲集合住宅の場合には，日常的な管理業務を担う管理会社が，診断・評価業務から工事請負までを行う点が特徴的である。管理会社は区分所有者を構成員とする管理組合から管理業務を受託しているが，その中には，大規模改修の元になる長期修繕計画の策定業務も含まれるのが一般的であり，その責任は重大である。現段階ではこうした管理会社による一式請負の編成が支配的だが，工事請負機能から独立した中立的な診断・評価業務の担い手であるマンション管理士を管理運営のコンサルタントとして編成に加えるプロジェクトも見られる。

再生プロジェクトの目的には住まい手自身の居住環境の改善だけでなく，他者への賃貸や売買もある。空き家対策が喫緊の課題となっている現在，既存住宅流通を促すさまざまな取り組みが見られ，そのひとつが「買取再販」である。これは，空き家を買取り，現代的な居住ニーズにふさわしい，または購入予定者の希望に沿った住空間になるように再生工事を行った上で売却する方式のことである。工事を伴うため買取再販を行う住宅メーカーや工務店なども現れている。このような再生プロジェクトには不動産や金融に関連する知識・ノウハウを有する人材・企業の参画が実務上不可欠であり，既存住宅市場の成長においてそうした異業種との連携・展開も住宅産業に求められるようになっている。

コラム

住宅生産気象図 （角倉英明）

　これからの住宅産業にとって既存住宅は重要な市場であるが，新築住宅市場の動向は優れた住宅ストックを形成する上で引き続き大きな意味を持つ。住宅生産気象図は，刻々と変化していく新築住宅市場の様相を図化し，その動きの理解を助けてくれる。

　本図は建築動態統計調査から得られた新設住宅着工戸数に関する各年のデータに基づき，ある年の①新築住宅市場の大きさ，②構造別・構法別・建て方別の規模及び③生産供給主体別のシェアと領域を視覚的に一括して理解できる点に特徴がある。作成は以下の手順で行われる。

【手順1】本図の外形となる全体の長方形を描く。この面積が各年の新設住宅着工戸数と比例するように作図する。（*図同士の比較を容易にするために，縦横比を指定する）
【手順2】縦軸方向は，木造と非木造の着工戸数の比に応じて2分割する。次いで，横軸方向は，木造・非木造のセグメントを，それぞれの在来構法とプレハブ構法，ツーバイフォー構法の着工戸数の比に応じて，再分割する。
【手順3】手順2によりできた，構造×構法のセグメントを，戸建・長屋建と共同建の着工戸数の比に応じて再々分割する。
【手順4】文献資料等に基づいて，それぞれのセグメントに対応する生産供給主体（大工・工務店，ハウスメーカー，ゼネコン，公団・公社など）が適当な位置・面積となるように当てはめて描く。

　こうして作成された住宅生産気象図は，年毎の構造種別や建て方別のシェアの傾向だけでなく，異なる年の図を比較することで，その間に起きた新築住宅市場の動きを視覚的に捉えられる。例えば，1963年と1973年を比較すれば大工・工務店による木造住宅建設がメインであった新築住宅市場が，わずか10年間で規模を約2.8倍拡大し，公団・公営やプレハブメーカー，ゼネコンなどが主要な生産供給主体に成長したと共に非木造の普及が進んだことを読み取れる。また，70年代から80年代にかけて分譲住宅業者が成長したこと，90年代以降ツーバイフォー住宅がシェアを拡大してきたことを読み取れる。さらにはリーマンショック後の2009年に同市場は50年近く前の1963年の市場規模と同等程度まで縮小したが，住宅タイプや生産供給主体の面で住宅市場の多様さが維持されている点に大きな違いがあることを容易に理解できるであろう。

　本コラムで取り上げた住宅生産気象図は，新築住宅の年間着工戸数のデータに基づくものだが，新築住宅市場の規模の理解には金額や床面積などのデータに基づいて作成することも有意義であろう。新築住宅市場の規模と流れの理解や近い将来像の予想のため，各自で住宅生産気象図を成してみてはどうだろうか。

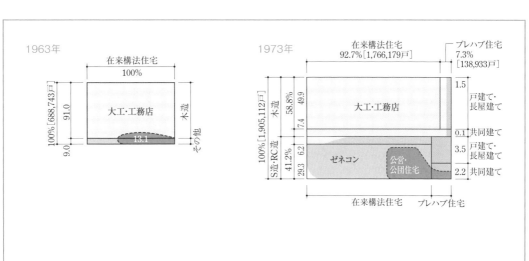

1963年

1985年

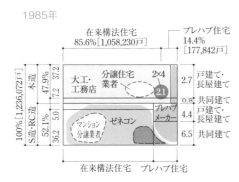

1996年

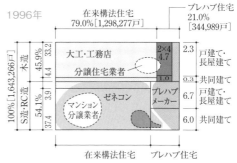

2009年

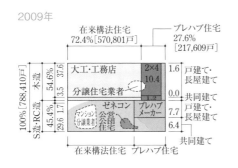

図の構造

1 構造別に分割（木造：S造・RC造）
2 構法別に分割（在来構法：プレハブ構法（プレハブ・2×4））
3 建て方別に分割（戸建て・長屋建て：共同建て）

　■ 大工・工務店　　▢ マンション分譲業者
　▨ プレハブメーカー　▨ ゼネコン
　▨ 公営・公団住宅　　■ 2×4（ツーバイフォー）

図　住宅生産気象図（文献4，文献6）

第 **4** 章
建築生産と社会規範

4・1　建築生産と法のあらまし

4・1・1　概論──なぜ，建築にかかわる法規範があるか

　建築生産という行為，あるいはその結果として存在する建築物に対し，どのような内容の規制を，どの程度の厳しさで適用すべきかについては様々な考え方がある。しかし，建築物が人々の生活や様々な活動のための空間を形成する基本的な要素であることから，ある一定のルールが必要であることについては論をまたないであろう。

　建築物の建築や利用という行為は，憲法で保障されている財産権の保護の観点からは，基本的に建築主などの自由に委ねられるべきといえる。しかし，建築物の安全上の問題によって災害や事故が発生し人命が失われる場合があること，建築物の存在やそこで行われる活動により周囲の構造物や環境に様々な影響や負荷を与えること，建築物の性能を確かめることが困難であることから売買などの行為において消費者が不利益を被る恐れがあることなどを踏まえ，実際には，様々な法規範が，公共の福祉を守るためのものとして存在している[1]。

　以上は，建築物の建築やその利用という行為に関する法規範の存在理由であるが，実際には，次節に述べるとおり，それぞれ固有の目的を有する多数の法規範が存在している。

4・1・2　関係法令の種類と性格

　建築生産に関連する法規範の種類と，それぞれの基本的な性格・内容などをまとめて示すと，次のようになる。

(1)　建築基準法

　建築物に関する最も基本的な法規範が，1950年に制定された「建築基準法」である。「建築物の敷地，構造，設備及び用途に関する最低の基準を定めて，国民の生命，健康及び財産の保護を図り，もって公共の福祉の増進に資する」ことが目的とされている。

　建築基準法のうち，実際に建築物のあり方に関する基準を定めている部分は，大きくは個々の建築物の安全性などに関する単体規定と，良好な市街地環境の確保のための集団規定に分かれており，さらに，建築確認制度などの建築生産の各段階に適用される手続きや罰則などの諸規定も定められている。建築基準法は，建築物が満たすべき種々の性能・品質のいわば最低基準を定め，さらにその適合性を担保するための関連手続きを定めているといえる。なお，集団規定は，次項に述べる都市計画法で規定される土地利用と密接に関わっており，さらには，設計・工事監理を担う「建築士」は，後述する建築士法によって定義される。建築基準法，都市計画法，建築士法との関係について図4・1に示し，建築基準法の規定の概要・特徴などを表4・1に示す。

---

1)　経済学の観点から見た場合，「財」としての建築物には，「外部不経済」（周囲に悪影響を与えること），「情報の非対称性」（売り手と買い手との間に情報の格差が存在すること）があり，自由競争に委ねるのみでは，様々な問題が生じることが避けられない。そのような「市場の失敗」を防ぐため，政府が法規制により市場に介入することの必要性が説明されている。

⑵　都市計画法

　都市地域の建築物のあり方にかかわる基本的な法規範として，「都市計画法」がある。同法に基づき，都市計画区域・準都市計画区域が指定され，土地利用，都市施設および市街地開発事業に関する都市計画が定められる。土地利用に関する都市計画の内容としては，①市街化区域と市街化調整区域の区分，②用途地域，③特別用途地区，④防火地域・準防火地域などが定められる。建築基準法の集団規定は，原則として都市計画区域・準都市計画区域内のみにおいて適用されるが，用途の制限，建ぺい率や容積率などの具体的な基準の内容は，都市計画法の地域・地区の種類に応じて定められる。その他，都市計画法においては，建築行為のために行われる土地の造成などに適用される開発許可制度，

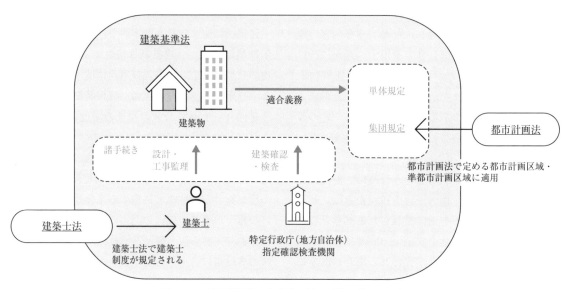

図 4・1　建築基準法と都市計画法・建築士法との関係

表 4・1　建築基準法の構成と主な内容

	特徴	主な内容
単体規定	・全国全ての地域に適用 ・安全・衛生などに関する最低基準を規定 ・地方公共団体の条例により制限の付加や一部緩和が可能	・一般構造・設備 ・構造強度：構造計算，構造方法 ・防火：耐火建築物，防火区画，避難施設など
集団規定	・原則，都市計画区域・準都市計画区域内に適用 ・都市計画で求める市街地環境の実現が主目的 ・地方公共団体が独自に認定する緩和・特例あり	・道路関係：接道条件，壁面線など ・用途地域の建築制限 ・面積制限・高さ制限 ・防火地域・準防火地域の建築制限 ・各種地区・誘導制度
手続きなど	・建築物を適法に建築し，維持するための諸規定 ・建築確認・検査は，特定行政庁（地方公共団体）や民間の指定確認検査機関が実施	・手続き：建築確認，中間検査，完了検査，違反建築物に対する措置など ・執行体制：特定行政庁，建築主事，建築審査会など ・既存建築物や仮設建築物の適用除外，罰則など

表 4・2　建築物に関する諸法令の例

区分	法令の名称	目的・内容
A）建築物の安全性などに関し守るべき最低限の基準を定めた法令	消防法	建築物に対し，消火・警報・避難に必要な設備や，消火活動に必要な施設に関する基準などを規定
	医療法，学校教育法，老人福祉法，旅館業法，公営住宅法，風営法*1	特定の用途の建築物について，守るべき基準を規定
	宅地造成等規制法	宅地造成工事に関する基準などを規定
B）社会ニーズを踏まえたより質の高い建築物を促進するための法令	バリアフリー法*2	高齢者や身障者の円滑な利用を促進するための措置や基準を規定
	建築物省エネ法*3	建築物の省エネルギー対策の推進のための措置や基準を規定
	耐震改修促進法*4	古い耐震基準により建てられた建築物の耐震改修を促進するための措置や基準を規定
C）建築にかかわる契約・権利関係についての法令	民法	財産や権利に関する一般的なルールについて規定
	宅地建物取引業法，不動産鑑定法	建築物や土地の取引や登記に関連して
	区分所有法*5	マンションにおける権利や管理のルールを規定
	住宅品質確保法*6	住宅の品質の確保や購入者の保護，紛争の迅速な解決などのため，住宅性能表示制度や住宅に係る紛争の処理体制等について規定
D）その他，建築物の機能や周囲に与える影響などに関連する法令	景観法，都市緑地法，都市再開発法，道路法，港湾法	良好な景観の形成促進や都市における諸施設の整備，防災性の向上などを目的とした法令
	ビル管法*7，水道法，下水道法，浄化槽法	建築物の環境・衛生に関する法令
	建設リサイクル法*8	建設資材のリサイクル促進の要請に対応して規定された法令*10
	住生活基本法，長期優良住宅法*9	国民の住生活の向上などのための一連の法令
	文化財保護法	建造物を含む文化財のほか，伝統的建造物群保存地区の保護などについて規定
	脱炭素社会木材利用促進法*11	建築物への木材利用の促進にむけて、国や地方公共団体に施策を構ずる努力を求め、民間事業者との協定制度を規定

*1 風俗営業の規制及び業務の適正化に関する法律
*2 高齢者，障害者等の移動等の円滑化の促進に関する法律
*3 建築物のエネルギー消費性能の向上に関する法律
*4 建築物の耐震改修の促進に関する法律
*5 建物の区分所有等に関する法律
*6 住宅の品質確保の促進等に関する法律

*7 建築物における衛生的環境の確保に関する法律
*8 建設工事に係る資材の再資源化等に関する法律
*9 長期優良住宅の普及の促進に関する法律
*10 建設リサイクル法の詳細については，12・4を参照
*11 脱炭素社会の実現に資する等のための建築物等における木材の利用の促進に関する法律（4・2・2(5)を参照）

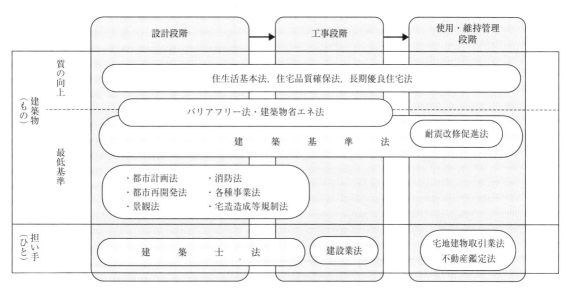

図 4・2　建築基準法と主な関係法令との関係
(国土交通省の資料に基づき作成)

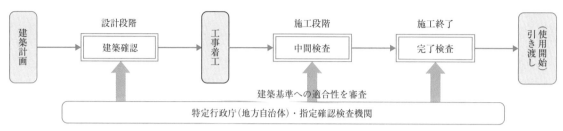

図4・3　建築物の使用までの建築確認と検査の流れ

特定の地区に対してきめ細かい規制を行うための地区計画制度などに関する規定が定められている。

⑶　建築士法と建設業法

　建築生産の担い手の中でも，極めて重要な役割を果たしているのが，建築物の設計者と施工者である。そのうち，建築物の設計・工事監理などを行う「建築士」について定めている法規範が「建築士法」である。建築士には，一級建築士・二級建築士・木造建築士の3種類があり，建築士法では，それぞれの業務範囲（設計や工事監理を行う建築物の規模など），建築士の試験・免許などに関する事項のほか，建築士事務所の登録や，その業務に関する様々なルールも規定されている[2]。

　一方，建築工事の施工者に関する規定を定めているのが「建設業法」である。建設業を営もうとする者は，許可を受けるべきことと，その要件が定められているほか，施工技術の確保や請負契約に関するルールなども規定されている[3]。

⑷　その他の諸法令

　以上のほかにも，建築基準法のように A) 建築物の安全性などに関し守るべき最低限の基準を定めた法令や，B) 社会のニーズを踏まえた質の高い建築物の建築や維持を促進するための法令が定められている。また，C) 建築生産の各プロセスにかかわる業務契約や取引・権利関係のルールを定めた法令も数多く存在する。さらに，D) 建築物の機能や周囲に与える影響に関連して様々な法令が定められている。それらの代表的な例を表4・2に示し，また建築基準法と代表的な関連法令との関係を図4・2に示す。

4・1・3　建築関係法令適合のための審査制度 —建築確認と検査—

　建築物が，建築基準法などの諸法令の求める規定に適合しているかどうかを確認する行政上の手続きとして，建築確認と検査の制度がある。建物を建てる際に，特定行政庁[4]の建築主事または民間の指定確認検査機関による審査や検査を受けなければならない。建築確認と検査は，建物の品質や安全性などを担保する上で極めて重要な仕組みといえる（図4・3）。

⑴　建築確認

　建物を建築[5]しようとする人は，都道府県や市町村の建築主事または指定確認検査機関に確認申請書を提出し，建築基準法等の法規制に適合していることの審査を受けなければならない。そして確認済証の交付を受けなければ工事に着手することはできない。適法性が確認されると，

---

2)　建築士が担う設計監理業務の詳細については，9・2を参照。
3)　建設業の許可制度の内容については，2・1・2を参照。
4)　建築主事をおく地方公共団体のこと
5)　建築基準法において「建築」は，「新築」，「増築」，「改築」，「移転」と定義されている。所定の規模，構造，用途によっては，「建築」に加え，「大規模な修繕」，「大規模な模様替」，「用途変更」も建築確認の対象となる。

確認済証の交付を受け，工事に着手することができる。

(2)　中間検査

地方公共団体によっては，一定の建物について建築関係法令に適合しているかどうかを確認するために，中間検査を受けなければならない。対象となる建物やどの工程で検査を行うかについては，特定行政庁（地方公共団体）ごとに，特定工程として指定されており，当該特定工程が終了した段階で中間検査を受けることが義務づけられている。

(3)　完了検査・竣工検査

建築確認を受けた建築物は，工事が完了した段階で，建築主事や指定確認検査機関による完了検査を受けなければならない。建築確認申請のとおりに建てられていれば，検査済証が交付される。建築基準法に基づく完了検査の他に，施工会社による自社検査，設計事務所検査，消防検査などがある。

(4)　定期報告の制度

建築物の使用が開始された後も，適法な状態を確保し続けることが重要であるという考え方から，(1)～(3)で述べた審査制度とは別に定期報告の制度がある。特定の建築物や建築設備（昇降機，防火設備など）を対象として，その所有者に対し，その劣化状況や不適切な改変がなされていないかについて，定期的に調査・検査し，特定行政庁にその結果を報告することが義務づけられている。

4・2　社会のニーズと建築関係規範

4・2・1　近年の社会的ニーズを踏まえ整備された法規範

建築物に対する社会の要請は時代とともに変化しており，それに対応して関連する社会規範の種類や内容も姿を変えている。以下，近年の社会的ニーズを踏まえて制定され，あるいは内容の大幅な充実が図られているもののうち，代表的な三つの法令を紹介する。

(1)　高齢者，障害者等の移動等の円滑化の促進に関する法律（バリアフリー法）

高齢者や障害者が自立した日常生活や社会生活を営むことができるよう，1994年に「ハー

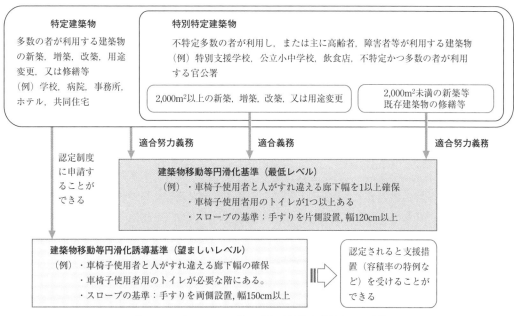

図4・4　バリアフリー法の対象建築物と適用される基準

トビル法[6)]」が制定され，その後，「交通バリアフリー法[7)]」との統合により 2006 年に「バリアフリー新法（バリアフリー法）」となった。制定後，主要な改正としては，2018 年と 2020 年に一部改定された（本章において，法令の改正年の表記は，特段の説明がない限り公布年を示す）。以下，建築物に関連する内容について述べる。

対象となる建築物は，学校・病院・劇場・百貨店・ホテル・共同住宅・老人ホームなど，多数の者が利用する「特定建築物」である。特定建築物の建築主などには，「建築物移動等円滑化基準」（最低レベル）と呼ばれる基準に従ったバリアフリー化の努力義務が課せられる。また，不特定多数の者が利用したり，主として高齢者・障害者などが利用する特定建築物は「特別特定建築物」とされ，床面積 2,000 m² 以上の新築などを行う際には，円滑化基準に基づくバリアフリー化を必ず行わなければならない。

また，より高いレベルのバリアフリー化の基準として「建築物移動等円滑化誘導基準」（望ましいレベル）が定められている。この基準を満たす建築物の建築を促進するため，「計画の認定」制度が設けられており，認定を受けた建築物にはマーク表示がなされるほか，容積率規制の特例や様々な支援措置が適用される。バリアフリー法に基づく建築物移動等円滑化基準及び円滑化誘導基準の内容と対象建築物との関係を図 4・4 に示す。

(2)　**建築物のエネルギー消費性能の向上に関する法律（建築物省エネ法）**

建築物省エネ法は，2015 年に制定された新しい法律である。建築物の省エネ性能の一層の向上を図るため，従来のエネルギーの使用の合理化に関する法律（省エネ法）から，建築物省エネ法が新たに独立して制定され，建築物の省エネ基準がこれに引き継がれた。2016 年発効のパリ協定で定められた温室効果ガスの削減目標を達成するため，2019 年の法改正では，省エネ性能に関する適合義務の範囲が，従来の 2,000 m² 以上の大規模建築物から 300 m² 以上の中規模建築物まで拡大された。2020 年に政府が表明した「カーボンニュートラル宣言」[8)] を受け，2022 年現在，建築・住宅分野における脱炭素社会の実現にむけたさらなる取り組みが議論されているが，省エネ基準の適合義務の範囲がすべての建築物に拡大される方向で検討されている。

規制の内容については，対象となる建築物の規模や用途に応じて異なる（表 4・3）。基本的には，小規模に比べ中・大規模が，住宅に比べ非住宅が，より強い規制を受ける体系となっている。床面積 300 m² 以上（中規模以上）の非住宅は，省エネ基準の適合義務が課され，新築等の建築確認・完了検査の際に，基準の適合が不十分と判断された場合，建築することができない。一方，床面積 300 m² 以上の住宅に対しては，行政庁への届出義務が課されている。建築主は，新築時に省エネ計画に関する届け出を提出することが求められ，もし基準に適合しない場合は，行政庁は計画の変更などを指示することができる。300 m² 未満の小規模な建築物においては，2019 年の改正前から同様の省エネ基準適合の努力義務を課すとともに，建築士から建築主に対して省エネ性能に関する説明が義務付けられることとなった。他方，ハウスメーカーやデベロッパーなどの大手住宅事業者を対象として，省エネ基準を上回る基準に適合するよう努力義務を課すトップランナー制度も設けられている。戸建住宅などの小規模建築物の省エネ性能をいかに向上させるか，実効性の担保が求められている。

---

6)　「高齢者，身体障害者等が円滑に利用できる特定建築物の建築の促進に関する法律」
7)　「高齢者，身体障害者等の公共交通機関を利用した移動の円滑化の促進に関する法律」

表 4・3　建築物省エネ法における対象建築物の種類と規制措置

	非住宅	住　宅	
中規模以上 (床面積：300m²以上)	省エネ基準の**適合義務** (建築確認に連動して 省エネ基準審査)	省エネ計画の**届出義務** (基準に適合せず,必要な場合に, 指示・命令も)	**トップランナー制度** 大手住宅事業者の供給住宅に対して,省エネ基準を上回る基準(トップランナー基準)への適合**努力義務**
小規模 (床面積：300m²未満)	省エネ基準適合の **努力義務** ＋ 建築士から建築主への **説明義務**	省エネ基準適合の **努力義務** ＋ 建築士から建築主への **説明義務**	

　規制措置とは別に,より高い省エネ性能を普及させることを目的として,バリアフリー法同様に計画の認定制度が設けられている。新築等の計画が,省エネ基準を上回る基準(省エネ誘導基準)に適合する場合,所管行政庁から認定を受けることができ,容積率の特例などの支援措置を得ることができる。

　住宅・建築物のさらなる省エネ性能の向上は,脱炭素社会の実現に不可欠な要素となる。これを踏まえ,先述した省エネ基準の適合義務範囲の拡大に加え,基準そのものの引き上げについても議論されており,建築生産に大きな影響を与えることが予想される。

(3)　建築物の耐震改修の促進に関する法律(耐震改修促進法)

　耐震改修促進法は,阪神・淡路大震災において,1981 年以前に建築された「新耐震設計法」に適合しない既存不適格建築物に大きな被害が生じたことを踏まえ,1995 年に制定・施行さ
れた。その後,2006 年,2013 年に一部改正され,段階的に規制が強化されてきた。規制措置の内容は,用途や規模等に応じて 3 段階に分けられる。まず,現行の耐震関係規定に適合しないすべての建築物の所有者に対して,耐震診断・耐震改修を行う努力義務が課され,また行政庁は必要に応じて指導及び助言をすることができる。これら既存耐震不適格建築物のうち,不特定多数の者及び避難弱者が利用する一定の規模以上の建築物,一定量以上の危険物を取り扱う建築物,さらに地方公共団体が指定する避難路沿道の建築物は特定既存耐震不適格建築物とされ,行政庁は,必要な耐震診断や耐震改修が行われていないと認めるときは,これらの建築物に対して,指示・立入検査をすることができる(表 4・4)。さらに,大規模な建築物や特に重要な避難路沿道建築物及び防災拠点の建築物に対しては,耐震診断を行い,その結果を報告する義務が課される。

---

8)　カーボンニュートラルとは,二酸化炭素をはじめとする温室効果ガスの排出量と吸収量を均衡させ,実質的に排出量をゼロにすることを意味する。政府は,2050 年までのカーボンニュートラル実現を宣言し,住宅・建築分野を含む 14 の重要産業における「グリーン成長戦略」を策定した。

表4・4　耐震改修促進法における特定既存耐震不適格建築物の要件と規制内容

建築物の種類・用途		特定既存耐震不適格建築物	
		耐震診断・耐震改修の努力義務 ＋指導・助言対象	指示・立入検査対象となる要件
不特定多数の者・避難弱者が利用する建築物	幼稚園・保育所	階数2以上・500m²以上	750m²以上
	小学校・中学校など	階数2以上・1,000m²以上	1,500m²以上
	老人ホームなど	階数2以上・1,000m²以上	2,000m²以上
	病院・劇場・展示場・百貨店・ホテル・飲食店・自動車車庫・保健所・税務署など	階数3以上・1,000m²以上	2,000m²以上
	体育館	1,000m²以上	2,000m²以上
一定量以上の危険物を扱う建築物（貯蔵場・処理場）		所定の数量以上の危険物	500m²以上
地方公共団体が指定する避難路沿道の建築物		地方公共団体の耐震改修促進計画に記載された道路に接する	同左

表4・5　災害対応の建築基準法（施行令を含む）改正の代表的事例

分野	改正時期	改正の内容	契機となった災害など
防火避難	1959年	内装制限規定の創設など	東京宝塚劇場火災：1958年，死者3名
	1969年，1970年	縦穴区画の創設，避難施設規定の強化，耐火建築物の義務化拡大，排煙設備規定新設など	菊富士ホテル火災：1966年，死者30名 池之坊満月城旅館火災：1968年，死者30名
	1973年，1977年	防火区画の規定強化，避難階段の設置義務の強化，工事中の建築物の安全対策強化など	千日デパートビル火災：1972年，死者118名 太洋デパート火災：1973年，死者103名
構造安全	1971年	鉄筋コンクリート造の柱のせん断破壊防止の基準強化など	十勝沖地震：1968年
	1981年	新耐震設計法の導入など	宮城県沖地震：1978年
その他	2003年	シックハウス対策規定の導入	シックハウス症候群の社会問題化：1990年代

　また，新耐震設計法に適合する耐震改修を促進するため，計画認定制度が設けられている。認定の取得によって，耐震関係以外の規定の適用が緩和され，建築主の負担軽減が図られるほか，各種の優遇措置の適用を受けることができる。

4・2・2　建築基準法の改正とその背景

　建築基準法は，1950年の制定以来，数多くの改正を経ており，「大改正」と呼ばれるものも，2018年の改正までに十回以上なされている。また，具体的な技術基準を定めた同法施行令も同様に数多く改正されている。これらは，その時々の社会的な要請に応じてなされているものであるが，基本的には，災害・事件等を契機とした規制強化と，技術進展や社会経済の状

況に応じた種々の政策的要請を踏まえた規制緩和及び合理化が繰り返されてきた。以下，それらのうちいくつかの例を，目的・背景などを交えながら紹介する。

(1) 災害対応としての規制強化――より高いレベルの安全性を求めて

建築基準法の最も基本的な目的は安全性の確保であり，建築物に関係する大規模な災害などが発生した場合，その再発を防止するために規制内容を見直すことがこれまで繰り返し行われている。

火災の発生とそれに対応した防火避難関係規定の改正は，その典型であり，また，構造安全性に関しても，耐震基準を中心に，災害の教訓を踏まえた改正が行われている。これらの代表的な事例を，表4・5に示す。

(2) 集団規定の一連の改正――社会ニーズの変化への対応

集団規定については，1970年に，都市計画法の成立（1968年）に合わせた大改正が行われたが，その後も継続的に，その時々の時代背景を反映し，様々な観点からの改正が行われている。

1976年にはいわゆる日影規制が導入された。この背景には，都市部のマンションブームの中で，日照権に関連する住民運動や紛争の激化があり，新たな規制の導入によりそれらへの対応を図ったものである。一方，容積率や高さ制限・斜線制限などの緩和も，1987年改正を皮切りに，これまでに何度も行われている。

1980年には，地区計画制度の創設が行われた。この改正は，高度成長期から安定成長期への移行を背景として，住環境への関心の高まりなどに対応し，地区の個性やニーズに対応したよりきめ細かい規制を可能にすることを意図したものである。

(3) 確認・検査の民間開放――行政の効率化と執行体制の確保の両立に向けて

1998年から2000年にかけて建築基準法の第9次大改正が行われた。その柱の一つが，建築確認および検査の民間開放である。

当時，建築行政に対する要請は大きくなってきた一方で，行政の効率化の観点から担当職員の増員は一層難しくなっていた。これまで建築主事が担ってきた建築確認と検査を民間の確認検査機関も実施できることが認められた。これによって，自治体の建築行政に掛かる負担が軽減され，完了検査の実施率が向上するなどの一定の効果が認められた。その反面，確認・検査の民間開放が後述する構造計算書偽装事件の要因の一つとしてみられ，さらには，行政庁の能力低下への悪影響も指摘されるなど，民間に審査を委ねることへの批判的な意見もある。

(4) 構造計算書偽装事件への対応――建築物の安全確保対策の充実

2005年11月に明らかになった構造計算書偽装問題は，本来法令を遵守すべき建築士が構造計算書の偽装を行い，安全性の上で問題のあるマンションなどが建設・分譲されたものである。これにより，一連の建築確認・検査制度および建築士制度などへの国民の信頼が失墜した。

その再発防止のため，建築基準法を中心とした関連制度について，建築確認・検査の厳格化，指定確認検査機関の業務の適正化，建築士などに対する罰則の強化などを内容とする大幅な改正が2007年に行われた。また，2008年には，建築士制度の改善のため改正建築士法が施行された（いずれも2006年公布）。

(5) 新しい社会の実現にむけて　―進む規制緩和と合理化

2010年代に入ると，新しい社会の実現を促すための環境整備として，建築基準の規制緩和と合理化が進められた。

2014年改正では，建築物の木材利用や新技術導入を促進するための規制緩和がなされた。例えば，大規模な建築物や3階建の学校等の防火基準が緩和され，木造で建築しやすくなった。また，従来の建築基準では対応できない新建築

材料や新技術の円滑な導入を促すため，国土交通大臣の認定制度が復活した。さらには，厳格化された建築物の構造計算に関する審査プロセスが一部合理化され，審査の短期化が図られた。

2018年改正では，近年増加する既存建築ストックの活用を踏まえた規制緩和も行われた。例えば，戸建住宅を福祉施設・商業施設等に用途転用する際に，耐火建築物等に改修することを不要とするともに，用途変更に伴う建築確認が必要となる規模が見直され，不要となる面積規模が拡大された。また，木造建築の一層の普及を目指す施策方針から，木造建築物の防火規定が見直された。さらには，東京オリンピック・パラリンピック競技大会（2020年東京大会）の開催にあわせ，仮設建築物の存置期間の延長に関する特例も設けられた。

政府の2020年カーボンニュートラル宣言を受け，2021年に脱炭素社会木材利用促進法[9]が改正・施行されたが，建築基準法においても，脱炭素社会の実現に向けた関連基準の緩和や合理化がより一層進むと見込まれる[10]。例えば，既存建築ストックの省エネ化を停滞させないために，改修時の形態規制や既存不適格建築物の遡及適用に係る緩和，さらには二酸化炭素の固定化に寄与する木材利用の促進にむけた措置（防火規定の合理化・構造安全性の検証法の合理化など）が検討されている。

4・3 法以外の諸規範

4・3・1 法以外の諸規範の種類と役割

ここまで，建築生産に関する「社会規範」の

うち，法規範，すなわち，法およびこれに基づく政令・規則類について述べてきたが，建築生産の実際では，それ以外に，多種多様な標準類が存在し，活用されている。

第一のタイプは，JIS（日本産業規格）やJAS（日本農林規格）といった国家規格類である。これは，建築基準法令などに多数引用されることにより，法規範の一部として設計や施工，維持管理等に関係する場合があるほか，たとえば工事仕様書の記述において試験規格・材料規格等が引用され，仕様書の内容の一部となることも多い。国家規格に対して，ISO（国際標準化機構）で制定される国際的な規格・標準類もある。国際的な取引が活発化する今日，物質やサービスの国際的な技術的裏付けとして，ISO規格の重要性はますます高まっている。国内の円滑な技術開発を促すため，国内のJISとISO規格との整合性を保つための努力が続けられている。

第二のタイプは，学術団体・専門家団体等が策定・運営する各種規準や標準類である。代表的なものとして，日本建築学会の編集・出版する設計・計算規準類や，工事標準仕様書などがある。これらは，専門家が行う設計や工事等のプロセスの標準を示したものである。

第三のタイプは，契約関連文書の標準である。たとえば，工事請負契約に関する契約書，契約約款の標準は，契約実務において幅広く活用されている。また，前述した工事標準仕様書は，施工プロセスの標準であるという側面のほか，そのままあるいは一部修正の上，契約図書の一部として用いられることも多い。

---

9) 2010年に制定された「公共建築物における国産木材の利用を普及・拡大することを目的とした法律」が2021年に改正され，法律の題目が「脱炭素社会の実現に資する等のための建築物等における木材の利用の促進に関する法律」に改められた。建築・住宅分野における木材利用の促進が，脱炭素社会の実現のための重要な課題であることが明確に位置づけられ，公共建築物のみならず民間を含めた建築物一般での木材利用の促進にむけて，国や地方公共団体が積極的に施策を講ずることが求められている。

10) 2030年度の省エネ量目標が，2021年第6次エネルギー基本計画で見直され，目標値が上方修正された。住宅・建築分野（「家庭部門」・「業務部門」が対応）は2,550 kL程度の削減を目標としており，これは全体の削減量（6,200万kL程度）の約4割を占める。

法改正で大きく変わった建築士制度 ―受験機会の再拡大へ―　　　　（渡邊史郎）

　一級建築士の受験資格を得るために単位取得する必要がある科目を，「指定科目」と呼ぶことがあるが，「建築生産」もその一つであることをご存じだろうか。建築士の試験や免許登録の制度は建築士法によって規定されている。この資格制度は，構造計算書偽装事件を背景とする 2006 年の建築士法改正により，大幅に見直された。従来から建築士試験の受験資格は，学歴要件と実務経験要件から成っていたが，この改正により，学歴要件が，従前の「所定の学科卒業」から「国土交通大臣が指定する建築に関する科目を修めて卒業」に改められた。これに伴い，ほとんどの大学が，新しい授業科目を設置せざるを得なくなった。また，実務経験要件も，より実際的な設計・工事監理業務に限定され，従来認められていた大学院での教育も算定されなくなった。つまり，建築士の取得は著しく難化したのである。

　ところが，法改正から 10 年を経て，この厳格化された建築士制度では，将来，安定的に建築士人材を確保できないという懸念が指摘されはじめた。実際，筆者と同じ世代で，多忙な日々に追われながら，一級建築士の受験勉強をこなすのは容易ではないと語る実務者も多い。建築設計の関係団体は，業界を挙げて資格制度の改善を求めて，行政に提言し，ついに 2018 年の建築士法改正に至った。その最大のポイントは，実務経験が，それまでの受験要件ではなく，免許登録の要件に改められたことである。つまり，大学卒業直後から，実務経験を経なくても一級建築士の受験が可能となった。さらには，実務経験の対象範囲も拡大され，建築・住宅などの行政経験や既存建築物の調査業務，さらには建築物に関する研究・開発までも「実務経験」として認められることになった。

　建築士制度は，わずか 10 年余りで二度の改正がなされ，受験機会は再び拡大された。建築士を志す学生の皆さんは，少しでもこの時代の恩恵を感じながら，勉学に励まれてはいかがだろうか。

表 4・6　建築士制度における受験・免許登録の要件の変遷

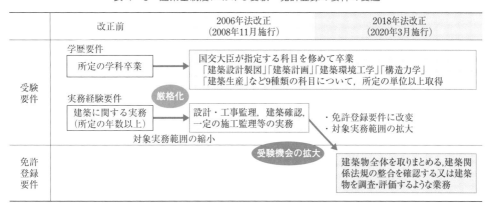

第 **5** 章
建築プロジェクトの起こり方

5・1 建築活動の成果としてのストックの状況

5・1・1 21世紀初頭の日本における建築ストック

建築プロジェクトが求められる背景は，時代とともに変化し，地域によっても異なる様相を呈する。本章では，建築プロジェクトがいかにして起こるのか，社会背景から見ていく。なお経済的な視点からみる建築プロジェクトは，次章において扱う。

20世紀は未曾有の新規建設の時代だった。世界各地で工業化が進み，人口が急激に増加すると同時に都市への過度な人口集中を経験した。それが大量の土木構築物や建築物の新規建設を促した原因の一つである。また，社会の近代化に伴い，学校・病院・事務所・工場・美術館・図書館等々，近代的な諸制度に対応する新たな建築空間が大量に必要とされた。これも20世

紀を未曾有の新規建設時代たらしめた原因の一つである。そして，人類は，自らが思うように環境制御できる空間領域を地球上に拡大し続けてきた。

日本はそうした20世紀的な現象を体現した典型的な地域である。そして，その結果として，日本国内には有り余るほどの建築物が存在するようになった。都市周辺に目を向ければ，既存の建築物を取り壊すことなく新規建設のできる土地はほとんど残されていないほどである。したがって，これからの日本における建築生産のあり方を考えるには，まず現時点での建築ストックの状況を正確に認識しておく必要がある。

建築ストック全体についての統計資料は十分とはいえないが，そのおよそ半数を占めると考えられる住宅ストックに関しては，総務省が「住宅土地統計調査」を5年に1度実施しており，十分にその量や構成を把握することができる。

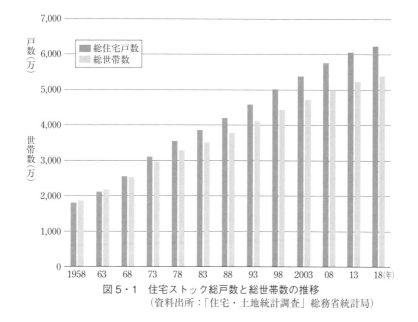

図5・1　住宅ストック総戸数と総世帯数の推移
（資料出所：「住宅・土地統計調査」総務省統計局）

現段階で利用できる最新のデータは，2018年度の住宅土地統計調査によるものであるが，これによると，日本には約 6,240 万戸の住宅ストックがあり，その数は総世帯数約 5,400 万を 15% も上回っている。この住宅ストック総戸数と総世帯数との比較を時系列で見てみると，1968 年までは総世帯数が住宅ストック総戸数を上回っており，まさに住宅の新規建設が必要であったことがわかる（図5・1）。その後も，旺盛な新規建設は続き，住宅ストック総戸数が総世帯数を上回る程度は調査の度に高まってきている。しかし，それら住宅ストックの全てが無駄なく利用されている訳ではない。現に同調査によれば，誰も居住していない住宅ストックは約 850 万戸，ストック総戸数の約 13.6% にも達している。

次に住宅ストックの建設年代別構成比率を見てみよう（図5・2）。第二次世界大戦後から 1960 年代，1970 年代前半の高度経済成長期にかけては，まだまだ日本の住宅の規模は発展途上にあり，設備等の面でも，今から見れば水準の低いものであった。したがって，それらが，今日ストックとして残っていたとしたら，多くは，遠からず建替えの対象になるだろう。現に 2008 年の段階で 1970 年までに建設された住宅ストックは総戸数の 15% を占めていたが，2018 年には 9% に減少している。既に現在の住宅ストックの 8 割は 1980 年以降に建設されたものになっている。このことからすれば，今後はこれまでと同じ程度に建替え需要が発生することはないと考えるのが適当であろう。

図5・3 は，住宅ストック総戸数を 1 年間に新築される住宅の戸数で除した値（単位は年）を複数の先進国間で比較したものである。この値は，新築が全て既存住宅の建替えであるとした場合に，現在ある住宅ストックが全て建て替えられるのにかかる年数を示しており，ドイツ 244 年，イギリス 215 年，フランス 79 年，アメリカ 208 年に比して，日本の 62 年という値

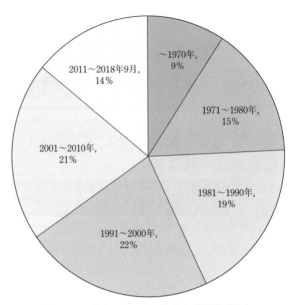

図5・2　住宅ストックの建設年代別構成比率
（資料出所：「住宅・土地統計調査」総務省統計局　平成 30 年をもとに作成）

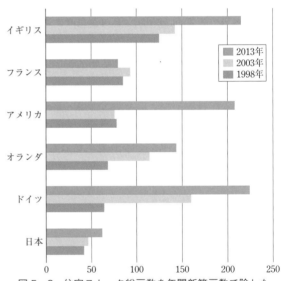

図5・3　住宅ストック総戸数を年間新築戸数で除した値の国際比較
（資料出所：EURO CONSTRUCT，住宅着工統計（国土交通省）をもとに作成）

が際立って低い点に注目すべきである（2013年データ）。これは，日本の住宅がこれまで比較的短い年数で建て替えられてきたことの反映であるが，先の住宅ストックの建設年代別構成比率に関する考察からすれば，この値は今後大きくなることが予想される。そして，住宅スト

ック総戸数が大きく変わらないとすれば，この予想は新築住宅戸数の減少を意味する。

　以上はあくまでも住宅だけに関する調査結果に基づくものであるが，住宅がストックにおいても新規建設においても建築物全体の床面積の概ね半分以上を占めていること，またストックの増加や建設年代別構成に関して住宅だけが特殊な傾向を示すとは考えにくいことから，日本の建築ストック全体に関しても類似した傾向があるものと見なして大きな誤りはないと考えられる。

5・1・2　近未来の需要の変化と建築プロジェクトの必要性

　日本における新規建設が減少するという予想は，前節で述べたストックの充足状態からだけでなく，日本が直面する大きな社会変動からも説明が可能である。その大きな社会変動とは人口の減少である（図5・4）。

　建築空間の利用形態が大きく変わらないと仮定すれば，人口が減少することで，必要な床面積はほぼ全ての用途の建築種で減少する。既にストックが充足している現状を考え合わせると，少なくとも新規建設は老朽化したストックの建替え分だけで間に合うことになる。しかし，建築空間の利用形態は相応に変化すると考えられる。そのことに最も大きな影響を与える事柄は，人口構成の変化と人々のライフスタイルの変化である。

　21世紀後半に予想されている人口構成の変化は少子高齢化の進行である（図5・5）。小学校や中学校等の必要数が極端に減少する一方で，福祉関連施設・医療施設等高齢者がよく利用する施設の必要数は増加する。また，バリアフリー化等，利用者の身体能力の衰えに対応できる空間がより多く求められることになる。したがって，建築ストックの総量が十分でも，不要になった用途の建築物を取り壊し，必要の増した用途の建築物に建て替える建設プロジェクトや，既存ストックの用途を変更したり，高齢者にも利用しやすい空間に改造する再生プロジェクトが必要とされることになる。

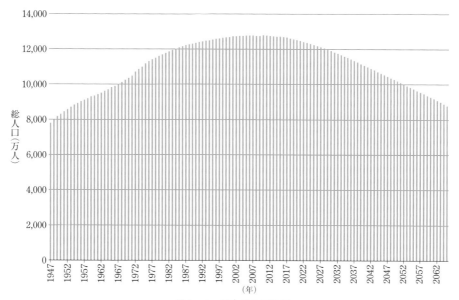

図5・4　日本の人口予測

（資料出所：2017年まで：総務省「国勢調査」，「人口推計（各年10月1日現在）」，2018年以降：国立社会保障・人口問題研究所「日本の将来推計人口（平成29年4月）」（出生中位・死亡中位推計），1971年以前は沖縄県を含まない。）

一方，ライフスタイルの変化は明確に予想できるものではないので，ここでは例示にとどめる。たとえば，かつての核家族化が住宅に対する需要を刺激したように，家族形態の変化は，必要な建築の形態や規模の変化をもたらす（図5・6）。近年では1人世帯や2人世帯が急激に増加している。1人世帯は1980年から2015年で約2.6倍，2人世帯は約2.5倍に増加した一方，4人世帯以上は減少傾向を示している。女性の

就労率の増加，IT化の進展や産業構造の変化は，人々の就業形態を変え，そのことで必要な建築の種類や立地条件が大きく変わることもあり得る。こうした人々のライフスタイルの変化も，前述した人口構成の変化の場合と同様の建築プロジェクトに対する需要を生み出すものと考えられる。

このように，近未来の日本では，人口減少社会の中で，人口構成や人々のライフスタイルの

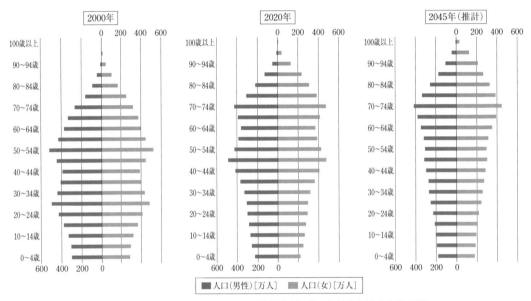

図5・5 日本の少子高齢化予測（資料出所：「国勢調査」総務省統計局）

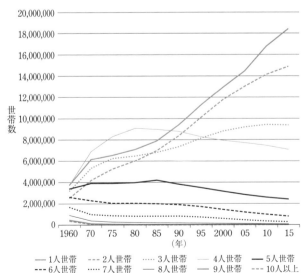

図5・6 日本の世帯規模の推移（資料出所：「国勢調査」総務省統計局）

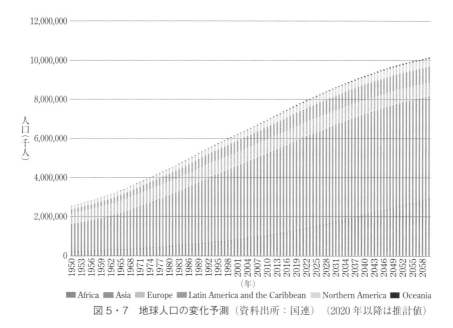

図5・7　地球人口の変化予測（資料出所：国連）（2020年以降は推計値）

■ Africa　■ Asia　■ Europe　■ Latin America and the Caribbean　■ Northern America　■ Oceania

変化に対応するための建築プロジェクトが強く求められることになると考えられるが，その一方で，世界に目を転ずれば21世紀にも人口が増加し続け，様々な建築空間の圧倒的に不足する地域が広がっている（図5・7）。特にアジア地域やアフリカ地域での人口の増加は顕著である。2000年に37.4億人の人口が居住するアジア地域では，2060年には1.4倍に増えると計算されている。またアフリカの地域では，8.1億人の人口が3.6倍に増加するとされる。

これらの地域では，20世紀の日本が経験した新規建設中心の建築生産が十分に機能すると考えられ，日本で建築教育を受けた者や日本で建築生産実務に携わってきた者が貢献できる分野は決して小さくない。ただし，基本的人権に関わるような住宅・医療施設・教育施設等の不足が解決すべき課題になっている地域が多く，それらの解決は，必ずしも戦後日本が経験した

図5・8　日本企業が関わる大規模プロジェクト

図5・9　バングラデシュの開発の様子

高度経済成長と歩調を合わせる形での建築生産という形にはならない。経済成長が建設需要を刺激する地域においては，日本で建築生産実務に携わってきた者が市場経済下で建築生産に関わることの可能性はあるが（図5・8），他方，貧困の中での建設を必要とする地域においては，国際援助の枠組みの中で建築生産に関わる機会が主となる（図5・9）。

20世紀の建築プロジェクトと21世紀の建築プロジェクト

　今後の日本での建築プロジェクトは，これまで述べたように，新規建設中心の20世紀的なものから，ストックの用途変更や必要に応じた改造等の再生プロジェクトが相応の部分を占める21世紀的なものに大きく変化していくだろう。一方，世界の建築プロジェクトでは，人口増加から新規建設が引き続き大きな位置を占めることになろう。しかし，いずれにおいても，これからの建築プロジェクトには，20世紀の建築プロジェクトに強く求められることの少なかったいくつかの事柄が強く求められることになる。そして，それらは，共通して20世紀の建築生産のあり方に対する反省に根ざすものである。

　第一に，20世紀の建築生産において生産性を高めるものとして利用が拡大されてきた石綿などいくつかの工業材料が公害や健康被害をもたらした事実に対する反省がある。21世紀の建築プロジェクトでは，単に個々のプロジェクトの生産性からだけでなく，その生産過程や利用段階における有害性の有無や程度を十分に検討した上で，使用材料の選択を行う必要性が注目され始めている。

　第二に，建築生産活動の拡大が自然環境の破壊や地球環境の思わしくない変化をもたらしてしまったという反省がある。建築生産は一般に天然資源を多く用いる。その中には，木材のような再生可能な資源も含まれるが，建築生産の活動量が増加すればそれらの再生が間に合わないことになる。日本の建設現場で大量の南洋材をコンクリート工事の型枠材として用いたことが，熱帯雨林に打撃を与えたこと等はその端的な例である。また，建築材料の製造過程や機械化した施工段階における大量のエネルギー消費は，再生不能な化石資源の消費と地球温暖化に繋がる炭酸ガスの発生を意味している。さらに，新たな建築プロジェクトのための宅地開発は多かれ少なかれ自然環境を破壊する行為であり，その生態系への影響が懸念されるプロジェクトも少なくなかった。21世紀の建築プロジェクトは，過去のこうした経験を踏まえて，環境への影響を多面的にまた十分に事前評価した上で進められる必要がある。

　第三に，より効率的な土地利用や利便性の向上への強い欲求から，既存の建築物等を安易に取り壊し，処理の困難な廃棄物を増大させるスクラップアンドビルドを繰り返すとともに，場合によってはそれまで継承してきた地域文化を破壊してしまったことに対する反省がある。21世紀の建築プロジェクトには，時空間的な文化の継承という側面をも考慮に入れることが強く求められるケースが増えると考えられる。

　これら21世紀の建築プロジェクトに求められる事柄を意識する時，建築プロジェクトを，対象とする敷地によって大きく2種に分けて捉える考え方が現れる。未利用地でのプロジェクトと既利用地でのプロジェクトとの2種である。この2種では，上述の事柄のうち特に考慮しなければならない点が異なる。前者では新たな宅地開発による自然環境への影響を最小限にとどめる努力が強く求められるのに対し，後者では相手は自然環境ではなく，地域文化継承の問題や資源問題への対応から既存建物をどう扱うか，取り壊すのか，取り壊さずに有効利用するのか，また，建て替える場合には，土壌汚染や廃棄物の有害性をどう評価しその悪影響をどう回避するかが課題になる。そして，少なくともこれか

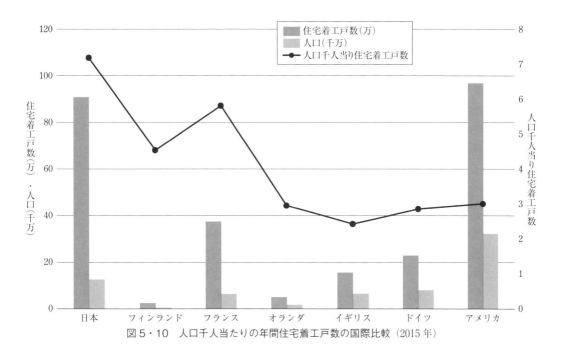

図5・10　人口千人当たりの年間住宅着工戸数の国際比較（2015年）

らの日本の建築生産では後者が大きなウエイトを占めることになる。

5・2　既利用地での建築プロジェクトの起こり方

5・2・1　再生プロジェクト

　前節では，日本の新規建設に対する需要が今後は減少するという予想を述べたが，それがそのまま建築生産の活動規模の縮小に繋がる訳ではない。図5・10には，住宅を例にとり，複数の先進国の人口千人当たりの年間新築住宅戸数を示しているが，日本の新築住宅戸数が群を抜いて多いことがわかる。しかし，他の先進国の建築生産活動がこれに比例する形で小さいかといえば，決してそうではない。そのことは図5・11より明らかである。この図には，各国での住宅投資に占める増改築，すなわち本書でいう「再生工事」の割合を示しているが，日本以外の国々は，5割から7割近くまでの極めて高い値となっている。このデータは，先進国では新規建設に代わって再生工事が大きな位置を占

めるようになったということを物語っている。

　日本においても今後これらの国々と同様に再生プロジェクトが建築生産の中で中心的な位置を占めるようになることが予想されるが，再生プロジェクトはこれまで主流であった新規建設プロジェクトとはプロジェクトの起こり方が大きく異なる。

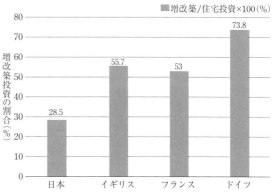

図5・11　住宅投資に占める増改築投資の割合の国際比較（資料出所：日本（2014年）：国民経済計算（内閣府）及び（公財）住宅リフォーム・紛争処理支援センターによる推計値，イギリス・フランス・ドイツ（2012年）：ユーロコンストラクト資料＜注＞住宅投資は，新設住宅投資とリフォーム投資の合計額）

　従来の新規建設における発注動機は，主に「ないから建てたい」というものだった。住宅がないから住宅の新築を頼みたい，最新設備を収容できる工場がないから工場を新築したい，耐火構造の校舎がないから校舎を新築してほしい，といった具合である。しかし，前節で見たような，今日のストックの充足状況を前提にすると，この「ないから建てたい」という発注動機に代わり，「あるけど何とかしたい」という発注動機が主たるものになると考えられる。住宅はあるけどもっと今の生活欲求に相応しいものにしてほしい，工場はあるけどもっと効果的な生産体制を実現したい，校舎はあるけどスペースが余っているので別の用途で有効に活用したい，といった具合である。

　この「あるけど何とかしたい」という発注動機による再生プロジェクトの起こり方は，以下のように整理でき，新規建設の場合にはあまり

必要とされなかった複数の専門的業務遂行能力が必要になる。

(1)　建築物の変化を契機として

　まず，利用者や管理者が建築物の劣化現象を認識するところからプロジェクトが始まる場合がある。この場合，利用者・発注者から依頼された専門家がその状況を診断・評価し的確な処方箋を作成することで，プロジェクトの輪郭が明確になる。ここでは，この専門家の業務内容の信頼性や中立性の確保が肝要である。

(2)　利用者の変化を契機として

　住宅を例にとると，家族数の変化，世帯構成員の高齢化等，利用者のライフステージの変化，あるいは新しい商品や近隣での成功事例等の刺激を受けての利用者の要求水準の変化等に伴い，望ましい利用形態と既存建築物の空間構成や各部仕様が整合しなくなる場合がある。また，集合住宅団地における空き家問題，駐車場問題，

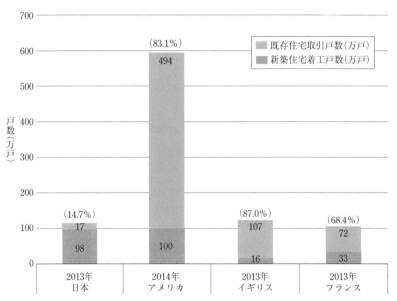

図5・12　中古住宅の流通シェアの国際比較

（資料出所：各国の資料は下記の通り）
日　　本：平成25年住宅・土地統計調査／総務省，住宅着工統計（平成26年計）／国土
　　　　　交通省
アメリカ：New Residential Construction, National Association of REALTORS
イギリス：Housing Statistics, Department for Communities and Local Government
フランス：Service de l'Observation et des Statistiques, Conséil géneral de
　　　　　l'environnement et du développement
（備考）（　）内は中古住宅の流通シェア（全取引に対する中古住宅取引の割合）を示す。

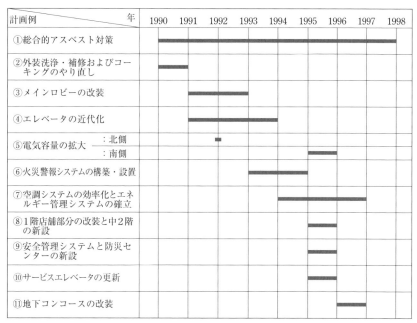

図5・13　超高層オフィスビルの再生投資計画の例（ニューヨーク）

コミュニティ荒廃の問題のように，群としての利用者を取り巻く社会環境が新たな問題を抱え始め，その解決が切実に求められる場合もある。こうした場合には，生活上の不具合や利用者の望む居住環境に関する調査・診断，コンサルティング，処方箋と再設計の提案等の業務が重要になり，これらを遂行できる専門家が必要になる。

オフィスのテナントの入れ替わりや中古住宅流通による所有者の入れ替わりのように利用者自体が変化することも，再生プロジェクトの発生に結び付く。たとえば，アメリカの住宅市場では，中古住宅市場が新築住宅市場の数倍の規模になっており（図5・12），転売時の診断・評価とそれに伴う改造工事が大きな市場を形成している。

(3)　経営状態の変化を契機として

ストックが量的に充足し全体の空室率が上昇すると，既存建築物の収益性の低下が問題になるケースが増える。この場合，不動産流通に関する専門知識に基づいた調査・コンサルティングの結果を受けて，再生プロジェクトが開始さ

れることがある。

これもアメリカの例だが，オフィスビルの場合，有力テナントとの契約期間が切れる数年前から，次のより有利なテナント契約の締結に向けて，再生プロジェクトについての大規模な投

表5・1　都市再開発の定義

都市再開発は，民間による任意の再開発事業や，権利変換も可能にする市街地再開発事業のような法定の再開発事業もある。
都市再開発法においては，法第1章第2条で以下のように決められている。

市街地再開発事業
市街地の土地の合理的かつ健全な高度利用と都市機能の更新とを図るため，都市計画法（昭和四十三年法律第百号）及びこの法律（第七章を除く。）で定めるところに従つて行われる建築物及び建築敷地の整備並びに公共施設の整備に関する事業並びにこれに附帯する事業をいい，第三章の規定により行われる第一種市街地再開発事業と第四章の規定により行われる第二種市街地再開発事業とに区分する。

資計画が立てられるケースがしばしば見られる（図5・13）。ここでは利用価値の評価に基づいた家賃設定等，不動産市場における建築物評価の仕組みが効果的に機能している。

5・2・2 建替え・再開発プロジェクト

既存建築物はあるけど何とかしたいという発注動機は，既存建築物を残した上での再生プロジェクトばかりでなく，既存建築物を取り壊した上での建替えプロジェクトや複数の既存建築物を一斉に取壊した上での再開発プロジェクト（表5・1）に結び付くことがある。

再開発プロジェクト等の場合には，当初より既存建築物を利用することは想定せず，新規建設の用地取得に付属する不要物と見なされる場合があるが，一般には，既存建築物を利用することで新たな要求が満たされるか否か，また既存建築物の利用と建替えのどちらが経済的合理

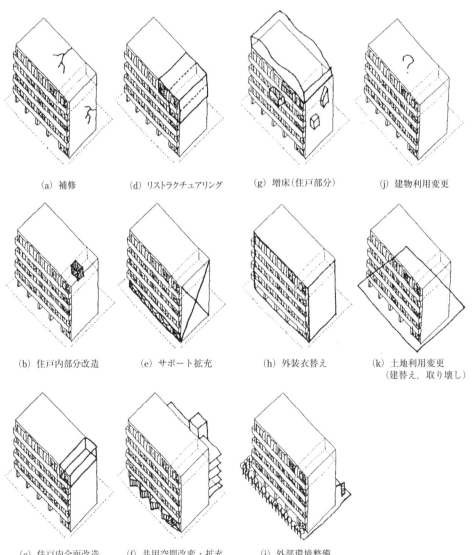

（a）補修　　（d）リストラクチュアリング　　（g）増床（住戸部分）　　（j）建物利用変更

（b）住戸内部分改造　　（e）サポート拡充　　（h）外装衣替え　　（k）土地利用変更（建替え，取り壊し）

（c）住戸内全面改造　　（f）共用空間改変・拡充　　（i）外部環境整備

補修(a)と建替え(k)とのあいだに様々な規模・目的の再生方法が存在している。

図5・14　欧米で見られる既存集合住宅の再生手法の分類（文献1）

表5・2　再生プロジェクト，建替え・再開発プロジェクトの特徴

再生プロジェクト	建替え・再開発
工事の対象部分や規模に関して相当な操作の幅を持つ	必ず一定規模以上の費用が発生するため，区分所有マンションのように所有者が複数いる場合には，合意形成に困難を伴うことが多い
既存建築物を利用しながらの工事も可能	利用の継続はできない
廃棄物の排出を抑えられる	再生プロジェクトより多くの廃棄物の処理が必要

性を持つかで，再生プロジェクトとするか，建替え・再開発プロジェクトとするかが判断される。このような場合，建替え・再開発プロジェクトの起こり方は，前項で述べた再生プロジェクトの起こり方とほぼ同様になる。

再生プロジェクトの場合，既存建築物に対して行う工事の規模に相当な幅があり（図5・14），予算規模・工期とも，建替え・再開発プロジェクトと同等あるいはそれ以上になることもあり得るが，一般に建替え・再開発プロジェクト特有の事柄として，留意すべき点を示した（表5・2）。

5・3　未利用地での建築プロジェクトの起こり方

5・3・1　インフラ整備から始まる開発型プロジェクト

日本でも，高度経済成長に伴い都市部の人口が急増していた時代には，農地や山林にアクセス交通や水道・電気・ガス等のインフラストラクチャを大掛かりに新設し，その結果として生み出された宅地に，住宅，商業施設，教育施設，医療施設等を次々に建設する開発型のプロジェクトが多く見られた。

ニュータウンの開発を例にとろう。マスタープランの策定，多数の地権者や地方自治体との合意形成，土地区画整理事業，インフラストラクチャの建設等，個々の建築プロジェクトが起

図5・15　大阪駅前再開発（大阪府）
（撮影：UR都市機構）

図5・16　渋谷地区の再開発（東京都）
（撮影：齋藤隆太郎氏）

こる以前の過程に多くの労力と資金が投じられ，一般に長い年月がかかる。しかし，こうした宅地開発が，そもそも住宅や施設の新規建設を目的としてなされることから，その後の建築プロジェクトの起こり方は単純である。

　近年の日本でも，海上の埋立てによる臨海開発や，大規模な駅前再開発（図5・15，図5・16）等，ニュータウン開発と同種の開発型プロジェクトは見られるが，利便性等の面で市場性が高く評価される立地に限られる傾向が強い。

5・3・2　人口増加地域での建築プロジェクト

　日本の人口は増えないが，地球規模では今世紀中も人口増加が継続すると予想されている。しかも，現状でも住宅や教育施設，医療施設等が大きく不足している。したがって，国際的に見れば，未利用地での建築プロジェクトは今世紀中も増えることが容易に予想できる。

　2020年に国連が発表したところでは，世界人口の20%に相当する約16億人が不適切な住宅に暮らしており，そのうち10億人がスラムや不法居住地に暮らしている。同報告書では，2018年のスラム居住人口の都市人口に占める割合は，南アフリカ，南アジア，東南アジアで25%を超えており，建築を垂直に増築して居住するといった課題もある。これらの地域での

開発型プロジェクトの必要性は高いと考えられる。近年では，スマートシティ開発型のプロジェクトが進み，モビリティや，健康に配慮したウェルビーイング，環境配慮や電気のスマートグリッドなど，多彩な都市開発が進む地域も多い（図5・17）。

　また，人口増加地域の中には著しい経済成長を経験している国もあり，日本の建築技術者や建築関連産業が市場経済ベースで開発型の建築プロジェクトに参画する機会も相当量存在し得る（図5・18）。ただし，プロジェクトの起こり方に関わる法制度・商習慣・市場動向・産業構成等が，日本とは大きく異なる可能性があり，この点は，十分に検討しておく必要がある。

図5・17　開発の様子（マレーシア）

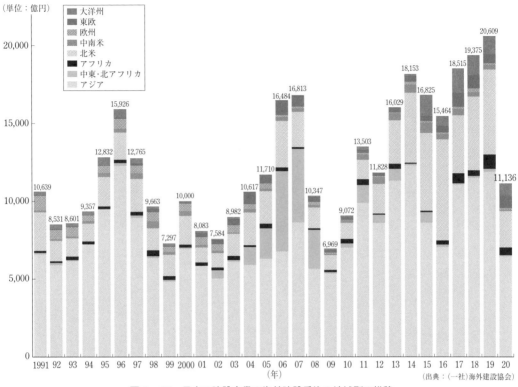

（単位：億円）

凡例：
■ 大洋州
■ 東欧
▨ 欧州
▨ 中南米
▨ 北米
■ アフリカ
▨ 中東・北アフリカ
▨ アジア

20,000

15,000

10,000

5,000

0

1991　92　93　94　95　96　97　98　99　2000　01　02　03　04　05　06　07　08　09　10　11　12　13　14　15　16　17　18　19　20
（年）

10,639　8,531　8,601　9,357　12,832　15,926　12,765　9,663　7,297　10,000　8,083　7,584　8,982　10,617　11,710　16,484　16,813　10,347　6,969　9,072　13,503　11,828　16,029　18,153　16,825　15,464　18,515　19,375　20,609　11,136

（出典：(一社)海外建設協会）

図5・18　日本の建設企業の海外建設受注の地域別の推移

第 **6** 章

経済行為としての建築プロジェクト

6・1 経済行為としての建築プロジェクトの特徴

6・1・1 経済行為としての建築プロジェクトの成立要因

　建物を建てるという「行為」とその「プロセス」のことを「建築プロジェクト」と呼ぶとすれば，その建築プロジェクトは，一連の「経済行為」として認識できる。ここで言う「経済」とは，金銭の流れにより生じる社会的関係性のことを言う。

　たとえば，小規模な集合住宅（アパート等）を建てるという一つの建築プロジェクトを考えてみよう。ある人（建築主）が，自分の所有している土地を活用するため，手持ちの資金に銀行からの借入金を加えて一定額の資金を用意し，この資金で工務店に発注し，工務店が建設し，そして発注主が入居者を募るという一連のプロセスが考えられる。

　このプロセスの中には，発注者が資金を調達するという経済行為や，工務店に集合住宅を発注し，引渡しを受けるという経済行為が存在する（図6・1）。

　また，工務店が住宅を建設するプロセス自体も，様々な建設資材の発注や納入，専門工事業者への発注などの一連の経済行為から成り立っている。さらに，建物完成後も，建物の維持補修や借入金の返済といった経済行為が必要となる。

　それでは，こうした「経済行為としての建築プロジェクト」は，どんな要因が揃えば成立するのであろうか。前述の集合住宅建設を例に考えると，まず，集合住宅を建てるという建築行為の主体となる「建築主」が必要である。この

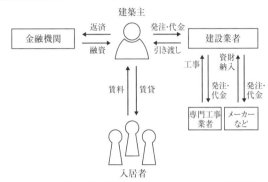

図6・1　集合住宅建設プロジェクトにおける経済行為の流れ

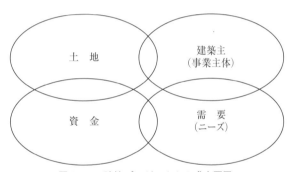

図6・2　建築プロジェクトの成立要因

建築主は，より複雑な建築プロジェクトの場合には，「事業主体」や，「事業主」と呼ばれることも多い。

　次に，集合住宅という建物を建てるための「土地」が必要となる。さらに，集合住宅を建てるための「資金」が必要である。また，集合住宅を建てたいという「ニーズ」も必要である。これは，より広い意味では，建物に対する「需要」と言い換えることもできる。

　このように，「経済行為としての建築プロジェクト」が成立するためには，建築主（事業主体），土地，資金，需要（ニーズ）という四つの要因が揃っていることが必要である（図6・2）。

6・1・2　建築プロジェクトの目的

　ところで，「建築プロジェクト」の目的とは何なのであろうか。建築の施工や設計といった建築生産の実務に従事する人は，とかく，建築プロジェクトの目的を，「建物を建てること」にあると考えやすい傾向にある。

　しかし実際には，建築プロジェクトの目的は，「建築主（事業主体）のニーズの実現」にあり，建物を建てることは，その手段にしか過ぎない。つまり，「完成した建物に住まうこと」，「完成した建物を使って事業を行い，利益をあげること」といった建築主（事業主体）のニーズを実現することこそ，建築プロジェクトの目的なのである。この点を見誤ると，建築プロジェクトはうまくいかないことが多い。

　たとえば，再開発などの大型プロジェクトで，長年の歳月と膨大なエネルギーを費やした挙句，建物の建設そのものが目的化してしまい，建物完成後の事業はうまくいかず，プロジェクトとしては失敗に終わってしまったといった事例が多いのである。こうした観点から，建築プロジェクトの目的は，あくまで，建築主（事業主体）のニーズの実現にあることを，理解しておく必要がある。

6・1・3　経済行為としての建築プロジェクトの特徴

　「経済行為としての建築プロジェクト」の特徴について考えてみよう。前述のように，建築プロジェクトは一連の経済行為の集合として捉えることができるが，ここでは，建築主（事業主体）の経済行為としての建築プロジェクトの特徴に絞って議論することとしたい。この場合，建築プロジェクトは，事業主体の他の経済行為（たとえば，物品の購入など）と比べて，次のような特徴を持っている（表6・1）。

　表6・1に示すような建築プロジェクトの特徴は，建築主（事業主体）として建築プロジェクトを実施し，成功させることが，それほど簡

表6・1　建築プロジェクトの特徴

- 建物の建設等の初期投資に要する金額が多額である。
- 初期投資を賄うため，借入金の比率が高い。
- 一般に投資してから資金を回収するまでの期間が長期にわたる。
- 特定の土地（敷地）の上でプロジェクトが展開され，プロジェクトの効果（建物の使用や収益・所有等）も，その土地の立地性と個別条件に左右される。
- プロジェクトの着手時に，建物の敷地をはじめ，建設費，初期投資金額，資金調達方法とその条件，建物用途，建物の規模と概要，設計者・施工者の選定など，プロジェクトの主要条件が決定される。
- プロジェクトの効果は，プロジェクトの主要条件に依存するものの，建物完成後の社会経済条件の変化や，事業主体の個別条件の変化によって大きく変わる。
- 一部の建築主（事業主体）を除き，「建築プロジェクト」についての経験が乏しいことが多い。

単でないことを示している。たとえば，「自宅を建てること」についても，表6・1に示した特徴は全て当てはまるのであり，土地探しから，自己資金の捻出と住宅ローンの打診，間取り等の決定，設計者や施工者の選定など，多くの意思決定を短期間に行わなければならないのである。このため，こうした様々な建築主（事業主体）側の意思決定を助けるための業務が発生し，こうした業務を「建築企画」と呼ぶことがある。この建築企画については，第7章で詳しく取り上げている。

6・2　成熟社会／人口減少社会における建築プロジェクト

6・2・1　建築プロジェクトを取り巻く社会・経済環境の変化

　前述のように，建築プロジェクトは一連の経済行為の集合から成り立っており，プロジェクトを取り巻く社会経済環境の変化によって大きな影響を受ける。本節では，わが国における1980年代から今日に至るまでの社会経済環境の変化と，それが建築プロジェクトにどのような影響を与えてきたのか，さらには，成熟社会

／人口減少社会の到来を迎え，これからの建築プロジェクトは，どのように変化していくのかを論じることにする。

⑴ 1980年代後半までの「建築プロジェクト」の成立要因

戦後の復興期を経て1980年代の後半まで，わが国の経済は，多少の起伏はあったものの，ほぼ一貫して右肩上がりの成長を続け，世界にも例を見ない発展を遂げてきた。

モデル化して説明すれば，戦後の供給力不足と「人口増加」，とりわけ，都市部での人口増加を背景に，マクロ的には需要が供給を超過した経済であった。このような経済環境においては，モノの供給が行われれば，そのモノの利用者や買い手はいくらでも見つかる訳であり，モノの供給者がモノの価格や品質についての主導権を持つ，いわゆる「供給者（生産者）主導」型の経済システムが構築されていった。

建築の分野においても，供給量のもととなる土地が限られた資源であったため，土地に対する需要が常に供給量を超過し，常に土地の値段が上がるという「土地神話」が生まれることになった。また，建築プロジェクトの資金調達の面から見ると，評価額が高く値上がりも期待される土地を担保に融資を行う「土地担保融資」が主流となっていった（図6・3）。

こうした経済状況の中で，前述の建築プロジェクトが成立するための四つの要因を，改めて考察してみると，基本的には，「土地」さえ用意することができれば，「需要（ニーズ）」は常にあり，「資金」は土地担保融資で調達できた（図6・4）。

⑵ 1990年代以降の「建築プロジェクト」の成立要因

1990年代に入ると，わが国の経済は，それまでと一変して，低成長あるいはマイナス成長の厳しい時代に突入する。人口の伸びも止まり，モノをつくっても売れない時代，つまり，供給に対して需要が足りない時代になったのである。

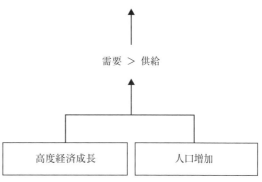

- 供給者主導型経済システム
- 土地神話
- 土地担保融資の重視

需要 ＞ 供給

| 高度経済成長 | 人口増加 |

図6・3　1980年代後半までの日本経済

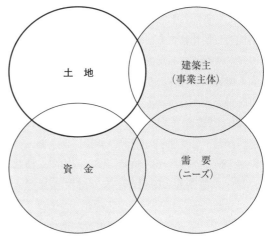

図6・4　1980年代後半までの建築プロジェクトの
　　　　成立要因

このような経済環境のもとでは，モノの需要者がモノの価格や品質についての主導権を持つ，いわゆる「需要者（消費者）主導」型の経済システムが構築されていくことになる（図6・5）。こうした中で，戦後の経済成長システムを支えてきた土地神話が崩壊し，1992年以降，地価の全国的な下落傾向が継続した。地価の下落傾向の継続は，それまでの土地神話に頼った土地担保融資による債権を不良債権化し，これが，わが国の金融システムを蝕み，金融機能の低下が不況を長引かせ，それがまた，土地に対する需要を低下させ，地価の下落を引き起こすとい

う悪循環に陥ったのである。

　こうした経済状況の中で，建築プロジェクトが成立するための四つの要因を考察してみる。「土地」については，1980年代後半までと一変して，供給が需要を上回る状況が続いている。供給面では，市街化区域内農地の宅地並み課税により，都市農地の宅地化が進行しているほか，企業が遊休化した土地や福利厚生施設の土地などを売却する動きが加速しており，長引く不況の影響で，低迷する土地に対する需要を供給が上回っているのである。

　また，「資金」について見ると，国の低金利政策にもかかわらず，新規の土地担保融資は低迷している。これは，地価の下落傾向の継続と不況の長期化により，貸し手である金融機関側のリスクが高まっており，土地等の評価額に対する融資額の比率（担保の掛け目）も低くせざるを得ないからである。

　次に，「需要（ニーズ）」については，人口増加率が低下し，長引く不況の影響により個人の可処分所得がマイナス傾向に転じる中で，建物に対する需要も，1980年代後半までと比べると，極めて弱い状況となっている。つまり，建物を建てても，その建物の利用者，借り手，あるいは，買い手が見つからない可能性が高まっているのである。

　このように，1990年以降，建築プロジェクトの成立要因を取り巻く状況は，それまでと一変し，まず，「需要（ニーズ）」と「資金」が，プロジェクト成立のキーファクターとなった（図6・6）。

⑶　2010年以降の「建築プロジェクト」の成立要件／人口減少社会における建築プロジェクトのあり方

　第5章で述べたように，今後，わが国では，少子高齢化と人口減少が同時に，しかも急速に進行することが予測されている。また住宅分野では空き家の増加が問題視されており，こうした人口減少社会における建築プロジェクトのあ

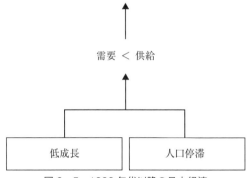

図6・5　1990年代以降の日本経済

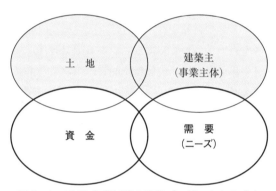

図6・6　1990年代以降の建築プロジェクトの成立要因

り方は，従来のそれとは，大きく異なってくることはいうまでもない。建築プロジェクトの成立要因の観点からは，1990年代以降の傾向が一段と加速すると予想され，四つの成立要因のうち，「需要（ニーズ）」と「資金」の重要性がさらに増すものと考えられる。

　しかしそれ以上に，「建築主」によるプロジェクトの目的設定の能力や姿勢がより重要と考えられる。すなわち，プロジェクトのキーファクターが「建築主」になってくるのである。

　従来の建築教育の場では，建物の「需要」や「資金」に関する教育は，ほとんど行われてこなかったが，今後は，こうした分野を扱う，「マーケティング」や「ファイナンス」に関する教育が，建築教育の場でも不可欠な要素にな

表6・2　建築プロジェクトを取り巻く社会・経済環境の変化

●1980年後半まで	●1990年代から2000年代	●2010年代以降
・人口増加と住宅不足	・人口ピーク	・人口減少と空き家問題
・土地神話(地価の上昇)	・地価の下落	・地価の二極化
・土地担保融資	・土地担保と事業性評価	・新たなスキーム
・需要>供給	・需要<供給	・需要<供給
・供給者(生産者)主導	・需要者(消費者)主導	・需要者(消費者)主導
・含み経営(資産・資本の拡大)	・オフバランス(資産・資本の圧縮)	・オフバランス(資産・資本の圧縮)
・売上高重視	・利益率, キャッシュフロー重視	・収益性と社会貢献の両立(CSV)
・リスクは見えない	・リスクの顕在化	・リスクの多様化
・「土地」がキーファクター	・「需要」と「資金」がキーファクター	・「建築主」がキーファクター

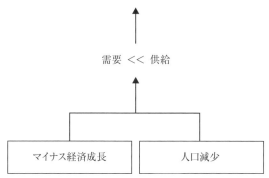

●需要と資金の重要性大
●マーケティングとファイナンスが建築
　分野での必須知識に

需要 << 供給

マイナス経済成長　　人口減少

図6・7　成熟社会／人口減少社会における建築プロ
ジェクトの方向性

る。同様に，建築実務の場においても，マーケティングやファイナンスに関する知識と経験が，より一般的になることを指摘しておきたい（図6・7）。

6・3　建築プロジェクトのファイナンス

6・3・1　ファイナンス・スキームの変化
　前節で述べたように，1990年代以降，建築プロジェクトの四つの成立要因のうち，「土地」の重要性が低下し，替わって「需要（ニーズ）」と「資金」の重要性が高まった。このうち，資金を調達することを「ファイナンス」というが，ファイナンスは，建築プロジェクトに係わらず，あらゆる経済行為において，極めて重要な要素となっている。また，ファイナンスの仕組みのことを「ファイナンス・スキーム」といい，1990年代以降は，建築プロジェクトにおけるファイナンス・スキームについても大きな変革が起こりつつあることに注目する必要がある。

　前述のように，建築プロジェクトにおける従来のファイナンス・スキームは，土地やその上に建てられる建物を担保に，銀行などの金融機関が，建築主（事業主体）に対して融資を行う土地担保融資が中心であった。しかし，土地神話の崩壊により，土地担保融資の量的拡大は困難になり，建築プロジェクトのファイナンス・

スキームとして，土地担保融資以外のスキーム
を用意する必要性が徐々に高まった。

　図6・8は，ファイナンス・スキームの分野
を模式的に示している。「直接金融」とは，資
金の需要者である企業等が，直接資金の出し手
である投資家などから，資金を調達する仕組み
のことであり，一方，「間接金融」とは，資金
を持っている個人等が，資金を銀行等の金融機
関に預け入れ，資金の需要者である企業等は，
金融機関からの借り入れ（融資）の形で資金を
調達する仕組みのことである。また，「コーポ
レートファイナンス」とは，資金の需要者であ
る企業等が所有する全ての資産，信用力等に基
づいて，資金が供与されるファイナンスの仕組
みのことであり，一方，「プロジェクトファイ
ナンス」とは，特定のプロジェクトの収益性や
資産だけに基づいて，資金が供与されるファイ
ナンスの仕組みのことである。

　1980年代後半までの従来のわが国のファイ
ナンス・スキームは，圧倒的に，間接金融かつ
コーポレートファイナンスの象限に集中してい
た。すなわち，企業等が，企業全体の資産や信
用力をもとに，銀行等の金融機関から，土地等
を担保に融資を受ける土地担保融資が中心であ
った。

　次に，間接金融かつプロジェクトファイナン
スの象限では，プロジェクト自体の収益性や資
産に着目して，プロジェクトそのものに融資が
行われる仕組みが考えられる。その代表的なも
のが「ノンリコースローン」というスキームで
ある。これは債務履行請求が及ぶ範囲をローン
対象の物件に限定するローンのことである。ノ
ンリコースローンでは，融資対象となったプロ
ジェクトが破綻した場合，事業主体は，そのプ
ロジェクトに係わる資産（担保対象となってい
る資産）の所有権を放棄すれば，その事業主体
が持っている他の資産にまで，債権の取立てが
行われないことになる。企業等の事業主体にと
っては，多少金利が高くても，リスクのあるプ
ロジェクトにも十分取り組めるメリットがある
が，金融機関の立場からは，融資対象となるプ
ロジェクトの収益性，資産性，リスク等につい
て，適正な評価が行われない限り，融資の実行
はできない。米国では，このノンリコースロー
ンは，建築プロジェクトのファイナンス・スキ
ームにおいて，相当大きなシェアを占めており，
わが国でも次第に実施例が増えつつある。

　最後に，直接金融かつプロジェクトファイナ
ンスの象限は，プロジェクトの収益性・資産性
に着目して，プロジェクトの資産を担保に，新
たに証券や社債等を発行して，投資家から直接
資金を集める仕組みが考えられる。これが，い
わゆる「不動産の証券化」である（図6・9）。
不動産の証券化は，欧米ではここ30年ほどの

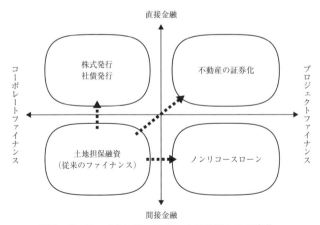

図6・8　ファイナンス・スキームの分野とその変化

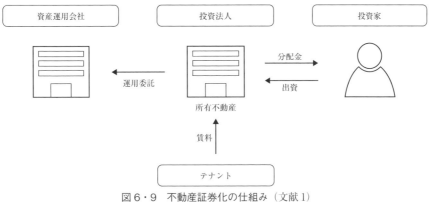

図6・9　不動産証券化の仕組み（文献1）

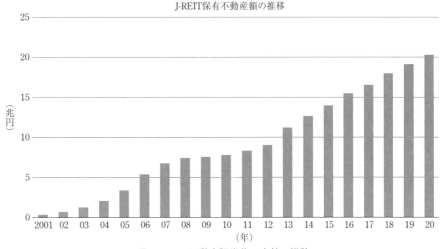

図6・10　不動産証券化の実績の推移
（資料出所：（一社）不動産証券化協会）

間に，相当大きな市場規模を持つようになり，建築プロジェクトのファイナンス・スキームとしても重要な位置を占めている。わが国においても，90年代半ば以降，SPC（特別目的会社）やJリート（不動産投資信託）を用いた不動産証券化の仕組みが整えられ，2008年度に実施された不動産証券化の対象となった不動産またはその信託受益権の額は8.9兆円弱にも達している。しかし，2008年9月に発生したリーマンショック以降の世界金融危機の影響により，不動産の証券化のリスクも顕在化した。

また2011年の東日本大震災，2020年の新型コロナウイルスの地球規模での感染拡大，それに伴う東京オリンピックの開催延期など，想像を越える災害とその影響を経験してなお，未だ不動産証券化は量的に拡大を続けている（図6・10）。

そして広く投資の世界には，ベンチャー企業に出資するエンジェル投資家や，インターネットを介して不特定多数の賛同者から少額の資金を集めるクラウドファンディングなどが広がりつつあり，規模こそ小さいが，これを建築プロジェクトに応用しようとする試みも現れている。

いずれにせよ，今後の建築プロジェクトにおいては，こうした多様なファイナンス・スキームを駆使して資金調達を行うことが求められ，ファイナンス・スキームに関する知識と経験が，実務上，不可欠となるであろう。また，こうし

たファイナンス・スキームを支える基礎技術として，建築プロジェクトの評価手法と判断指標の確立が求められており，これについては，次節において，その概要を紹介することとしたい。

6・4　建築プロジェクトの経済性評価

6・4・1　建築プロジェクトの評価のプロセスと事業収支計算書

　経済行為としての建築プロジェクトを考える場合，そもそも，その建築プロジェクトを実施すべきかどうかを判断する必要があり，そのために，その建築プロジェクトを事前に評価する必要がある。こうした評価は，建築プロジェクトの初期投資を，建物完成後の収入で回収する過程を「長期事業収支計算書」で数値的に表し，その結果を一定の判断指標で判断することが一般的な方法である。図6・11は，オフィスビルや賃貸マンションなどの賃貸事業を行う建築プロジェクトでの，プロジェクト評価のプロセス

を例示したものである。また，表6・3は，長期事業収支計算書の例である。建築プロジェクトの実施にあたっては，まず，マーケット条件等を調査して，こうした長期的な事業のシミュレーションを行い，事業の是非を判断することになる。

6・4・2　建築プロジェクトの評価のための判断指標

(1)　伝統的な判断指標

　表6・4は，建築プロジェクトの評価のための判断指標の例である。かつては，Aの回収期間に係わる指標と，Bの損益の黒字化に係わる指標が一般的に用いられた。これらは，事業の安全性に係わる手法である。また，Cのうち，総資本利益率や自己資本利益率についても，一般的に利用されてきた指標である。これらは，収益性を計る指標であるが，投資の是非についての一般的な判断指標が形成されておらず，具体的な判断は，個々の投資家に任されている。

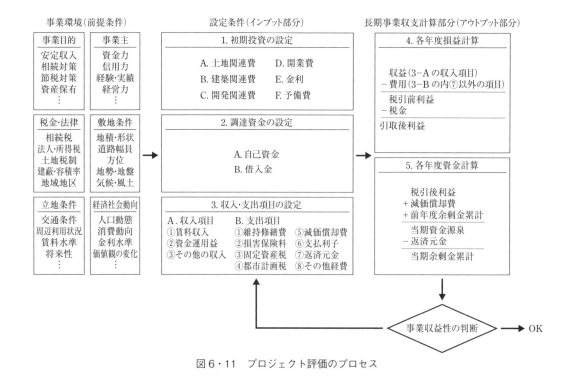

図6・11　プロジェクト評価のプロセス

表6・3 長期事業収支計算書の例（文献1）

資金収支 ①

		1	2	3	4	5	6	7	8	9	10	11	12	13	14	15	16	17	18	19	20
収入	家賃収入	4,581	4,581	4,581	4,581	4,581	4,581	4,581	4,581	4,581	4,581	4,581	4,581	4,581	4,581	4,581	4,581	4,581	4,581	4,581	4,581
	空室控除	-130	-311	-311	-311	-311	-311	-311	-311	-311	-311	-341	-341	-341	-341	-341	-341	-341	-341	-341	-341
	合計	4,451	4,270	4,270	4,270	4,270	4,270	4,270	4,270	4,270	4,270	4,240	4,240	4,240	4,240	4,240	4,240	4,240	4,240	4,240	4,240
支出	借入金返済額	3,120	3,088	3,049	3,011	2,972	2,934	2,895	2,857	2,818	2,780	2,741	2,703	2,664	2,626	2,587	0	0	0	0	0
	固定資産税(※)	382	372	361	352	343	333	325	316	309	301	293	285	278	272	265	259	253	247	241	236
	管理手数料(※)	222	213	213	213	213	213	213	213	213	213	212	212	212	212	212	212	212	212	212	212
	建物修繕費(※)	137	137	137	137	137	137	137	137	137	137	137	137	137	137	137	137	137	137	137	137
	修繕積立金	150	150	150	150	150	150	150	150	150	150	150	150	150	150	150	150	150	150	150	150
	広告費(※)	382	46	62	62	62	62	62	62	62	62	61	61	61	61	61	61	61	61	61	61
	所得税等	256	307	315	326	338	375	386	398	409	420	424	436	427	438	469	726	728	729	731	732
	合計	4,649	4,313	4,287	4,251	4,215	4,204	4,168	4,133	4,098	4,063	4,018	3,984	3,929	3,896	3,881	1,545	1,541	1,536	1,532	1,528
③	収支	-198	-43	-17	19	55	66	102	137	172	207	222	256	311	344	359	2,695	2,699	2,704	2,708	2,712

（④は11列目、⑥は16列目、⑤は7列目の「収支」、⑦⑧は16列目付近を指す）

不動産所得 ②

		1	2	3	4	5	6	7	8	9	10	11	12	13	14	15	16	17	18	19	20
収入	合計	4,451	4,270	4,270	4,270	4,270	4,270	4,270	4,270	4,270	4,270	4,240	4,240	4,240	4,240	4,240	4,240	4,240	4,240	4,240	4,240
経費	減価償却費	1,720	1,702	1,702	1,702	1,702	1,594	1,594	1,594	1,594	1,594	1,594	1,594	1,674	1,674	1,590	544	544	544	544	544
	支払利息	560	521	483	444	406	367	329	290	252	213	136	98	59	21	0	0	0	0	0	0
	その他(上表※)	1,123	768	773	764	755	745	737	728	721	713	703	695	688	682	675	669	663	657	651	646
	合計	3,385	2,991	2,958	2,910	2,863	2,706	2,660	2,612	2,567	2,520	2,472	2,425	2,460	2,415	2,286	1,213	1,207	1,201	1,195	1,190
申告所得		1,066	1,279	1,312	1,360	1,407	1,564	1,610	1,658	1,703	1,750	1,768	1,815	1,780	1,825	1,954	3,027	3,033	3,039	3,045	3,050

（⑨は5列目の申告所得、⑩は16列目を指す）

①実際のお金の流れ（キャッシュフロー）。
②上段の表とは異なり、実際のお金の流れではなく税申告のための表。建物費用を一定年数で分割して費用化する。「減価償却費等」が計上される。
③最終的にオーナーに残る金額と考えてよい。
④「空室率」は6.7%から7.4%に上昇しているが、家賃は低減されない。
⑤収支がマイナスからプラスに転じるのは、「借入返済額」と「固定資産税」が徐々に減少していくため。
⑥15年を境に収支が向上している。大きくは金融機関からの借り入れが完済したため。一方で、「減価償却」のうち、設備分も同時に終了している。下段の所得が上昇した分、「所得税等」が増加しており、収支上マイナスも生じている。
⑦借入が完済し、「収支」が急上昇している。
⑧下段の「所得」の上昇に伴い、「所得税等」も増加している。
⑨期間15年で借入れている計画であることが分かる。
⑩減価償却のうち設備分の償却が終わり、税申告上の「所得」も上昇している。

このほか，Fの剰余金平均額も，しばしば用いられる指標で，これは特に，個人やオーナー企業などで，手取額という投資の具体的なメリットを判断するために使われるものである。ただし，これらの指標を用いる際には，土地保有を前提として，建物投資だけの効果を計るのが一般的であった。

(2) グローバルマーケット時代の判断指標

これらの指標に対して，総合還元利回りやキャッシュ・オン・キャッシュ，DSCR，NPV，IRRといった指標は，主として欧米で用いられてきたプロジェクトの判断指標であるが，現在では日本でも一般化が進んでいる。

中でも，NPVやIRRといった「キャッシュフロー割引法」であるが，これらは，キャッシュフローの現在価値によりプロジェクトの価値を判断する指標であり，これらについて，さらに詳しく見てみよう。

(3) キャッシュフロー割引法

今，現金100万円があり，これを5%の確定利子率で運用できるとすると，1年後には，105万円になる。言い換えれば，現在の100万円と1年後の105万円が同価値だということである。すると，1年後の100万円は，現在価値に直すといくらになるのであろうか。これを求めるためには，100万円を，1＋利子率5%＝1.05で割り戻せばよく，100万円÷1.05≒952,381円と求められる。同じように，n年後の100万円の現在価値は，$(1+0.05)$のn乗で割り戻すことにより求められる。一般に，利子率をrとしたとき，n年後のキャッシュフローCnの現在価値は，$Cn \div (1+r)^n$と表される。このように，将来のキャッシュフローの現在価値を，利子率と期間を用いて割り引いて求めることが，現在価値法の本質である。そして，この将来のキャッシュフローを現在価値に置き直して考えることこそ，投資期間や投資対象の異

表6・4　建築プロジェクトの評価のための判断指標

分類	指標名	内容	判断基準等
A. 回収期間に関わる指標	1.投下資本回収期間	事業による余剰金累計が投下自己資本と債務残高を上回るのに要する期間。この年に事業を中止しても債務を返済し，投下自己資本を回収できる。	15年以内：◎　16～20年：○ 21～25年：△　26年以上：×
	2.借入金完済可能年	剰余金累計が債務残高を上回る年。借入金の完済が事実上可能。	12年以内：○　13～17年：○ 18～25年：△　26年以上：×
B. 損益の黒字化に着目する指標	1.税引前利益黒転年	税引前利益が黒字に転換する年（営業開始からの期間）。判断基準等は定額法の場合。	2年以内：◎　3～5年：○ 6～8年：△　9年以上：×
	2.累積赤字解消年	税引前利益の累積赤字が解消し，累積で黒字に転換する年。判断基準等は定額法の場合。	3年以内：◎　4～7年：○ 8～15年：△　16年以上：×
C. 単年度の利回りに着目する指標	1.総資本利益率	$\dfrac{税引前当期利益R}{総投資額I}$	投資家の内部基準による。
	2.自己資本利益率	$\dfrac{税引前当期利益R}{自己資本E}$	投資家の内部基準による。
	3.総合還元利回り	$\dfrac{償却前営業利益(NOI)}{総投資額I}$	キャップレートともいう。欧米では，地域や投資対象類型ごとに，相場水準が形成されている。
	4.キャッシュオンキャッシュ	$\dfrac{キャッシュフローC}{自己資本投資額E}$	キャッシュフローC＝NOI－借入金元利払額 自己資本の利回りを求める指標で，欧米では一般的。
D. 借入金返済の安全性に着目する指標	1.借入金割合	$\dfrac{借入金}{総投資額I}$	70%以下が好ましいが，我が国では，伝統的に80%～100%のケースが多かった。
	2.DSCR	$\dfrac{売却前営業利益(NOI)}{借入金償還額(DS)}$	150%以上：◎　120%～150%：○ 100%～120%：△　100%以下：×
E. キャッシュフロー割引法（DCF法）	1.正味現在価値法（NPV）	毎期のキャッシュフローの現在価値の合計量から自己資本投資額を差し引いた額（正味現在価値）でプロジェクトの投資価値を求める手法。	左記の正味現在価値が，正の場合は投資する価値があり，これが大きいほど有利な投資となる。
	2.内部収益率法（IRR）	毎期のキャッシュフローの現在価値の合計値が自己資本投資額に等しいような収益率（割合率）。	左記の内部収益率が，投資家の内部基準による数値（最低必要収益率）を超える場合は投資するメリットがある。
F. 手取り額に着目する指標	1.剰余金平均額	一定期間（例えば開業後10年間）の税引後借入金返済後の余剰金（キャッシュフロー）の平均額	投資家の内部基準による。個人地主などでは，これで毎年の生活費を賄えるかが重要。

なる複数の投資行為を比較検討するファイナンス思考といえる。

　いずれにせよ，今後の建築プロジェクトにおいては，これまで以上に，その経済性の評価が重要になるものと考えられる。建築分野の技術者にとっても，こうした評価手法を十分に理解し活用することが望ましい。

(4) 建築プロジェクトについての多元的評価の必要性

　本節では，建築プロジェクトの経済性評価について述べてきたが，実際の建築プロジェクトを評価する場合，経済性の側面だけで評価する

ことが適切でない場合も多い。

　一般に，評価という行為は，評価対象・評価主体・評価目的・評価基準・評価手法という，評価を構成する諸要素の違いによって，様々な結果を生み出す。たとえば，建築プロジェクトの評価主体としては，建築主，土地所有者，事業主体，投資家，建物の利用者・居住者・テナント，設計者，企画者，工事会社，金融機関（債権者），周辺住民，行政機関，一般市民などが考えられる。これらの評価主体が，それぞれの評価目的と評価基準・評価手法により，評価対象となる建築プロジェクトの様々な側面を評価対象として，評価を行うのである（図6・12）。

　たとえば，評価主体が建築主の場合，評価目的としては，安全性・快適性の確保，耐久性の向上，メンテナンスのしやすさ，収益性の向上，事業リスクの低減，資産価値など，多種多様なものが想定できる（表6・5）。

　また，周辺住民にとっては，工事期間中の騒音等が少ないことや，建物完成後の環境条件の悪化や風害等が発生しないことが評価目的となるだろう。

　このように，建築プロジェクトの評価は，評価対象・評価主体・評価目的・評価基準・評価手法の各要素の組合せにより，極めて多種多様な評価結果を生み出すことになる。したがって，建築プロジェクトの評価が，評価主体により一様でないのは当然の結果であり，どのような立場で，どんな評価基準で，何を目的にどのような手法で，プロジェクトのどのような側面を評価するのかを明確にしておく必要がある。

　しかしながら一方で，建築プロジェクトやその成果としての建物は，その規模や影響力から見ても極めて社会的な存在であり，建築プロジェクトを，より多元的な立場に立って評価する必要性が，経営論的にも高まっている。たとえば，建築プロジェクトを，これまで述べた評価主体だけでなく，社会貢献という視点，建物完成後の利用者・居住者・テナントの立場で評価したり，周辺住民や一般市民，あるいは，一地球環境保全の視点を含め，より価値を高める可能性がある。

　また，その評価は，建築プロジェクトの進捗段階に応じて繰り返し行われ，絶えず，評価結果が実際のプロジェクトにフィードバックされる形が望ましい。これはいわば，建築設計におけるデザインレビュー（9・2・1参照）と同様の多元的な評価プロセスを，建築プロジェクトのプロセス全体に取り入れるものであり，こうした多元的評価の実践理論を深めることは，今後の重要な課題の一つと考えられる。

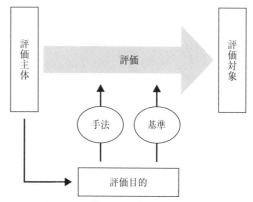

図6・12　「評価行為」の一般的な構造

表6・5　建築主が評価主体の場合の評価目的例

●安全性・快適性の確保
●耐久性の向上
●メンテナンスのしやすさ
●収益性の向上
●事業リスクの低減
●資産価値
●相続対策
●売却のしやすさ
●空間やデザインの質
●集客力
●話題性
など

自宅として住みながら貸す。賃貸併用住宅のファイナンススキーム　　（高橋寿太郎）

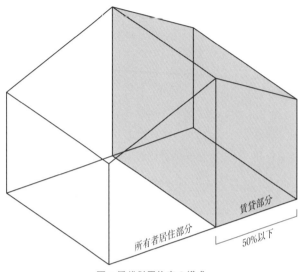

図：賃貸併用住宅の構成

この教科書を手にした方の比較的多くの方が経験するのが，自宅を購入することと，そのための住宅ローンを組むことである。しかし本章で触れたような収益性のある建築プロジェクトの設計や施工，開発，企画に関わる方は，かなり少ないのではないだろうか。

しかしその中間的な存在で，自宅として居住し，かつ収益性を兼ね備えたプロジェクトがある。「賃貸併用住宅」である。これは，住宅の一部が賃貸住宅や賃貸店舗になっているものである。住みながら，一部を賃貸で貸す。自宅として自由にできる資産を持ちながら，賃貸オーナーとして収益も上げてしまおうという，欲張りな形式である。一般的には，20〜30坪の自宅部分と，10〜20坪の賃貸部分からなる一棟住宅である。

ここで考察したいのは，そのファイナンス・スキームである。そもそもなぜ併用を行うのか。賃貸併用住宅は，アパートやマンションといった収益プロジェクトを計画する際の「事業ローン」ではなく，「住宅ローン」を用いることが認められている。

そもそも「住宅ローン」とは，民間の銀行等が提供する金融商品であり，住むという基本的な行為に限った，「長期（最長35年），低金利」の，特例的なサービスである。昨今の低金利時代には，金利は0％台（いわゆるゼロ金利）が当たり前となった。

例「相模原の家」2020年　設計：青木弘司　撮影：永井杏奈

一方で「事業ローン」とは，アパートやマンション，またその他事業性のあるプロジェクトに用いるローンの総称である。一般的には「中期（20年前後）で，金利は1〜3%」と開きがある。これを月々の返済額に換算し，住宅ローンと比較すると，倍近くになる場合もある。

例「笹沼邸」2019年　設計：北澤伸浩　撮影：鈴木研一

　すると賃貸併用住宅の賃貸事業は，住宅ローンで不動産投資が出来るようなうまみがある，と言える。また立地を厳選し，うまく計画すれば，住宅ローンの一部を賃貸収入で賄うことも可能となる。つまり住宅だけをつくるより，お得だということだ。（各金融機関の一般論としては，賃貸部分の床面積を全体の50%以下とすることが求められる。）

　もちろん，注意点も多い。一軒家を造るよりも規模が大きくなるので，そのために土地の購入から行う場合には，借入の余力が必要になる。つまり年収が高いか，自己資金が多いか，その両方が求められる。またエリアも，その資金力のために，都心部から安価な郊外に移るのであれば，賃貸部分の賃料収入見通しを誤れば，得をしないこともある。

　ただし，賃貸物件の成功要因のひとつ，建築企画を効果的に用いることができれば，そのリスクは低下できる。色や形という表面的なデザインではなく，周辺競合物件との差別化を果たすのは，マーケティングの基本を押さえれば実はそれほど難しいことではない。さらに，経済的に得をするからではなく，やってみたい，賃借人と仲良くしたい，大家業をしたい，というニーズもある。経済性だけでは計れない。

例「Ware-House」2014年　設計：木下昌大　撮影：堀田貞雄

第Ⅱ編
建築生産のプロセス（プロジェクト）

第 7 章
建築プロジェクトと企画

7・1 企画業務とその役割

7・1・1 建築企画の発生と変化

(1) 建築企画の発生

「建築企画」という言葉はいつ頃から使われだしたのか。古川修[1] は，次の記述があることを指摘している。①1939 年日本建築士会会員業務規定の中に，建築士の設計監理業務として「建築企画に関する相談」が初めて登場する。ただし，建築企画業務の具体的な内容に関する記述はない。②1954 年日本建築設計監理協会業務規定に，「委嘱者の意図する建築企画，すなわちその建築経営，敷地の選定などについて技術上の見地から調査研究を行い，企画の立案に協力する。さらにこの企画を建築的に示す計画資料を作成する」業務として，「建築企画に対する協力及び計画資料の作成」が，基本設計とは独立した報酬を伴う業務として位置づけられた。建築企画業務の設計業務からの独立である。この「計画資料の作成」は，設計監理報酬全体の 10% を占めるとされている。③ところが，1960 年日本建築家協会の建築家業務規定の中では，建築企画は基本設計業務の一部に組み入れられ，「企画に関する協議及び調査」すなわち，「建築主の企画の実現について建築主と十分打合せを行い，必要に応じて関係官庁及び建築家以外の専門技術者と協議して法律的・技術的調査を行う」というように位置づけられている。

このように建築企画は，具体的なものの表現としての設計に至る前に，建築主自身の構想を整理し，プロジェクトとしての基本的な考え方を定めるための専門的検討を行う業務として位置づけられてきた。しかし，建築企画業務は，当初は基本設計業務の中に埋もれており，明瞭に意識されるようになったのは第二次世界大戦後，1954 年以降である。その後，建築企画業務と基本設計業務の取扱いには変化が見られ，基本設計業務と独立した業務であるか，基本設計と一体的な業務であるかの理解は定まらずに推移してきた。

(2) 1980 年代まで一企画業務の比重の高まりの背景

もともと建築企画業務は，設計上の与条件を確定させるために敷地の立地条件や法的規制などの調査，事業採算性の検討に基づいた建物の規模や用途の設定など，建物の基本的な性格を提示するものであった。すなわち，基本設計業務の前段の業務として，設計の与条件を確定していく業務として定着してきた。

その後の 1970 年代中頃までの高度成長期には，特に大手建設業の中には土地保有者に対して企画提案を行い，プロジェクトを生み出していく動きが盛んに行われてきた。いわゆる「開発営業」といわれる動きである。設計事務所も同様に，売り込み型の建築企画業務を行ってきた。「開発業務と一体化した企画業務」の時代である。1980 年代に入ると，等価交換や土地信託方式などの事業開発やワンルームマンションなどの不動産の商品化の動きに関連して，建築主の建築企画に対するニーズも高度化・複雑化してきた。税務や法務，あるいは資金調達といった事業運営上の様々な専門知識やノウハウが必要となってきた。

---

1) 古川修ほか「新建築学大系 44 建築生産システム」彰国社 p.122～p.134。

⑶　1990 年以降―企画業務の普及

　1990 年代のバブル崩壊以降，不良債権化した建築不動産が多数見られるようになってきた。そういった背景もあり，これまでは大規模な建物について必要とされてきた建築企画業務が，比較的小規模な建物であっても，事業収支計画が重視されるなど，多くの建築で必要な業務として定着する。「企画業務の普及」の時代である。特に，ハウスメーカーや小規模な建設業は，ワンルームマンションやアパートといった集合住宅の企画業務と受託営業を一体化，標準化させる動きを見せた。90 年代以降の PC の一般化と共に，CAD や収支計算ソフトの普及がこれを支えた。また新規建築プロジェクトを対象とした建築企画業務ではなく，既存建物を再利用し良好な建築ストックとして活用するための建築企画，たとえば，建物のコンバージョンに関わる企画業務の重要性が，さらに高まってきている。

　ストック型社会に入ったこれからの建築主にとって，空間の確保は必ずしも建物の新設による必要はなくなってきている。既存ストックの再利用など，様々な選択肢が可能になってきている。建築企画の企画たるポイントが，「新築プロジェクト」として実現することではなくなることもあり，発注者の顧客満足を満たす合理的な支援を行うことにシフトしていくと思われる。

⑷　2010 年以降―企画業務の重要度の高まり

　新築プロジェクトまたは既存ストック活用に関わらず，プロジェクトの成功のための企画業務の重要度は，より高まっている。大規模な再開発規模の建築物から，前述した小規模なマンションや商業ビル，そしてさらに小規模なリノベーションや空き家活用に至るまで，企画が建築学から独立して認められるようになりつつある。

　これは，後述する「事業企画」と「建築企画」の区別と，その距離が緊密になってきていること，また同様に後述する経営学のマーケティング分野の発展と関係が深い。

7・1・2　建築企画とは

　建築企画業務については明確な定義は存在していないが，大きく分けると二つの考え方がある。一つは，（A）基本設計に先立って行われる調査・企画業務としての位置づけで，日本建築家協会の業務規定に示された内容である。もう一つは，（B）顧客満足度の視点に立った考え方に基づくもので，必ずしも設計前段階に着目せず，建築主の求めに応じてプロジェクトを事業として遂行していくうえでの事業フレームの設定と，その実現のための支援業務という位置づけである。これは，日本建築家協会の業務規定でいうと，プロジェクトマネジメント業務を含んだ位置づけということができる。

　（A）の場合の建築企画業務の定義は，「建築主の構想を整理し，基本的なコンセプトを確立し，プロジェクトを事業として成功に導くための条件を検討する段階。市場調査などの必要な調査・分析のもとに機能と規模を設定して，事業の仕組みを提案し，必要に応じては建築形態の概要を決める。建築主から詳細な設計与条件が示される場合もあるが，多くの場合は，建築主のアドバイザーとして設計を行ううえでの前提となる設計条件の策定を行う」という内容になる。具体的な業務は，図 7・1 のとおりである。一方，（B）の立場に立つと，建築企画業務は必ずしも設計前段階に提供される業務に限らず，建築プロセスに応じて建築主の立場に立ってプロジェクト推進のために，最適なコストと最小の時間で最大の価値と効果を生み出すように，プロジェクトを運営する業務と位置づける考え方である。その場合には，前者で示した業務内容に加えて，プロジェクトの予算計画と管理，チーム編成と指揮，スケジュールの計画と管理，許認可官公庁対応などを含むことになる。

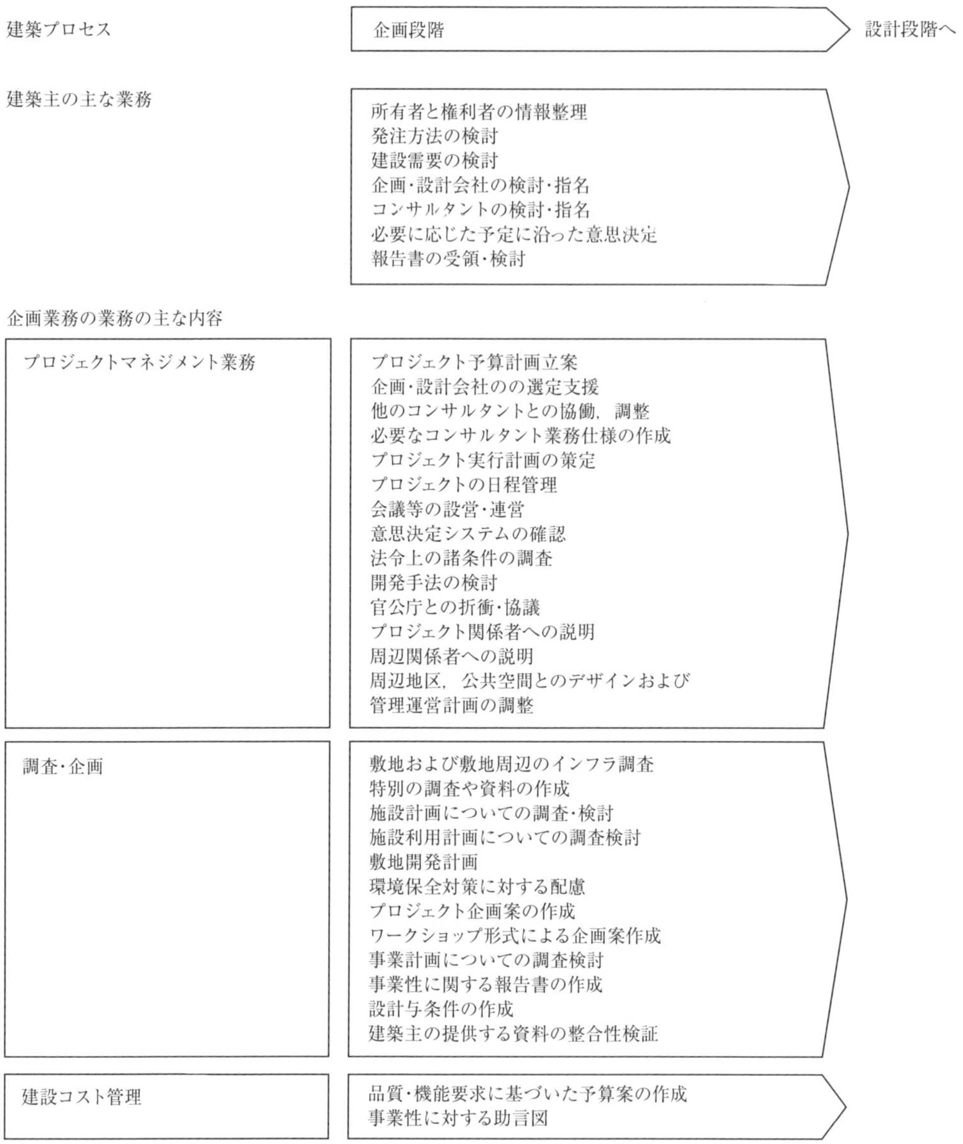

| 建築プロセス | 企画段階 | 設計段階へ |

建築主の主な業務

所有者と権利者の情報整理
発注方法の検討
建設需要の検討
企画・設計会社の検討・指名
コンサルタントの検討・指名
必要に応じた予定に沿った意思決定
報告書の受領・検討

企画業務の業務の主な内容

| プロジェクトマネジメント業務 | プロジェクト予算計画立案
企画・設計会社のの選定支援
他のコンサルタントとの協働，調整
必要なコンサルタント業務仕様の作成
プロジェクト実行計画の策定
プロジェクトの日程管理
会議等の設営・連営
意思決定システムの確認
法令上の諸条件の調査
開発手法の検討
官公庁との折衝・協議
プロジェクト関係者への説明
周辺関係者への説明
周辺地区，公共空間とのデザインおよび
管理運営計画の調整 |

| 調査・企画 | 敷地および敷地周辺のインフラ調査
特別の調査や資料の作成
施設計画についての調査・検討
施設利用計画についての調査検討
敷地開発計画
環境保全対策に対する配慮
プロジェクト企画案の作成
ワークショップ形式による企画案作成
事業計画についての調査検討
事業性に関する報告書の作成
設計与条件の作成
建築主の提供する資料の整合性検証 |

| 建設コスト管理 | 品質・機能要求に基づいた予算案の作成
事業性に対する助言図 |

図7・1　建築家の企画に関する業務の流れ（文献1）

7・2　企画業務の内容とプロセス

7・2・1　建築主のニーズ

(1) 建築主の変化

　建築主の構成にも変化が生まれている。建築主が個人または単一組織から，複数の発注関係者の集合体へと変化し，事業手法や事業動機の多様化は，事業主体を多様化させてきた。

　たとえば，6章で触れたように，事業は建築主・需要・資金・土地の4要素で成り立つが，一般には，建築主が，他の3要素を保有した上で建築行為を行い，建物を所有・利用・管理する。しかし最近は，他の3要素の提供者が異なる場合や，あるいは，資金・土地のそれぞれの要素を複数の主体が提供する場合もある。このような事業者の複雑化・多様化は，建築主を自己完結性の高い立場から，複数の主体の集合体へと変化させることを意味する。その結果，建築主は，単独主体としての意思決定から，集団的な意思決定，合意形成のプロセスへと移行す

る。企画段階では，このような価値観や動機の異なる多数の関係主体間の調整機能や手続きが，より重要になってくる。

(2)　建築主の要求と与条件調書

建築主の要求は，建築目的，施設の漠然としたイメージや概要などと，敷地・予算・体制・工程などであり，抽象的・直感的・恣意的なものが多い。要求や願望・意見が混在し，未整理な状況である。そのまま設計に移ると多くの条件が設計者の推測や判断で進行し，結果として建築主の不満が残ることがある。建築企画の段階では，建築主の抽象的な願望から真の要求を読み取り，潜在的な要求を引き出し，基本的な考え方を系統的に整理することが重要である。

このような建築主の要求を明確に設計者に伝えることの重要性は，欧米でも早い時期から重視されてきており，建築主の建築企画内容を記述するブリーフ作成が，一般化している。また，国際的には，ISO 9699-1994「建築性能規格」の一環として，「ブリーフ作成のためのチェックリスト―建築設計ブリーフの内容」が定められている。日本でもブリーフに関する制度や効果に関する研究が，進んでいる。

(3)　事業企画と建築企画

建築企画は，プロジェクトを実現するための条件を設定する行為であり，事業企画は，事業者が建物を用いて事業を行うための企画行為である。実際には，事業企画と建築企画は依存した関係にあるため，重なり合いながら行われることになる。

たとえば，ディベロッパーが分譲住宅を開発したり，貸しビルを経営したりする場合，事業企画と建築企画がほぼ一体化した関係になる。ホテルなどの事業主の場合には，そこで提供されるサービスは建築物にある程度依存しており，事業企画と建築企画の関係は深い。一方，工場などの生産施設の場合には，事業企画に占める建築の位置づけは相対的に低くなり，建築企画と事業企画の関係は比較的低くなる。ただ，低成長期に入った近年，事業環境に対する不確実な状況が一般化し，建築プロジェクトを巡る環境条件の複雑化・高度化は，建築企画と事業企画の関係を接近させてきており，建築主の経営責任の明確化や投資に対する効果の説明責任が求められる社会的背景に伴って，事業企画と建築企画の重なりを深めてきている。

新築のプロジェクトに留まらずストック改善のプロジェクトにおいても，PFI（Private Finance Initiative）[2] が多く導入されつつある。すなわち竣工後の運営についての合理的な意思決定が求められており，ますます事業企画と建築企画の関係は深まっている。

(4)　建築プロジェクトのフローと建築企画のフロー

建築プロジェクトのプロセスは，大きくは次の四つに分けられる。企画段階・設計段階・施工段階・運営段階である。企画段階は建築プロジェクトの方向づけを行う段階であり，特に建築企画のウェイトが高い。法規制の調査から規模調査，基本構想の策定が行われる。狭義の建築企画段階といえる。一方，事業関連では，建築主ニーズの把握，立地分析・市場調査，事例調査に基づいた事業フレームの設定が行われる。これらが，さらに設計段階・施工段階・運営段階に進むに従って具体化されていく。具体的には，7・4で詳述する。

---

2)　PFIとは，公共の建築事業を実施するための手法。
　　公共団体が発注者となり，従来は個別に発注していた設計・建設・改修・更新・維持管理・運営など，幅広い業務を，民間企業に一括で発注する形式で，企画業務や資金調達も民間企業が行う場合もある。民間企業の開発運営マネジメント能力や技術力（ノウハウ）を活用するという考え方のもと，官民が協同して，安くて質の良い公共サービスの提供の実現が目指される。

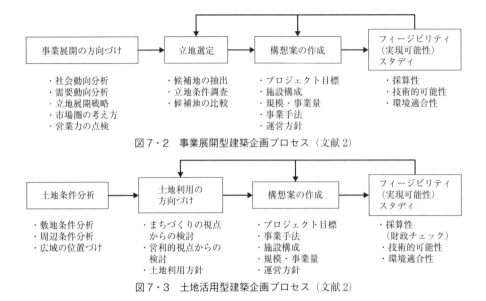

図7・2　事業展開型建築企画プロセス（文献2）

図7・3　土地活用型建築企画プロセス（文献2）

7・2・2　建築企画の分類

(1)　建築企画の分類

　多様な建築企画のプロセスを，タイプ分けするのは容易なことではないが対象とする建物の属性による分類，建築主のニーズによる分類，事業方式別分類など，様々な分類が可能である。比較的わかりやすい分類として，事業目的に添っての分類を取り上げる。

　第1は，民間事業主が自らの事業を展開する場として建築空間を企画するタイプである。事業内容の大枠がすでに決まっており，その事業をどこで，どのように実現していくかを具体的に検討していくことになる。自社ビルや商業施設，工場など自ら利用する建築を企画する場合と，マンションや貸しビルなど賃貸や分譲を目的として企画する場合がある。建物の種類はおおむね確定しており，社会や市場の動向を見極めて，立地選定を行い，建物の機能構成や規模，施設配置などの具体化を図るとともに，予算計画・収支計画などの運営面での検討を合わせて進めていくことになる。条件によっては建築プロジェクトで新築するのではなく，事業の条件を満たす既存の建築を改修したり購入したりして，事業主の要求に応えるという結果もあり得

る（図7・2）。

　事業主が公共である場合も，民間事業主の建築企画と基本的には同じである。対象とする建築が，公共団体の行政ニーズによって発生してくることが大きく異なる。したがって，対象となる施設が，収益性を対象としていない場合も少なくない。その場合であっても，公共事業としての効率的な運用が求められているのは当然のことであって，それに対する説明責任も大きい。

　第2は，未利用地や移転跡地などの既存敷地や，利用効率の悪い既存建物の有効活用をするための建築企画である。既存の土地や建物の条件にあった最適な土地利用や建物の利用を企画するという観点であり，必ずしも新築するという結論にはなるとは限らない。建物の利用目的が限定されていないため，多様な可能性を検討する必要が出てくる。対象とする土地や建物の持つ潜在的な利用価値を，どのように発掘していくかが重要なポイントになる（図7・3）。

　土地や建物の有効利用の観点を拡張したものとして，地区再開発などのプロジェクトがある。地区の安全性・利便性・快適性・効率性を高めるために実施するという意味では同じである。

関係する建築主としての権利者が多数存在し，関連主体間の調整業務の占める役割が大きくなる。また近年の空き家を活用したリノベーションプロジェクトなども，この有効活用の範囲に含まれる。

7・3　企画業務の担い手とチーム編成

7・3・1　建築企画業務の受注形態

　建築企画業務は，建築主から依頼されることが一般的である。建築企画業務は建築企画担当者・組織に特命で発注されたり，プロポーザル方式やコンペ方式で発注されたりする場合がある。このように，建築会社や設計事務所が，建築プロジェクトの受注を行うための営業行為として建築企画を行い，土地所有者などに提案していく形もある。

　建築設計事務所が，建築企画業務だけを独立した業務として受注することは少なかった。ほとんどが設計業務と一体化した形で発注されてきたといえる。都市計画関連の調査業務を除いて，建築企画業務が独立した業務として認知されてきたのは，比較的最近になってからである。したがって，都市再開発コンサルタントやコーポラティブ住宅のコーディネーターのような領域を除くと，建築企画を専門的に行う専門家は，日本ではなかなか育ってこなかったといえる。

7・3・2　建築企画業務の主体，建築企画チーム

　建築企画の業務主体は，もともとは建築主のインハウス（社内）の組織としての成立をみたが，必要とされる専門的な内容の広がりを受けて，外部の専門組織との協力関係の中で，建築企画チームを編成していく方向へと転換している。建築企画を行う主体は，建築主から建築家へ，さらには専門的なコンサルタントやディベロッパーへと拡大している。とりわけ，建築活

動の内容の複雑化や高度化を反映して，従来の建築専門領域に関わらない新しい業種の参入や，専門家の協力が必要となっている。そのような異業種からの参入の代表として，信託銀行，生命保険会社，広告代理店，企画事務所，プロジェクトマネジメント会社，不動産コンサルティング会社，まちづくり会社など，幅広いプレーヤーが現れている。このような経営的な視点からの専門的な業務提供のほか，法的な対応としての法律事務所や保険会社などが，不確定な事項の発生に対応するために行うリスク管理の果たす役割が大きくなりつつもある。

　このように拡大した建築企画チームを，どのように編成していくかが建築企画の重要な役割になってくる。建築主に建築企画の経験が蓄積されている場合など，建築主の立場が強い場合には，建築主主導型で企画チーム編成を行うことが可能で，建築企画の内容の確定や評価も建築主責任において進めていくことができる。逆に，建築主に企画管理能力が期待しにくい場合には，コーディネーターの役割を果たす主体を選定して，建築主の意思確認を行いながら企画を進めていくことになる。建築企画を進めていく上で，このインハウス（社内）と外部専門家の起用については，建築主がおかれた環境条件の中で検討して行くべき課題である。

7・3・3　建築企画職能

(1) スペシャリストとしての技術とゼネラリストとしての資質

　建築企画には，建築主の個別的条件や要求に対応して，環境条件の専門的な分析力のほかに，新しいものを創造していく提案力をも求められる。前者には，企画を進めていくために必要な情報を収集し，整理していくスペシャリストとしての能力が求められる。このときに必要とされる能力は，建築分野の専門だけには留まらず，法律や経済の専門的な知識が必要である。建築企画をとりまとめていく段階では，このような

スペシャリストによる分析を総合的に評価し，最適な意思決定を行うことになる。そのためには，それぞれの専門的な領域をコーディネートするゼネラリストの存在が不可欠である。

　建築企画チームは，コーディネーターをつとめるゼネラリストと，専門的な情報を分析し提供するスペシャリストによって編成される。このような組織・人材を建築主の内部組織として抱えることが非効率である場合には，建築企画チームはその都度プロジェクト組織として編成されることになる。

⑵　マーケティング能力

　さらに社会や市場の変化の速度が高まる近年，このマーケティング能力は欠かせない要素になる。これは経営学分野の用語である。ここでの広義のマーケティング能力とは，社会背景や人々のニーズやトレンドの情報を収集し把握しつつ，IT の活用に柔軟に対応するような，プロデューサーとして求められる広範なバランス感覚を伴うものである。

　またここでの狭義のマーケティング能力とは，その事業特有の専門領域の専門性に精通し，その市場の変化を敏感に推測する感性を伴うものである。例えば賃貸集合住宅プロジェクトであれば，単に入居者ターゲット設定をワンルームかファミリーかという大雑把なものにせず，エリア特性から設定したペルソナ[3]より，自由な発想で企画から設計にビジョンを与える技術である。また例えば商業施設の飲食領域であれば，テナントの規模に関わらない国内外のケースに継続的に精通し，消費者動向を押さえ続けるような能力が必要になる。これは設計者や施工会社が従来持つ能力から大きく逸脱してきている。

　もちろん，マーケターを建築企画チームに招聘するのは現実的な施策である。しかし建築主またはコーディネーターにその感覚が無く従来型の姿勢で進むと，マーケターがチームに招か

れることはない。また比較的小規模のプロジェクトであれば，そうしたマーケティング能力を有する者が，統括的立場に立つことになる。

7・4　企画の業務フローと手法

　本節では，建築企画を企画業務という観点から概観することにする。図7・4は，建築企画業務を，企画者サイドから見た場合の業務フローの例である。建築企画業務は，実務的には大きく次の4段階に分けて考えることができる。

⑴　企画受託段階

　企画受託段階では，まず，企画の依頼があった場合，企画を受託すべきかどうかを検討する。具体的には，依頼者の目的，業務期間，業務内容，業務報酬，依頼者から提供される資料等を確認して，依頼内容に応えることが可能か否かを判断する。企画を受託する場合には，企画業務の内容や具体的な進め方，スケジュール，業務報酬見積額等を記した業務企画書を提出し，依頼者とすり合わせの上，業務報酬額を確認し，企画業務委託契約を結ぶことになる。

　業務委託契約が結ばれると，作業計画を立案することになる。すなわち，担当するスタッフが選ばれ，チーム編成が行われる。

⑵　企画調査段階

　次の企画調査段階は，企画提案に必要な様々な情報を収集し，必要な調査を行い，結果を分析する段階である。まず，依頼者調査は，依頼者のニーズを正確に把握し，依頼者の目的に合った構成，レベルの企画案を提案するために行うものである。たとえば，相続対策を目的とした土地活用の提案業務では，依頼者の家族構成や依頼者の資産内容，相続に対する考え方などを把握しておくことが必要不可欠である。

　敷地状況調査は，設計業務あるいはその前段階の狭義の建築企画業務においても実施するが，広義の建築企画業務においては，設計与条件だ

---

3)　マーケティング用語。いわゆる「ターゲット」より，精緻かつ具体的に想定されたユーザー像。

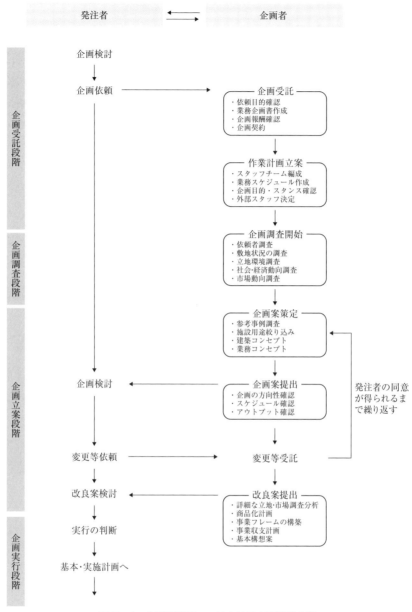

図7・4　企画業務フローにおける企画提案作業

けでなく，事業の組立て方の与条件を把握するために，敷地の権利関係や利用関係など，より幅広い項目について調査を行う。表7・1は，その調査項目の例である。

立地環境調査は，計画地が存在する地域，さらには，当該地域の中での計画地の立地特性を明らかにするための調査である。立地環境を読み取るには，広域レベルでの地域特性を明確に

し，次に，広域における計画地の位置づけを明らかにするという，2段構えの方法を取ることが多い。

社会経済動向調査は，企画の背景としての社会経済環境の動向を把握するための調査である。地価の動向，景気動向，人口構造の変化，人々の価値観の変化などは，企画案のコンセプトにかかわる重要な情報であり，常日頃から，その

表7・1　敷地状況に関する調査項目

調　査　項　目		調査目的	調査手段
① 権利関係（土地）	●所在・地番・地目 ●所有権者 ●所有権以外の権利と権利者 ●所有権などの設定（移転）時期，原因 ●隣地など，周辺土地所有者	●物件の把握 ●意思決定者の把握 ●制約要因の把握 ●税務上の特例要件 ●共同化の可能性	●住宅地図などで，位置の確認 ○依頼者などからの聞き取り ○公図・登記簿 ○現地調査など
② 面積・地形・境界	●面積（公薄・実測） ●地形（間口・奥行・形状・地勢・高低差・地盤など） ●境界（隣地境界・道路境界）	●企画条件の設定 ●制約要因の把握	●住宅地図 ○依頼者などからの聞き取り ○公図・登記簿 ○現地調査，立会い ○地積測量図など
③ 接道条件（前面道路）	●幅員，接道長さ ●種別（建築基準法上の扱い） ●構造（歩道の有無，舗装） ●敷地との高低差，傾斜 ●通行量（人・車），交通規制	●企画条件の設定 ●制約要因の把握	●道路台帳 ○担当部署へのヒアリング ○実測・歩測など
④ 法的規制条件供給処理施設	●都市計画区分 ●地域・地区 ●容積率・建ぺい率 ●都市計画道路など，都市計画事業 ●その他，法令による規制 ●市町村などの行政指導 ●上下水道・電気・ガス・電話など	●企画条件の設定 ●制約要因の把握	○都市計画図 ○担当部署へのヒアリング
⑤ 敷地の利用状況	●既存建物 ●所有権者 ●所有権以外の権利と権利者 ●所有権などの設定（移転）時期・原因 ●用途・構造・築年数 ●使用状況（自己使用，空室・賃貸，使用賃借） ●居住用・事業用の区別 ●土地賃貸・建物賃貸に関する資料（契約書・確定申告・納税証明など） ●その他 ●使用状況（自己使用，貸地，使用賃借） ●土地賃貸に関する資料	●意思決定者の把握 ●制約要因の把握 ●税務上の特例要件	●住宅地図 ●依頼者などからの聞き取り ○登記簿 ○現地調査など

注．①，⑤は，建築企画業務として特に調査する項目
　　②，③，④は，一般の設計業務でも調査する項目

動向を把握・整理しておく必要がある。

　企画調査段階の市場動向調査は，オフィスや賃貸マンション・商業施設などの主要業種についての一般的な市場動向の把握を目的としている。たとえば，計画地の存する圏域のオフィスや賃貸マンションの賃料水準，空室率，新設着工戸数，建築工事費の動向などは，これも，常日頃から把握・整理しておく必要がある。

(3)　企画立案段階

　企画立案段階では，企画調査段階での調査・分析結果を踏まえて，計画地での具体的な施設用途を絞り込み，建築設計上の施設コンセプトと，事業の組立て方等の事業コンセプトを抽出し，これをもとに，企画案のラフ・シナリオを作成する。企画案の方向性が確認できれば，次に，企画案の内容を検証し，より精緻なシナリオを構築するために，ラフ・シナリオ案で想定した施設用途についてより詳細なマーケット調査を実施する。このマーケット調査に基づき，ターゲット層に対する具体的な価格戦略，運営戦略，ターゲット層の誘引戦略，他の競合施設との差別化戦略などを明確にし，同時に，事業主体や事業手法などの事業フレーム（事業の枠組み）を明確にしていくのである。同時に，施設計画についても，この内容を反映した基本構想案を取りまとめ，この構想案に基づいた事業費の概算を行い，マーケット調査に基づく賃料等のデータと合わせて，事業収支計画を立案することになる。

　こうした構想を依頼者にプレゼンテーションするに当たっては，依頼者（提案先）の特性を十分に把握しておく必要がある。提案先によって，提案を理解するレベルや意思決定の仕組みが異なり，企画内容ばかりでなく，重要なポイントや，ツールの種類までが変わってくるからである（図7・5）。

(4)　企画実行段階

　いよいよ，企画実行段階では，建築分野と事業計画分野の双方において，基本計画を立案し，

ケース	企画のポイント
個人・専業 個人でアパートやマンション，その他の不動産を所有し，その収益で生計を立てているオーナー。物件の管理（入居者とのコミュニケーションや，建物の掃除，家賃の集金など）を，オーナー自らが行っている場合もある。	・計画全体のイメージをわかりやすく伝える。 ・事業収支計画の結果をわかりやすく表現する。 ・事業化に向けての不安要素は，ていねいに対策を講じ，一つ一つ取り除く。 ・事業手法の提案がキーポイントの一つになる。 ・事業収支の設定条件のバックデータをわかりやすく示す。
個人・兼業 不動産運用を行いつつ，別の仕事（会社勤務や個人事業者）と兼業しているオーナー。物件の管理業務は，不動産管理会社に委託しているのが一般的。サラリーマンオーナーと呼ばれる不動産投資家も含まれる。	・事業フレームの構築と事業収支計画がポイントとなる。 ・開発動向や市場動向，事例などのデータを豊富にそろえる。 ・特に同業他社の動向や事例には関心が高い。 ・案は決めつけずに何案か検討し，比較して示す。
個人・相続人 上記の個人オーナーの中には，親が取得または建築した不動産の相続を受けたオーナーがいる。引き続き家賃収入を受けている場合もあれば，古い空家や性能的に問題のある物件を引き継ぐことになり，課題解決が必要な場合もある。	・計画全体のイメージをわかりやすく伝える。 ・相続対策の必要性を客観的に示す。 ・対策を行った場合の節税効果について具体的に示す。 ・財産をもっている方の意思を尊重し，生きがいづくりに配慮する。 ・節税対策だけでなく，相続財産の配分計画，相続税の財源対策にも配慮する。
企業・不動産会社 不動産を保有し収益事業を行う企業。いわゆるディベロッパーなど，不動産開発事業を行う企業も含まれる。多数の不動産を所有している場合，長期的に保有せず売却益を目標にする場合もある。	・簡潔に比較提案の内容を示す。 ・事業コンセプトの提案と事業フレームの構築がポイントとなる。 ・企業の持つ既存資源の活用と本業との相乗効果がポイントとなる。
企業・一般 大小さまざまな企業が自社ビルや自社店舗，工場や社員寮などの不動産を保有している。その本業を支えるための建築を所有している場合もあれば，不動産会社と同様に不動産収益を目的にしている場合もある。	・計画全体のイメージをわかりやすく伝える。 ・企業イメージ，地域との共存といった評価の視点も大切である。 ・事業収支計画と，全体の事業フレームの構築がポイントとなる。 ・管理運営計画についての検討が必要。 ・プレゼンテーションを意識した構成を考える。

図7・5　依頼者別企画書構成のポイント（文献3）

これをもとに，事業性を確保するためのコストプランニングや，関係権利者や近隣との合意形成，行政等との調整などを経て，実施計画が立案・決定され，この実施計画に基づいて事業が実行される。

　建築企画の業務としては，ここまでが一つの区切りである。ただし，その運営開始後も建築物のメンテナンス・改修や，事業の経営診断，事業システムの最適化等に関して，引き続き，企画者がそのプロジェクトに携わることもある。

　なお，実際のプロジェクトにおいては，上記の流れは同時進行的に輻輳化しており，しかも，建築以外の様々な分野の業務も入ってくることが多い。図7・6は，東京都での築55年RC造を収益事業にするための一棟リノベーションプロジェクトの企画スケジュール例である。

　最後に建築企画の1つのアウトプットである企画書の例を示す。図7・7は，企業から依頼された遊休地利用の企画書の構成例である。一例として，参考にされたい。

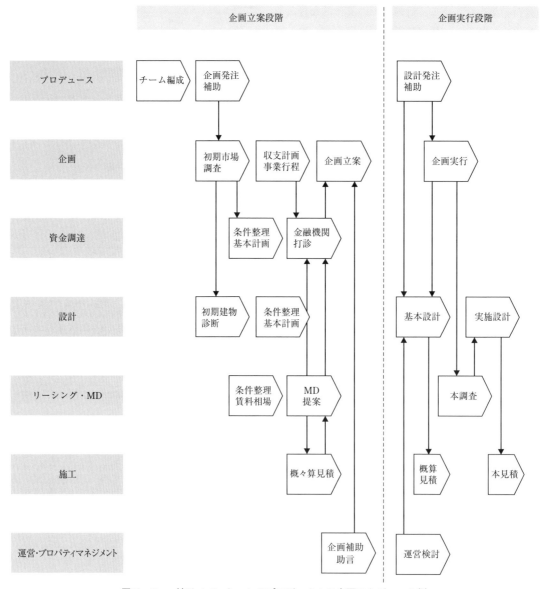

図7・6　一棟リノベーションのプロジェクトの企画スケジュール例

企画書の構成例

1. 導入部

—事業概要—

・企画の背景・狙い, 提案の趣旨など, 言いたいことを簡潔に記す。

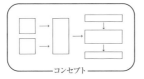

—コンセプト—

・コンセプトマップで, 全体の流れを概観させる。
・この前後にパースなどを挿入する場合もある。

2. 計画地の位置付け

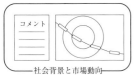

—社会背景と市場動向—

・計画地の広域的位置関係
・敷地図と法的条件

—広域の現況—

・人口特性・経済力特性
・商業特性・工業特性など
・開発構想・上位計画・交通体系
・広域的にみた周辺地域の位置付け

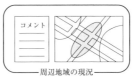

—周辺地域の現況—

・周辺地域の土地利用などの現況
・地価現況・開発動向
・周辺地域における計画地の位置付け

3. 開発コンセプト

—業種選定—

・立地性・市場性・敷地特性・事業主特性などから立地可能な業種を選定

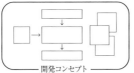

—開発コンセプト—

・業態レベルの開発コンセプト
・開発イメージ（写真・パースなど）

—社会背景と市場動向—

・提案の裏付けとしての社会動向・業界動向
・参考となる事例紹介
・市場の動向（賃貸相場など）

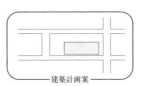

—開発の効果—

・提案先の他の事業との相乗効果
・企業としてのイメージアップ
・地域への貢献

4. 建築計画

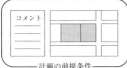

—計画の前提条件—

・計画に当たっての前提条件（都市計画・用途地域など）

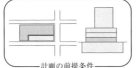

—計画の前提条件—

・ゾーニングの考え方
・計画上の狙い
・交通計画・動線計画の考え方

建築計画案

・配置図・平面図・断面図
・面積表

5. 事業計画

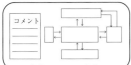

—事業のフレームの提案—

・事業方式, 管理運営システム
・各方式のメリット・デメリット
・事業化のための組織計画
・共同事業などの場合の権利評価と所有・管理方式

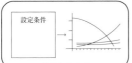

—事業収支計画—

・事業収支計画上の設定条件
・長期事業収支計算と評価
・節税対策のシミュレーション

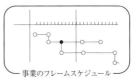

—事業のフレームスケジュール—

・企業設計段階から着工・建設・事業開始までのスケジュール

—事業化に向けて—

・事業化に向けての課題整理
・実現化方策の検討

図7・7　企画書の構成例（企業から依頼された遊休地利用の提案）（文献4）

コラム

築55年のRC造の築古ビル。建て替えかリノベーションか？　　　（高橋寿太郎）

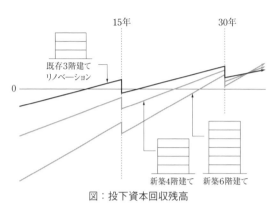

図：投下資本回収残高

　建築企画という分野は奥深い。建築領域に加えて前章で触れたファイナンス，そして不動産やマーケティングと，横断的な知識や感性が求められるからである。しかも社会や消費者のニーズの変化は，加速している。その最前線で起きているひとつの事例を紹介する。

　当時築55年の『イマケンビル』では，企画の段階で，そもそもこの古い建物を建て替えるべきか，リノベーションするかの分かれ道に立っていた（全体統括・設計監理：ヤマサキアトリエ・山崎裕史／2017年）。その評価には緻密な収益計算を要する。一方で数字では表せない定性的な要因もそれ以上に絡みあう。建築家は，建築が持つポテンシャルを活かす意味でも，町が持つ記憶を蘇らせる意味でも，リノベーションに大きな可能性を見出していた。

　企画段階では多面的な調査を要する。本章でも触れた，既存建築調査や周辺エリア環境，そして収益性についてである。建て替えの場合は，工事費を左右する杭工事のための地盤情報も初期調査で取得する。リノベーションの場合は，建築基準法の適合状況調査は肝心である。当然，耐震性の調査も行う。

　またこの場所にふさわしい使われ方を考えるには，「マーケティング」思考が求められるが，地味で地道な調査，すなわち，まち歩きから始まる。建築設計やまちづくりの設計

「イマケンビル」施工前（左）施工後（右）
「イマケンビル」2017年　設計：山崎裕史

課題で行うように，道という道をくまなく歩く。マクロデータを参照しつつ，ミクロな地域の声に耳を傾ける。

「イマケンビル」施工時の写真

　そして「ファイナンス」もこのプロジェクトの難関であった。建て替えかリノベーションか，いずれの場合も収支計算自体はそれほど難しいものではない。今回はリノベーションに分があり，またオーナーの既存建物への愛着も加味され，1階はカフェ，2・3階は集合住宅へ用途変更することになった（不動産コンサルティング：創造系不動産・高橋）。ここで一般的に不動産オーナーが資金調達する先は，普通の銀行である。彼らの理解が得られなければ，プロジェクトは前に進まない。しかし日本では金融機関の建築再生への評価は，現在試行錯誤のただ中である。

　さらにこのプロジェクトを象徴するコンセプトである「1階のまちへの関係性」を具体化するためには，専門のコンサルタントが登場する（店舗企画・運営：株式会社グランドレベル・田中元子・大西正紀）。彼女達の発想と実行力が，単なるカフェではなく「まちの家事室」という空間にたどり着く。このコンセプトの具体化には，1年以上の試行錯誤があった。

　このように延床面積が300 m^{2}の小規模ビルであったとしても，建築企画の道のりは一本道ではない。そしてプロジェクトの成功のための十分条件は，やはり建築主であった。「欧米では築100年を超えても資産価値が高まると聞くが，なぜ日本では築50年程度で建て替え案しか集まらないのか」という疑問を持っていたのは，私たち専門家ではなく，建築主であった。建築企画を志す皆さんは，これをよく覚えておいて欲しい。

「喫茶ランドリー」　運営：㈱グランドレベル
田中元子・大西正紀　撮影：阿野太一

第 8 章
発注と契約

8・1　発注者

8・1・1　建築プロジェクトにおける位置づけ

　発注者は建築プロジェクトに欠かせない存在である。プロジェクトを発意し，その目的を設定すると共に，プロジェクト組織を編成し，必要に応じて業務を外部に発注して契約を結ぶ主体となる。建築プロジェクトに伴うリスクは業務と共に外部化できるが，プロジェクトの最終責任は発注者にある。発注者以外の建築プロジェクトにおける主要な参加者として，設計業務を担う設計者，工事を担う施工者がいる。さらに建築プロジェクトには，必要に応じて資金を融資する銀行，各種申請対応や検査を行う行政機関，様々な専門分野に特化したコンサルタント，発注者支援を行うプロジェクト・マネジャー（PMR），コンストラクション・マネジャー（CMR），竣工後の建物の管理者・運営者なども関与する。建築プロジェクトの参加者・関係者の例を図8・1に示す。

　明治期に日本で西洋建築が建てられるようになってしばらくは，発注者が自ら設計および施工を実施していた。このような建築プロジェクトの実施方式を「直営方式」という。ただし，現在では直営方式が採用されるプロジェクトは少なく，発注者が設計および施工を外部に発注することが一般的である。例えば日本の郵政建築（逓信省，郵政省から，郵政事業庁，日本郵政公社，民営化後の郵政組織において生み出してきた建築）においては，発注者が全建築プロセスに関与し，自ら必要とする建築を自らの設計に基づき，自らの工事指導で造り上げていた。

それが1970年代以降は施工の品質確保，実施設計，基本設計と外部化が進み，発注者としての業務は企画・発注およびプロジェクト関係者のマネジメントが中心となった。（文献1）

8・1・2　発注者の役割

　建築プロジェクトにおける発注者の役割として，前章で紹介した企画業務，すなわちプロジェクトの目的を設定して建物の概要，予算やスケジュールなどの与件を定めることがある。さらにプロジェクト実施方針に基づいて組織編成を行い，建築プロセスの進捗に伴って必要な情報をプロジェクト関係者に共有し，意思決定を行う。このような発注者の責務は大きく次の6つである。①プロジェクトの目的を明確にする，②プロジェクト組織の概略を明確にする，③主たる役割の担当者を選ぶ，④プロジェクトの文化を確立する[1]，⑤組織に対して権限を行使する，⑥必要な時期に的確に情報を流し，決定する。（文献2）

　さらに詳細な発注者の業務項目（業務アイテム）を表8・1に示す。適切な工期の設定や技能労働者の処遇改善など，建設業界全体で取り組みが進められている課題に対しても，発注者の関わりが欠かせない。

8・2　発注方式

8・2・1　多様な発注方式

　発注方式とは建築プロジェクトを実施して建物を実現するための役割分担・組織編成の方法であり，入札・契約方式ともいう。発注方式は①建築プロジェクトにおけるどこまでの業務範囲をどのように役割分担するかに関する「プロ

---

1)　臨時的に編成されるプロジェクト組織が協調的，効率的に稼動するべく当該プロジェクトに共通の考え方，文化を形成しプロジェクトの参加者間で共有すること。

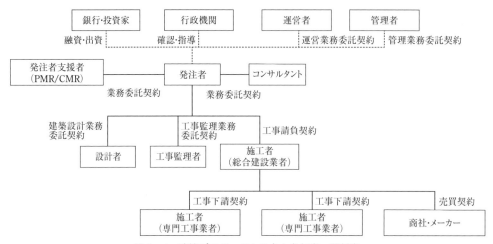

図 8・1　建築プロジェクトの主な参加者・関係者

表 8・1　建築プロジェクトの業務アイテム（文献 3）

NO	業務アイテム	NO	業務アイテム	NO	業務アイテム
1	建築プロジェクトの発意	46	関連工事・付帯工事の概算	91	○事業者間の業務調整・ルール管理
2	発注者組織内建築プロジェクト検討組織編制	47	プロジェクト予算の見直し	92	○マスタープラン管理・デザイン調整
3	敷地の選定	48	事業計画案の見直し	93	広告宣伝活動の資料等作成
4	基本的敷地条件の調査分析	49	事業リスク管理手法の確認	94	実施設計図書のレビュー
5	需要条件	50	発注者組織内建築プロジェクト事業計画決定	95	実施設計図書の改善提案作成
6	類例調査	51	設計業務発注方法の検討	96	実施設計図書の改善提案決定
7	事業コンセプトの検討	52	設計者選定要項書作成	97	修正実施設計図書の最終確認
8	事業手法・開発手法の検討	53	設計者（候補者）の資格審査・指名・選定	98	数量調書・工事費内訳明細書の作成
9	概略予算の検討	54	設計者契約条件協議・契約	99	公的資金活用の申請事務
10	概略スケジュール検討	55	設計・工事・許可スケジュールの作成	100	周辺地区・公共空間との詳細調整
11	資金調達方法・条件の検討	56	関連工事・付帯工事設計スケジュール調整	101	運営者（テナント）の決定
12	事業収支の検討	57	敷地及び敷地周辺の詳細インフラ調査	102	運営者（テナント）との条件交渉
13	事業リスクの確認	58	周辺地区・公共空間の計画との調整	103	工事区分の決定
14	施設コンセプトの検討	59	設計者との建築基本性能に関する協議	104	運営者（テナント）との基本合意
15	施設概要の検討	60	設計者からの建築計画提案資料の検討	105	事業収支詳細検討
16	運営手法の検討	61	申請上の問題点把握・対応方針決定	106	資金調達方法・条件の詳細検討
17	管理手法の検討	62	公的資金活用の事前協議	107	運営者（テナント）賃料と事業計画との整合性確認
18	概略施設計画検討	63	運営者（テナント）候補者の初期選定	108	実施設計図書の承認
19	品質管理方法の検討	64	運営者（テナント）候補者との初期条件協議	109	下請業者の推薦
20	建築プロジェクト推進体制の検討	65	運営者（テナント）候補者との建築計画協議	110	許認可スケジュールの管理
21	コンサル・設計監理・工事発注方法の検討	66	工事区分案の作成・協議	111	発注スケジュールの作成・管理
22	プロジェクト関係者の業務体制・業務区分の検討	67	維持管理候補者の初期選定	112	関連工事・付帯工事発注スケジュール調整
23	関係者への説明	68	維持管理候補者との初期条件交渉	113	工事発注方法・工事区分・契約条件の決定
24	事業計画案の策定	69	維持管理候補者との建築計画協議	114	施工候補者の選定
25	発注者組織内建築プロジェクト推進合意形成	70	基本設計図書のレビュー	115	施工者選定要項書の作成
26	敷地の確保	71	基本図書の改善提案の作成	116	施工者候補者の資格審査・指名
27	コンサルタント業務発注方法検討	72	基本設計図書の改善提案の決定	117	現場説明会開催・質疑応答・見積徴収事務
28	コンサルタント（候補者）の資格審査・指名・選定	73	工事費概算の作成	118	見積内容の査定
29	コンサルタント契約条件協議・契約	74	工事費概算の内容確認・判断	119	査定を基にした目標コスト設定
30	敷地及び敷地周辺のインフラ調査	75	関連工事費・付帯工事費の確認	120	工事費交渉方針決定
31	法令上の諸条件調査	76	事業計画の評価・調整	121	工事費交渉
32	諸官庁との初期折衝協議・許可内容の確認	77	基本設計図書の承認	122	VE・CD案検討
33	周辺地区・公共空間の計画確認	78	近隣対策の方針作成	123	VE・CD案の採用決定
34	敷地利用計画の基本的な考え方作成	79	設計者との建築詳細仕様に関する協議	124	関連工事・付帯工事のコスト確認
35	建築・設備計画の基本的な考え方の作成	80	設計者からの建築計画詳細提案資料の検討	125	工事費と事業計画との整合性確認
36	建築規模の設定	81	エネルギーコスト試算	126	工事費協議終了・工事費決定
37	概略設計条件の作成	82	ライフサイクルコストの試算	127	近隣工事説明
38	○地区全体の開発手法の調査検討	83	運営（テナント）者の選定	128	工事費支払条件協議
39	○他事業者の要求把握・募集	84	運営（テナント）者との条件交渉	129	工事請負契約書・約款の作成
40	○他事業間の業務調整・ルール作成	85	運営（テナント）者との施設計画詳細協議	130	履行保証の条件協議
41	○地区全体のマスタープラン策定・デザイン調整	86	工事区分案の詳細協議	131	工事費内訳明細書の最終確認
42	○協力事業者の選定・事業計画の評価・調整	87	維持管理者の選定	132	工事請負契約の締結
43	初期近隣対応	88	維持管理者との詳細条件交渉	133	着工
44	マスタースケジュールの作成	89	維持管理者との施設計画詳細協議		
45	設計与条件に基づく工事費概算	90	○事業者間の資産区分・権利区分調整		

○の項目は，JIA-PMガイドラインにおいて大規模プロジェクトで使用される業務アイテムを示す

ジェクト実施方式」②それぞれの役割を担う主体をどのように決定するかに関する「選定方式」③発注者がそれらの主体とどのような契約を結ぶかに関する「契約方式」の3つの方式の組合せからなる。

英米の建築生産では近代以降1980年頃まで，設計と施工は完全に分離していることが原則とされ，「設計施工分離方式」において，設計は建築家が，施工は施工者が担当してきた。一方，日本の伝統的な建築生産では，歴史的に「設計施工一貫方式」において設計者と施工者が分離せず，たとえば棟梁と呼ばれる設計と施工の両方の役割を担当する主体によって，プロジェクトが進められてきた。日本の公共建築工事は会計法の予決令に基づいて設計施工分離方式が原則となっているが，民間建築工事の場合には，設計施工一貫方式が選択される場合も多かった。

近年では資金調達方法の多様化や発注者の組成・要望の変化，プロジェクトの大規模化・複雑化などを背景に，発注方式の多様化が進んでいる。

8・2・2 プロジェクト実施方式

(1) 設計と施工の役割分担からみたプロジェクト実施方式

プロジェクト実施方式は，設計と施工とを誰が担当するかの組合せとして整理することができる（図8・2）。第1に，設計と施工を分離してそれぞれ設計者および施工者に発注する設計施工分離方式である（図8・2の①）。設計者が完成させた設計図書に基づいて，施工者に施工業務が発注される。第2に，設計と施工を一括して発注し，設計施工者が設計から施工・完成までを一括して請け負う設計施工一貫方式がある（図8・2の②）。この場合，発注者は基本的条件を示して設計施工者と設計施工契約を結ぶか，合意書を取り交わして設計および施工業務を設計施工者に順次発注する。さらに，設計施工分離方式と設計施工一貫方式の中間方式とし

て，施工者が施工業務に先行して設計段階で技術協力を行う「ECI（Early Contractor Involvement）方式」や，基本設計のみ設計者，実施設計および施工を設計施工者に発注する方式（実施設計付き施工方式）などがある。

また，設計および施工の中でもさらに役割分担を行う場合がある。工事全体を一つの元請業者に発注して工事請負契約を結ぶ方式を「一括発注方式（一式請負）」と呼ぶ。一括発注の場合は，発注者と施工者との契約は一つであるため，発注者側の負担は少なく，受注した施工者側の責任範囲は大きいといえる。ただし，その分，施工者側の選択できる条件は多く，技術力や経営力を発揮できる範囲も大きくなる。一方，工事をいくつかの職種に分けて発注する方式を，「分離発注方式」という（図8・2の③）。たとえば，設備工事などが建築工事と切り離されて，分離発注される場合がある。分離発注は，それぞれ区分した契約内容ごとに契約を結び，全体を調整するマネジメント業務を発注者が行うことになる。発注者の責任やリスクが大きくなるが，専門工事業者の選定，工事費の管理，品質の確保，工期の管理などについて発注者が直接関与できるメリットは大きい。設計業務についてもそれぞれの設計者の専門性を活かすため，内装や外構など設計対象とする範囲を分割し，複数の設計者に業務を発注する場合がある。また，発注者から業務を委託された設計者が業務の一部を別の設計者に再委託する場合もある（図8・2の④）。

(2) その他の役割分担からみたプロジェクト実施方式

建築プロジェクト全体のマネジメントや発注，建物の竣工後の運営などの役割分担からみたプロジェクト実施方式もある（図8・3）。発注者から委託を受けた第三者が建築プロジェクト推進に関わるマネジメント業務を実施したり，発注者がマネジメント業務を行うにあたっての支援を提供する方式を「プロジェクト・マネジメ

ント（PM）方式」「コンストラクション・マネジメント（CM）方式」という。PM方式とCM方式では，CM方式のほうがより建築の専門技術に重心が置かれ，PM方式のほうが企画段階から運営・維持管理段階まで業務の提供範囲が広いとされる。ただし厳密な区分はなく，実際のPM/CM業務の内容はプロジェクトにより異なる。

「PFI（Private Financial Initiative）方式」は民間の資金，経営能力および技術力を活用して，公共施設等の設計，建設，改修，更新，維持管理および運営を行う方式をいう（図8・3の④）。日本では1999年にPFI法（民間資金等の活用による公共施設等の整備等の促進に関する法律）が制定された。このPFI方式には「BTO（Build Transfer and Operate）方式」，「BOT（Build Operate and Transfer）方式」や「BOO（Build Operate and Own）方式」などいくつかの事業方式があるが，いずれも工事完成後の管理・運営まで民間事業者が行う[2]。

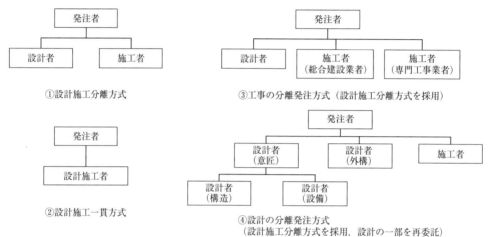

①設計施工分離方式　　②設計施工一貫方式　　③工事の分離発注方式（設計施工分離方式を採用）　　④設計の分離発注方式（設計施工分離方式を採用，設計の一部を再委託）

図8・2　設計と施工の役割分担からみたプロジェクト実施方式

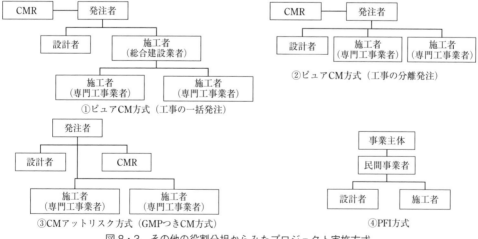

①ピュアCM方式（工事の一括発注）　　②ピュアCM方式（工事の分離発注）　　③CMアットリスク方式（GMPつきCM方式）　　④PFI方式

図8・3　その他の役割分担からみたプロジェクト実施方式

---

2)　BTO方式の場合，民間事業者が施設等を建て（Build），完成後すぐに公共発注者に所有権を移転する（Transfer）が，民間事業者が引き続き管理・運営する（Operate）。BOT方式の場合は民間事業者が管理・運営し，事業終了後に公共発注者に所有権を移転する。BOO方式の場合は民間事業者が管理・運営するが，公共発注者への所有権移転は行わない。

8・2・3 設計者・施工者の選定方式

　設計者・施工者などの建築プロジェクト参加者は，プロジェクトごとに選定され協力関係を持つことになる。一括発注方式の場合，下請となる専門工事業者は原則として元請施工者が選ぶが，設計者や元請施工者など発注者が直接契約する参加者は発注者が選ぶ。

　設計者・施工者の選定の方法には図8・4のように競争的方法と非競争的方法がある。たとえば候補者が多いなど選択性の強い場合には競争的方法が，弱い場合には非競争的方法が選ばれるのが通常である。しかし，候補者が多くても1者特命や交渉による随意契約となる場合がある。発注者のこれまでの設計者や施工者との継続的な信頼関係が成立している場合には，その関係が影響することも多い。一般的に競争的方法には費用や時間などの手間がかかり，非競争的方法は簡単であることに起因する。特に小

規模工事では後者が選択されることが多い。競争的方法・非競争的方法のいずれもいくつかのバリエーションがある。この節では設計者と施工者の選定に分けて，その選定方式を詳述する。

(1) 設計者の選定

　発注者は設計者を選定し，その設計者と設計業務委託契約を締結する。一般的には，設計業務を委託した設計者とその後の工事監理業務委託契約を結ぶことが多い。ただし，品質管理を徹底する意味から，第三者監理として工事監理業務のみを第三者（設計を担当した設計者とは異なる）に発注する場合もある（図8・5）。

　設計者選定方式は多様であるが，それぞれの方式に一長一短がある。競争的な設計者選定方式として①入札，②見積り合わせ，③コンペ，④プロポーザル，非競争的な方式として⑤特命，などがある。それぞれの設計者選定方式の特徴は以下のとおりである。

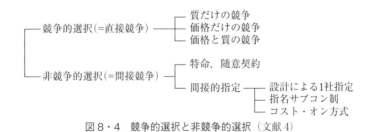

図8・4　競争的選択と非競争的選択（文献4）

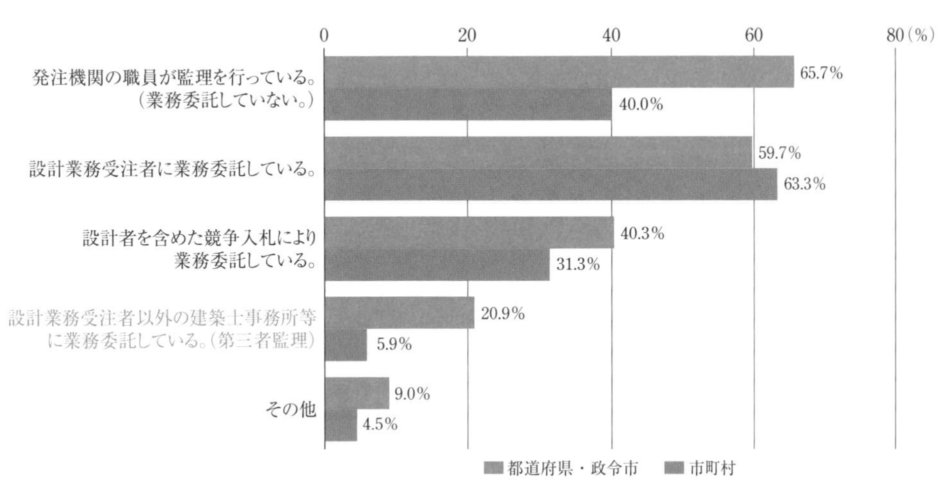

図8・5　新築工事における工事監理業務の委託状況（文献5）

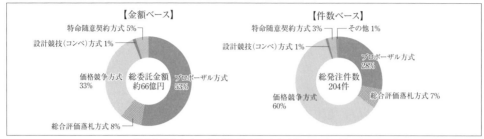

設計者選定方式の割合【都道府県・政令市】(2016年度)

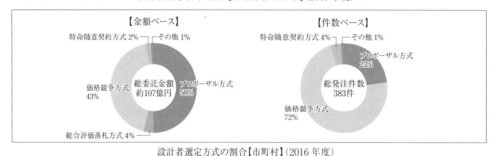

設計者選定方式の割合【市町村】(2016年度)
図8・6　新築設計業務で採用している設計者選定方式の割合（文献5）

①入札　あらかじめ発注者から示された設計条件に基づいて設計図書を完成させる業務に対し，受託を希望する設計者が設計報酬額を提示し，金額が低いものが選定される。公共発注者の場合には，選定プロセスが透明で，発注業務の負担が少なく効率的であるとの観点から，特に小規模なプロジェクトでこの方式が選択されることが多い（図8・6）。ただし，業務の成果として得られる設計図書は設計者によって差異が大きく，設計の質についての担保がしづらいという意味で，金額以外の要素を含んだ選定方式をとるべきだとの意見も多い。

　さらに入札には一般競争入札と指名競争入札があり，一般競争入札が設計候補者を広く一般から公募するのに対し，指名競争入札は発注者が何らかの選定基準に基づいて数社の設計者をあらかじめ選定し，その指名を受けた設計者の間で入札を行う。

②見積り合わせ　あらかじめ発注者が選定した設計候補者に設計報酬額を提出させ，その設計報酬額とその設計者の設計技術力を勘案して設計者を選定する方式である。指名競争入札と異なり，必ずしも設計報酬額の多寡によってのみ設計者が決まるわけではない。したがって，見積り合わせは透明性に欠けるところがある。ただし一般的には，結果として設計報酬額の低いところが選定される。

③設計コンペ（設計競争）　設計の質を担保するため，設計成果物によって設計者を選定する方式である。設計コンペには，コンペに参加する設計者を限定する指名コンペと参加者を広く公募する公募型コンペがある。設計コンペは優れた設計を選択できる一方で，設計要領の作成，選定組織の設置，設計期間・選定期間の設定など，発注者側の準備や選定業務にかかる負担も大きい。また，参加する設計者側にもコンペ案作成のための負担が大きいなどのデメリットも存在している。

④プロポーザル　入札と設計コンペによる設計者選定のデメリットを解消するために多用されるようになった。この方式は，参加する設計者のこれまでの設計実績や類似建築の設計実績から対象建築に対する設計者としての技術力の妥当性をあらかじめ書類審査するとともに，対象

建築に対する設計者としての取組方針をプレゼンテーションさせて，その評価と合わせて設計者選定をするものである（図8・7）。

設計コンペが最適の設計成果物を選定するのに対して，プロポーザルは最適な設計者を選定する方式である。したがって，参加者は設計コンペのように最終成果物を作成する必要がないために負担が軽減されるメリットがある。また，発注者側には選定した設計者と設計を進めていく段階で発注者としての意図や要望を協議・伝達する機会を持つことができるため，設計コンペのように厳格に設計与条件をあらかじめ決めておく必要がない，などのメリットがある。ただし，プロポーザル方式の評価の段階でできるだけ詳細な成果物がある方が選定しやすいとの観点から，コンペに近い成果物を求める疑似コンペのような選定方法も見られ，参加者の負担軽減につながらない場合もある。また，実績の少ない設計者が業務の機会を得にくい点もデメリットである。

⑤特命　発注者が，これまでの設計者の設計実績等を勘案して特定の設計者1者に絞った上で，設計業務を依頼する方式である。これは，発注者と設計者の相互の継続的関係や実績・営業努力などによる場合が多い。また，特殊な建築物の設計の場合など，その設計者の技術力なしでは設計できないなどの要件を満たした場合が該当する。

(2) 施工者の選定

①入札　建築工事の契約は，設計図書の内容に基づいて行われるのが一般的である。公共の発注者の場合，納税者の利益を守るため最も経済的で公正な方法で施工者を選定することが義務づけられている。したがって，設計図書の内容が最適であるという前提にたつと，施工者選定方法は工事価格の多寡のみによって施工者を選定する競争入札の方法をとるのが最も一般的である。施工者選定方式としての競争入札には「指名競争入札」「一般競争入札」「条件付き一般競争入札」などがある。

入札参加者について建築プロジェクトの規模や内容に応じた工事実績や技術力を持った施工者をあらかじめ選定して価格競争を行うのが指名競争入札方式であり，入札参加者をあらかじめ限定せず希望する施工者は入札に参加できるのが一般競争入札である。後者のほうが入札参加者の参入制限がないために，より激しい価格競争が行われる。公共工事において，以前は入札手続の簡便性や施工者の施工実績を重視して指名競争入札が一般的であったが，コスト削減や談合防止の観点から一般競争入札が一般化しつつある（図8・8）。

日本の入札制度は，入札参加者のうち最低価格提示者を落札者とすることになっているが，このほかに価格制限も存在する。まず，予定価格という上限規制がある。公共発注者内部で工事価格の見積もりを行い，予定価格を算出する。入札参加者から提示された最低価格がこの予定価格を上回っていた場合には落札者としないことになっている。一方，入札参加者が示した最低価格があまりに低すぎて設計図書で示された品質確保が困難であると思われる場合やダンピングであると判断される場合には，工事のトラブルを防止し，業界の混乱を防ぐことを理由に，最低価格であっても落札者としない場合や，提示された低価格で適正な施工が可能かどうかを

よい建築の実現のためには，
最適な設計者の選定が重要です。

質の高い建築設計を行うために最も重要なのは，設計者の能力や経験などの資質です。具体的には，設計者や設計組織（チーム）のもつ創造力や確かな技術力，これまでの経験の蓄積に基づく専門家としての豊かなノウハウが，発注者が要求する性能・品質の建築物を実現するうえで必要です。そうした設計者の選定方法として望ましいのが「プロポーザル方式」です。

この方式以外にも「設計競技（コンペ）方式」があります。「コンペ方式」は，最もすぐれた「設計案」を選ぶ方式です。これに対して「プロポーザル方式」では，最も適した「設計者（人）」を選定します。

	発注者	評価の対象	設計者(提出者)
プロポーザル方式	具体的な課題 ▶▶	設計者(人)	◀◀ 課題に対する提案業務の実施方針
コンペ方式	明確な設計条件 ▶▶	設計案	◀◀ 設計案の作成

図8・7　プロポーザル方式とコンペ方式の違い（文献6）

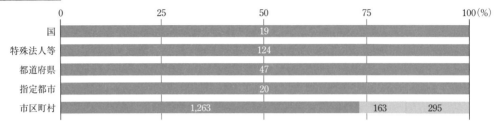

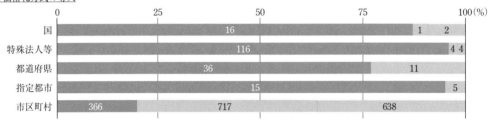

■本格導入　■試行導入　■導入していない

図8・8　公共工事における一般競争入札方式・総合評価落札方式の導入状況（2020年度調査）
【出典】国土交通省・総務省・財務省「公共工事の入札及び契約の適正化の促進に関する法律に基づく入札・契約手続きに関する実態調査」※全ての機関・団体を調査

あらかじめ確認する低入札価格調査を行う場合がある。

②総合評価落札方式　低価格入札に伴い公共工事の品質確保がおろそかになることに対応し，2005年に「公共工事の品質確保の促進に関する法律」が制定された。そして，価格要件のみで施工者選定するのではなく，施工者の技術力や経営安定性などの価格以外の要因を加味した総合的な評価に基づいた施工者選定のあり方として「総合評価落札方式」が導入された。具体的には，競争参加者から技術的提案を積極的に求め，その内容を審査・評価する，という手続きを踏んでいる（図8・9）（図8・10）。

③技術提案・交渉方式　2014年に「公共工事の品質確保の促進に関する法律の一部を改正する法律」が施行され，発注者が最適な仕様を設定できない工事や仕様の前提となる条件の確定が困難な工事への適用を想定し，「技術提案・交渉方式（技術提案の審査及び価格等の交渉による方式）」が導入された。これは，技術提案により優先交渉権者を選定して価格等の交渉を

行い，その結果に基づいて予定価格を作成するものである。

④見積り合わせ　複数の施工者に対して見積り提出を依頼し，提出された見積書の工事価格および見積り内訳書の内容を精査し，施工者の技術力を勘案して施工者を決定する方式である。必ずしも見積価格が低い業者に決定しないのが指名競争入札と異なる点である。また入札の場合には，原則として開札後に入札価格の変更は認められないが，見積り合わせの場合には見積り徴取をした後で価格交渉をすることが認められる。

⑤特命　設計者選定と同様に，特定の施工者と随意契約を結んで工事請負価格を決定し，工事発注する方式である。特命方式は発注者と請負者相互の信頼関係が前提であり，それによって円滑な工事運営が可能になり，請負業者が発注者の信頼に応えて誠実な施工を行い品質の高い建築物が出来上がることが期待される。

総合評価のポイント

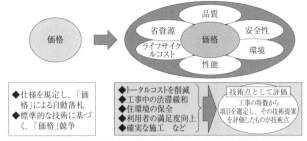

公共工事の施工に必要な技術的能力を有する者が施工することになり，工事品質の確保や向上が図られ，工事目的物の性能の向上，長寿命化・維持修繕費の縮減・施工不良の未然防止等による総合的なコストの縮減，交通渋滞対策・環境対策，事業効果の早期発見等が効率的かつ適切に図られる

◆仕様を規定し，「価格」による自動落札
◆標準的な技術に基づく，「価格」競争

◆トータルコストを削減
◆工事中の渋滞緩和
◆住環境の保全
◆利用者の満足度向上
◆確実な施工　など

技術点として評価
工事の特徴から項目を選定し，その技術提案を評価したものが技術点

図8・9　総合評価落札方式の考え方（文献7）

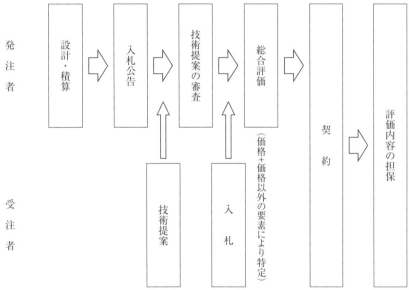

図8・10　総合評価落札方式の概略フロー（文献8）

8・2・4　契約方式

(1)　契約の性質からみた契約方式

　契約の性質からみた契約方式として，大きく委任契約と請負契約がある。請負とは「仕事の完成をもって報酬を支払うことを約束すること」，委任とは「一方が法律行為を委託し，相手方がこれを承諾すること」である。前者は仕事の完成に対する責任を負うが，後者は，仕事の完成を見ないでも請求すれば実費はもらうことができる，とされている。建築工事の施工業務は請負契約と解されるが，成果物を伴う設計業務は（準）委任契約か請負契約かの解釈が定まっておらず，工事監理業務は（準）委任業務とされている。業務の実施に際して契約を締結することは非常に重要であるが，契約書類の作成は専門性が高く負担が大きいため，建築プロジェクトにおける主な契約については，広く一般的に使用できるよう標準契約約款が整備されている。例えば建築設計業務および工事監理業務については，四会連合協定による建築設計・監理等業務委託契約約款や国土交通省による公共建築設計業務標準委託契約約款などがある。

また，施工業務については，民間連合協定による工事請負契約約款や，建設業法に基づき中央建設業審議会が作成した公共工事標準請負契約約款，民間建設工事標準請負契約約款，建設工事標準下請負契約約款などがある。

(2)　契約金額の決め方から見た契約方式

契約金額の決め方に基づいた契約方式の区分として，日本で最も一般的なものに，「総価請負（Lump-sum Fixed）方式」がある。完成された設計図書に基づいて請負者が算出した工事価格によって契約するものである。建物が引き渡された時点で，設計変更などがない限りこの額が支払われる。集合住宅の建設など技術的に安定した建築の発注に適している。

設計段階では確定しきれない不確定要素を含んだ建築工事の工事契約の場合，あらかじめ決めておいた項目についてはあらかじめ決めておいた単価に基づいて，実際に施工に要した数量を算定し，当初予定していた数量と差異が生じた場合には精算する契約方式がある。このような契約を「単価精算（Unit Price）方式」という。欧米では不確定要素の大きいリニューアル工事など，数量が当初予定より変動する場合や設計図書の完成が不十分である場合によく用いられる。

非常に複雑で特殊な建築プロジェクトで，あらかじめ建築工事費を確定することが困難な場合，契約段階で工事価格を決定しない，「実費精算（Cost-plus-Fee）方式」がとられる。請負者側は工事にかかった材料費・労務費などの実費に請負者としての管理費や利益に相当する費用を加算して請求する。総額がいくらになるか工事の終了を見ないと確定しないため，請負者側のリスクは小さくなるが，逆に発注者側のリスクは大きくなる。発注者側による厳しい査定やコスト管理が前提となる。

8・3　発注業務

8・3・1　発注方式の選定

建築プロジェクトは出来上がったものを購入する一般の商品の売買とは異なり，完成品に対する品質やコストといった様々な不確定要素が存在する。このような不確定な事象によって発生するリスクやコストに対してどのような対処をするべきかについて，わが国では十分な検討がされてこなかった。近年になって，2014年度より国土交通省が「多様な入札契約方式モデル事業」を実施し，地方公共団体が実施する公共事業において，最適な発注方式（入札契約方式）の選定が推進されている。また民間工事でも発注方式の選定がより戦略的に行われるようになり，それが発注者支援業務の主要な要素の一つとなっている（図8・11）。

発注方式の選定に際して，まずプロジェクト実施方式を検討する上では，発注者自身が建築プロジェクトに関する専門技術やマネジメント能力をどの程度有しているか，建築プロセスにどの程度関与しようとするかを考慮する必要がある。発注者が建築プロジェクトで生じる業務を適切に役割分担させ，プロジェクト参加者間の調整をし，建築プロセスの各段階で意思決定・確認を行えば，建築プロセスの透明性が確保できる。それが難しい場合は，設計施工一貫方式や公共事業においてはPFI方式などを採用し，プロジェクト推進に関する権限とリスクを大きく外部化したり，発注者の能力を補完するために，外部の専門家にマネジメント業務や技術的な支援を依頼したりする。

設計と施工の役割分担に際しては，実現しようとする建築プロジェクトの技術的な難易度や求める意匠性の高さが大きく影響する。発注者が求める設計内容が確定するまで設計者が十分な検討を行い，その設計どおりに施工を実施することを求めるのであれば，設計施工分離方式を採用することになる。設計施工分離方式の場

発注方式				
プロジェクト実施方式	**選定方式**		**契約方式**	
	設計者	施工者		
設計 ｜ 施工 設計者 → 施工者 設計施工分離方式 設計施工者 設計施工一貫方式 設計者／施工者 中間方式（ECI方式，実施設計付き施工方式など） CM方式 PFI方式	**候補者の選定** 一般競争 指名競争 特命		**契約の性質** 委任契約 請負契約	
	選定基準 入札 見積り合わせ 設計コンペ プロポーザル	入札 見積り合わせ 総合評価落札方式 技術提案・交渉方式	**契約金額の決め方** 総価請負方式 単価精算方式 実費精算方式	

図8・11　発注方式の選定

合，詳細な設計内容を基に工事費を算出するため，施工者選定の際には競争原理が働き，合理的かつ確度の高い金額で工事を調達することが期待できる。また広く施工者の受注機会を確保でき，公平性が高い。一方で，設計者の専門性やプロジェクトの規模などによって，発注者が採用したい設計者だけでは設計業務を完了することが難しい，施工者が持つ技術・経験を活用したいという場合は，実施設計付き施工方式やECI方式を採用して設計段階から施工者の関与を求める。ただし，これらの設計施工分離方式と設計施工一貫方式の中間方式は，設計者と施工者の役割・責任分担が曖昧になる可能性がある。設計施工一貫方式の場合，設計施工者が設計も施工も担うので，発注者に対する責任は設計施工者に一元化され明快である。

プロジェクト実施方式を検討する上では，建築プロジェクト全体のマスタースケジュールも大きな要素となる。設計施工分離方式の場合，設計を発注する期間とは別に工事を発注するための期間を確保することが必要である。マスタースケジュールに余裕がない場合は，設計施工一貫方式や前述の中間方式を採用して，発注期間を短縮することを検討する。また，工事費を早期に確定したい場合も，設計施工一貫方式や中間方式が好まれる。すなわち，設計段階から施工合理性を確保すると共に，施工者による工事費算出（概算・精算）を行い，予算に合わせて設計内容を確定していく。

選定方式については，発注者の方針や建築プロジェクトの性質によるところが大きい。例えば日本の場合は総合建設業者が設計施工者となることが一般的であるが，総合建設業者が有する設計技術・経験には相当程度の差があるため，民間で設計施工一貫方式により大規模な複合施設を建設する場合，設計施工者を公募するよりも特命や見積り合わせのほうがスムーズに選定できるだろう。また発注者以外のプロジェクト関係者（運営者や投資家など）の意向が反映されたり，地方公共団体による公共工事では地元企業の受注機会の確保が優先されたりもする。

契約方式については，日本の建築工事の場合はほとんどが総価請負方式であり，工事請負契約締結後のリスクはかなりの部分が発注者から外部化されている。とはいえ，発注方式の選定においては，発注者の役割・責任・リスクを誰にどの程度外部化するのかという意識が必要である。

8·3·2 発注プロセス

発注プロセスは，一般的には以下のような流れになる。なお，設計施工一貫方式の場合は，設計者と施工者を同時に決める。また，その他のプロジェクト参加者についても適切なタイミングで選定を行う。

① 発注方式の選定：多様な発注方式がある中で当該建築プロジェクトに最適な発注方式，すなわち，プロジェクト実施方式，選定方式，契約方式を選定する。

② 発注に関するスケジュール管理：建築プロジェクト全体のマスタースケジュールを確認し，それを踏まえた上で発注スケジュールを作成する。マスタースケジュールから選択しうる発注方式が限られるケースもある。

③ 設計者の選定・契約：発注者は，まず，設計者の候補者選定を行う。ついで，候補者の中から設計者の選定を行い，建築設計業務委託契約を締結する。

④ 工事予算の決定：発注者として工事予算を決定し，予算措置を講ずる。設計図書から概算される金額が発注者の予算に合わない場合，設計内容の調整が必要になる。

⑤ 施工者の選定・契約：施工者選定のための施工者募集または候補者の選定を行う。ついで応募者に対して契約条件・施工条件を説明し，施工者を選定し，工事請負契約を締結する。

発注方式が多様化すると共に，図8·2，図8·3に示すようにチーム編成が多様になり，発注者の契約対象やその契約内容も多様にならざるを得ない。したがって，複雑な契約を適切に管理することが重要になってくる。

8·4　発注者の種類と変化

8·4·1 発注者の種類

(1) 民間と公共

発注者には民間・公共の違いがある。図8·12のように日本の建築投資の多くは民間投資である。民間の発注者はいわゆる企業が該当する。企業は営利を目的として活動する組織であり，建築プロジェクトとの関わりは，デベロッパーのような建築物そのものが企業活動の対象である場合と，一般の製造業やサービス業のように企業活動を進める上で必要になる空間を確保するため，工場や事務所ビルなどを建設する場合がある。いずれの場合にも，建築プロジェ

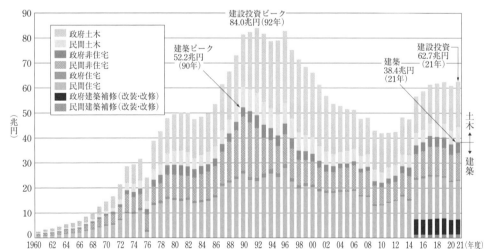

出典　国土交通省総合政策局建設経済統計調査室「令和3年度 (2021年度) 建設投資見通し」より作成。19, 20年度は見込み，21年度は見通し。

図8·12　建設投資（名目値）の推移

クトは企業活動の目的に照らして最善の投資行為となるように，費用対効果が厳しく問われることになる。非効率なプロジェクトを行った場合には，株主代表訴訟など経営者責任が問われるようになっており，民間発注者としての責任は重い。同じ民間発注者であっても，たとえば個人住宅を建設する場合，その発注者にとって，建築物は生産手段ではなく，消費・使用が目的である。この場合にも，発注者が自らの所得制約の中で最善の選択を行うという意味では，企業と同じである。

一方，公共発注者は，公共の福祉の増進を目的とした建築プロジェクトを対象とする。必ずしも営利を目的にしないことが特徴である。したがって，民間の経済活動の中では供給されにくい空間や建築を，公共の福祉の増進という立場から確保するために，建築プロジェクトを発意することになる。具体的には，教育・文化・福祉施設などの生活環境施設がこれに当たる。ただし，公共発注者は，国民や市民の税金をもとにプロジェクトの推進を図ることになるため，そのプロセスの透明性・公平性・合理性が強く求められる。具体的には，議会による予算の承認や，会計検査院による予算の適正な執行の確認がなされる。公共発注者といえども，合理性に欠ける建築プロジェクトの推進や，不透明なプロセスを選択した場合には，責任を問われることになる。

(2)　デベロッパーと零細な発注者

発注者には，デベロッパーに代表されるような比較的大規模な建築プロジェクトを継続的に発注している場合と，ほとんど建築プロジェクトの発注機会がないか，あるいはあったとしても小規模な工事が多い場合がある。前者の発注者は，組織内部に建築技術者が配置されていたり，場合によっては企画・設計など機能別に分かれた組織形態をとったりすることが多い。こ

のような組織では，プロジェクトの運営・企画・設計・監理にいたる一連の建築プロセスについて，すべて発注者の組織内部のスタッフで担当するという体制も存在し得た。しかし，内部スタッフの配置と業務量のアンバランスから，最近では外部の専門組織に業務を外注する傾向が強い。どのような業務を外部委託するかについては組織によって多様な選択がある。

一方，後者の発注者は，内部の建築技術者の数も少なく，建物の維持管理，小規模修繕工事への対応が主要な業務となっており，新築プロジェクトの場合には，外部の専門家の支援を受けながら，プロジェクトを進行することになる。こうした組織では，経験不足から建築の品質管理やコスト管理に関する情報が少なく，発注者を支援する専門家の役割は大きい。

8・4・2　発注者の変化

建築プロジェクトをめぐる環境条件の変化の中で，発注者の構成にも変化が見られるようになってきた。発注者は個人または単一組織から，複数の発注関係者の集合体へと変化している。プロジェクトの動機や事業手法の多様化の中で，発注者が保持してきた需要・資金・土地という3つの基本要素が分離し，建設後の建物の所有・利用・管理の各主体も分かれる事例が増えてきた（図8・13）。このような場合には，総合的な視野に立ってプロジェクトの意思決定に際して的確な判断を下すことのできる，経験を積んだ統括者が必要であり，発注者内部の意思決定に関わる調整業務が重要になってくる。

さらに，公共建築においては企画段階に市民参加のワークショップを開催し，発注者としての公共団体と利用者である市民の共同作業による企画案作りや，計画内容の確定を進めていく事例もある。このような多様な要望を取りまとめる業務も重要になってきている。

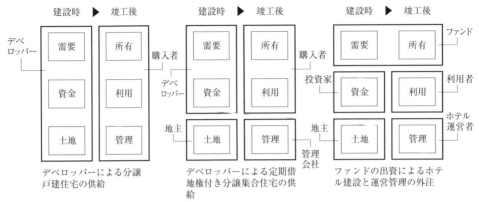

図8・13　発注者機能の分化（例）

8・5　発注者支援

(1)　発注者の役割の変化

　建築プロジェクトの多様化・複雑化，建築技術の高度化，材料・部品の国際調達など，建築を巡る環境条件の著しい変化の中で，発注者自らが，建築に対する要求を具体的に設計者に伝達する必要性が指摘されている。しかし，建築経験の乏しい発注者は，こうした条件の整理を的確に行うことが不得手であり，要求条件があいまいな形であることが多い。また，この段階での意思決定のあいまいさが，のちのプロセスで無理な設計変更を発生させたり，トラブルの原因になったりする。建築プロジェクトにおいて発注者が適切な意思決定を行えるように，専門家が助言・協力する必要性がより高まっている。

　とりわけ，公共工事の発注者は，手続きの透明性の確保による公正さを確保しつつ，良質なものを低廉な価格で調達する責任を持っている。このため発注者には，企画・計画段階から広範囲にわたった高度な技術力が求められる。さらに，建設工事に関する技術の高度化・専門化が進み，発注者には相応の技術力の向上が求められる。しかし，小規模な地方公共団体などにおいては，発注者の体制自体が十分に整備されていない場合もあり，計画および設計段階における内部検討が不足していたり，工事段階での監督が徹底しないなどの問題が見受けられる。

　設計者・施工者選定は，建築のものとしての品質を確保する上で非常に重要であるにもかかわらず，発注者がその重要性を認識し，合理的な意思決定を行う環境条件が十分に提供されてきたとはいえない。発注者に期待されることは，建築プロセスの透明性の確保，コストの透明性，建築プロセスに関わる各主体の権限と責任の明確化である。特に，前二者は公共発注者において重視される役割である。

(2)　発注者支援としてのマネジメント業務

　1990年代において製造業はもとより様々なサービス産業の分野で，顧客満足度（Customer Satisfaction）という視点の重要性が指摘されるようになり，建築生産の分野，とりわけ建築設計分野でも，発注者や最終使用者の満足度の視点に立ったサービス提供の必要性が重視されてきた。時を同じくして米国の建築家協会，英国の建築家協会，日本の建築家協会において，顧客満足度の視点に立って，発注者の設計者に対する認識と評価に関する調査が実施され，建築家業務の再構築が模索された。その中で，建築家に期待される機能・役割として，設計前の企画業務や竣工後の運営業務，あるいは建築工事費の管理やスケジュールの管理など，マネジメント業務の重要性が取り上げられた（図8・

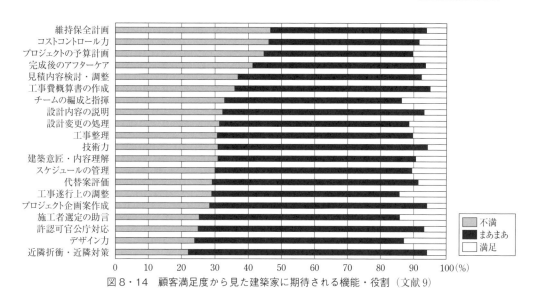

図8・14　顧客満足度から見た建築家に期待される機能・役割（文献9）

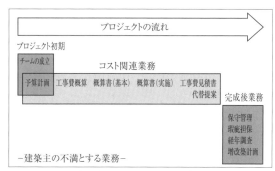

図8・15　建築主が不満とする建築家業務（文献9）

14）（図8・15）。

　PM/CM方式において第三者により提供されるマネジメント業務は，発注者・設計者・施工者という関係の中で，発注者が本来的には自ら行うべき業務が，建築物の複雑化や環境条件の複雑化により，発注者側の業務の増大や複雑化に対応ができなくなり，外部の専門家に依頼する業務として成立してきた経緯がある。

8・5・2　CM（コンストラクション・マネジメント）方式

(1)　CMとは

　CMとはConstruction Managementの略語であり，建築プロジェクトの品質・工程・コストなどを当初の目的通りに達成するための管理行為，およびそのための技術のことである。米国で1960年代から普及したCM方式は，発注者の早期の資金回収，施工者のインフレリスク回避に加えて，プロジェクトの大規模化・複雑化に伴って頻発した工期の遅延，予算超過を防止するために，マネジメントの質的向上をめざして導入された。このマネジメントの専門家をCMR（Construction Manager）と呼ぶ。CMRを選定するのは発注者の役割である。

(2)　CM方式の特徴

　CM方式にはCMRの業務内容に基づいて，いくつかのバリエーションが存在する。まず，基本形として，CMRが純粋にマネジメント業務のみを行い，工事の履行についてリスクを負わない「ピュア（pure）CM方式」がある（図8・3の①）。当初の概念では，元請となる総合

建設業者を用いず，発注者と専門工事業者が直接契約を行う（図8・3の②）。この場合，発注者の契約責任や手続き業務が増えるが，コストの透明性が増し，経済的な工事の遂行の可能性を高めることになる。また，CMRが工事費の最高限度額を保証し，発注者に代わって建築工事費増加のリスクを負う方式もある。これは「GMP（Guaranteed Maximum Price）付きCM方式」あるいは「CM at risk方式」と呼ばれる（図8・3の③）。

(3) 日本におけるCM方式の普及・展開

　日本では1993年以降，多様な発注方式の導入の検討が模索される中で，旧建設省でCM方式導入の検討が始まり，公共工事や民間工事で試行的な取組みが実施されてきた。2001年には，CMRの職能を確立するための日本コンストラクション・マネジメント（CM）協会の設立をみている。日本CM協会では倫理規程の制定，CMガイドブックの作成，個人のコンストラクション・マネジャー（CMR）の資格認定，ピュアCM方式を前提としたCM業務委託契約約款の整備などが進められてきた。会員企業を対象とした日本CM協会のアンケート調査では，CM業務の売上高は2004年度の約26億円から2021年度には約345億円に達している。また，建築マネジメント専業会社のほか，設計事務所や建設業者などがCM業務の主な担い手となっている。

　日本のCM方式の多くはピュアCMであり，CM方式を導入しても工事を分離発注せずに元請となる総合工事業者を採用することが一般的で，設計施工一貫方式によりプロジェクトを進めることも多い。すなわち，工事に関するマネジメントを主眼とする米国のCM方式に対して，日本では発注者支援に業務の中心が置かれている（図8・16）。その背景として，公共工事・民間工事共に，前項で述べた発注者支援業務に対するニーズがある。

(4) 発注者支援としてのCM業務

　ピュアCM方式におけるCMRによる発注者支援業務は，プロジェクト推進と技術的検討に大別できる（図8・17）。プロジェクト推進業務は，発注者の要望をはじめとする諸条件を整理してプロジェクト要件をまとめる，プロジェクト化から始まる。発注者支援業務の開始時にプロジェクト参加者が確定している場合もあるが，そうでなければ，最適な発注方式を選定して発注業務を支援し，適切な役割分担を行う。採用した発注方式により発注業務の時期は異なり，プロジェクトの進捗と共に，当初予定していた発注方式が変更になる場合もある。

　プロジェクトが動き出せば，発注者の意思決定やプロジェクト参加者間の十分な情報共有が行えるよう会議体を設定し，発注者の意思決定に際して専門的な立場で情報提供・助言を行う。さらに，コスト・スケジュールに関して計画どおりにプロジェクトが進むようコントロールする。設計者や施工者などのプロジェクト参加者，プロジェクト関係者の調整も重要である。竣工前から運営者がプロジェクトに参加する場合，運営者の要望が発注者と対立する可能性もある。また，設計や施工の分離発注方式などを採用し，プロジェクト参加者の数が多い場合は，役割分担のすき間が生じないようそれぞれの業務内容やスケジュールを調整する必要がある。

　技術的検討業務として，設計者・施工者が提出する設計図書や施工図・見積明細などを発注者要望と照らして確認・精査したり，設計者・施工者が決定する前の段階で必要となる設計・施工上の検討や概算を行ったりする。場合によっては，CMRからVE（Value Engineering）や設計の合理化などの提案を行うこともある。ただし，設計者・施工者の決定後はあくまでCMRは発注者支援の立場で技術的検討を行い，設計・工事の責任はそれぞれ設計者・施工者にあるとする考え方が主流である。

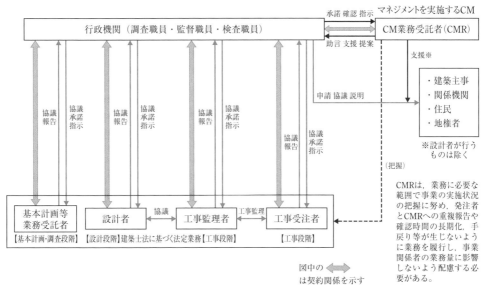

図8・16 地方公共団体の建築事業におけるピュア CM 方式の CMR の立ち位置（文献 10）

		事業計画段階	設計段階	工事施工段階
外部化できない業務 → 発注者 → 外部化できる業務	発意・意思決定	プロジェクトの発意 各種決定・承認	発注・契約 各種決定・承認	発注・契約 各種決定・承認 工事費の支払い
CMR	プロジェクト推進	資金調達 要件定義 事業スキームの検討 事業体制の構築 予算計画 発注方式の選択	事業推進・関係者指示 事業収支の詳細化 設計要件の定義 投資区分・工事区分 コスト・スケジュール調整 契約調整	報告の受領 事業進捗の確認 設計変更の確認 テナントとの調整・引継ぎ 建物管理者との調整
追加的な業務・その他の業務 ↑ 設計者・工事監理者	技術的検討	要求事項の把握・整理 法令要件の整理 土地利用計画の検討 目標品質の計画 企画書の作成 与条件に基づく概算見積	設計図書のレビュー テナント調整 建物管理者との調整 設計スケジュールの管理 ライフサイクルコスト検討 工事費の概算見積	工事進捗の確認 VE検討 定例・分科会の調整 付帯関連工事との調整 工事明細の確認
↓ 法定業務・標準業務	設計・工事監理業務		設計条件等の整理 関係機関との打合せ 設計図書の作成 確認申請対応 概算工事費の検討	工事監理 設計意図の伝達 工事施工段階で設計者が行うことに合理性がある実施設計

図8・17 ピュア CM 方式における CMR の発注者支援業務内容

コラム

学生寮のコンストラクション・マネジメント　　　　　（西野佐弥香）

　コンストラクション・マネジメント（CM）業務の内容は，発注者の要望，プロジェクトの組織編制やコンストラクション・マネージャー（CMR）のプロジェクト参加時期などにより，プロジェクトごとに大きく異なる。ここでは大学の学生寮の新築プロジェクトにおける CM 業務の事例を紹介したい。

　ある地方大学では，学生寮への入寮希望者が増加して定員を上回る状況が続き，早急な対応が必要だった。ところが学生寮の担当部署には建物の発注経験者や専門技術者がおらず，独力でプロジェクトを進めるには不安があった。そこで CMR がプロジェクトに参加し，企画・基本計画段階から施工段階まで一貫した事業推進支援および品質・コスト・スケジュール管理業務を実施することになった。

　このプロジェクトにおける CM 業務は大きく 3 つの段階に分かれる。最初の企画・基本計画段階では，全体の方針を決める必要があった。CMR は発注者と協議を行い，既存寮の増改築，他の既存施設から学生寮への用途変更，別敷地への新築を選択肢として，現況調査，複数のマスタースケジュール・事業予算案の作成，ボリュームプラン作成，発注方式の検討などを行った。その結果，当初のスケジュールを短縮し，設計施工一貫方式により別敷地に学生寮を新設することになった。

　次の設計施工者選定段階では設計施工者を決定し，設計および工事を発注する。選定に際しては，プロセスの透明性を確保するため，参加者を公募してプロポーザルを実施することになった。CMR は引き続き，選定方法の詳細とスケジュールの提案，ロングリスト（必要最低限の条件下で挙げられた多数の候補者リスト）の作成，応募要項・審査基準書などの提案および選定委員会の組成・運営など，一連の支援を行った。それにより発注者の多様な要望を満たす提案を行った設計施工者を選定することができた。

　設計施工者が決まったので，基本設計・実施設計から精算見積・工事契約を経て施工段階へと進む。ここでは CMR は，発注者の求める建物の品質確保や早期のリスク発見を目的として，各段階で実施される定例に参加し，発注者に助言を行う。さらにスケジュール管理，コストスタディ，第三者的な専門技術者の立場から設計施工者から提出される設計図書や工事見積書，施工図その他資料の精査，設計施工者との協議・折衝など，竣工まで発注者に伴走した。

　本プロジェクトは比較的スムーズに進んだが，とはいえ，社会的な状況変化，発注者組織内での検討に伴う方針変更や建物・敷地に関わる新たな条件の追加など，多くの出来事があった。原則的な CM 業務の内容は業務受託時の契約で決まっているが，実際には業務仕様に書ききれないこと，想定していなかったことが頻繁に生じ，柔軟な対応が求められる。プロジェクトがつつがなく完了し，発注者に喜んでもらえるまで，CMR の業務は続く。

第 9 章
設計と監理

9・1 設計業務の担い手

9・1・1 設計業務を生業とする職能の成り立ち

　西洋において，中世までは，石工や大工の親方（マスタービルダー）が設計し施工をまとめていくのが一般的であった。ルネサンス期には，設計と施工の分離が試行され，設計を専業とする建築家（アーキテクト）の概念が確立したものの，職能として確立するには至らなかった。理学・工学の知識体系が整備され，科学・技術の進歩を背景とした土木工事が行われる1700年代以降になると，エンジニアリングに関する専門職が確立するようになった。一方建築は，医学や法律学のように，学問的な知識体系に基づいた独立した職能の一つとはみなされておらず，仕事さえあれば誰でも建築家として活動することができた。やがて，1800年代中頃になると，職能団体や建築教育機関が整備されるようになり，建築家としての職能が確立されていった。

　我が国において，明治時代以前の建築生産では，大工棟梁が設計と施工の両方を担うことが一般的であった。明治時代以降，意匠・工法・材料のあらゆる面で，従来の日本の建築生産とは異なる洋風建築技術が導入されるとともに，設計と施工の業務分離が芽生え始めた。1914年，全国建築士会（現在の日本建築家協会）が設立され，設計を専業とする職能の確立を目指すようになった。やがて，戦後の復興において，技術者の確保が急務であった1950年に建築士法が制定されるが，建築士は，国家資格を取得した者を指す資格法としての扱いに留まり，設計を専業とする職能の確立には至らなかった。我が国において，"建築家"という用語の意味

が不明確であるのは，建築家という概念が欧米から輸入され我が国に定着するまでの経緯，建築教育や建築士法のあり方，歴史的に設計・施工の両方を担ってきた施工者と設計者との業務分担における慣行，などに起因している。

　もともと，欧米で確立した建築家の職能団体では，設計業務の独立性を担保するために，建築家が建設業者に雇用されることを禁止した条項があったが，現在では，既に廃止されている。設計と施工の切り分け，および，建築家や建築士の役割や責任範囲は恒久的なものではなく，時代とともに変化しているといえよう。

9・1・2 設計業務の関与主体

　設計業務は，意匠設計（建築設計），構造設計，設備設計に大別される。意匠設計（建築設計）には，内外装の設計に関する業務に加えて，設計業務全体を統括するマネジメント業務が含まれる。設備設計は，空調換気設備設計・給排水衛生設備設計・電気設備設計等に分類できる。さらに，ランドスケープ・インテリア・環境・照明・音響・積算・サイン・防災・防犯・都市計画・地域開発など，様々な専門領域の設計が存在する。近年，建築物が高機能化・複雑化しつつあるなか，これら多くの専門家たちとの協働により設計業務は遂行される。

　建築士事務所として登録されている建築の設計組織には，主に，独立した組織として設計業務を行う「設計事務所」の場合と，総合工事業者（ゼネコン）・工務店・住宅メーカー等の生産組織の一部分として組み込まれた「設計部」の場合がある。「設計事務所」には，意匠設計・構造設計・設備設計・コスト部門・監理部門など50名程度以上の専門技術者によって

構成された「組織設計事務所」の場合があり，意匠設計部門をビルディングタイプ別に，都市計画・企画・マネジメント・建物運営，および，各種評価なども業務範囲とすることもある（図9・1）。さらに，個人から10名程度の意匠設計者を中心とした所員によって構成され，他の構造・設備設計事務所や積算事務所等と協働して設計業務を行う「アトリエ系事務所」の場合がある。どの専門領域を設計組織内に含め，どの専門領域を外注するかは組織の規模や方針による。

9・2　設計監理業務の流れ

9・2・1　設計監理業務の流れ

　一般的に，大学での設計演習では，建物の用途・規模・構造形式などの条件が与えられているが，実際の設計業務では，建築主（施主，発注者）が要求条件や制約条件を明確にし，敷地周辺の状況などの調査を行う企画業務から始まる。（7章参照）これらの内容は，後続の設計業務にも影響を及ぼすため，近年，業務の比重が大きくなっていることは，第7章で述べたとおりである。建築主による要求条件や制約条件は，設計活動を通じて作成された設計成果物がこれらの条件を満たしているか，プロジェクトの進捗に従って絶えず変化するので，設計活動を通じて作成された設計成果物がこれらの条件を満たしているのかプロジェクトの段階ごとに確認することが重要である（図9・2）。

　図9・3に設計監理業務の流れを示す。プロジェクト開始段階での建築主による要求条件や制約条件をもとに，建築物の構想をまとめ，それらが計画的・法規的・技術的・経済的に実現可能かどうかの確認を行う。この作業は，基本設計と呼ばれる。基本設計段階で確認された内容を詳細に検討し，施工を行う上で工事の契約に必要な設計図書の形にまとめる作業を実施設計という。この段階では，デザインや技術の具

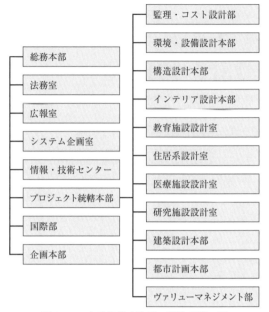

図9・1　大手組織事務所の業務組織の例

体化が中心となる。次に，図面どおりに建物が施工されているか，工事過程でその経過と結果を確認する必要がある。これが，工事監理と呼ばれる業務である。

　なお，施工者は施工の管理者として，施工の品質，工程の進捗状況，専門工事業者の『管理』をおこなうが，工事監理者の行う『監理』とは異なるので注意する必要がある。

　工事完成後，建物を建築主に引き渡すことで設計監理業務は完了するが，最近では，建物の運用段階にまで設計監理者が関わるといった，幅の広がりが見られる。建物を良好に維持管理する修繕計画や，資産価値を低減させないための調査，増改築，耐震改修，リニューアル計画などを，業務に含める場合もある。

　いずれにせよ，建築物の安全性の確保と品質の向上を図るためには，建築に関わる建築主，設計者，工事監理者，施工者が適切にその役割を果たすことが重要である。2005年に起こった構造計算書偽装事件は，建築物の耐震性ばかりでなく，安全性をはじめとする設計者が担うべき品質の確保について，国民の信頼を大きく

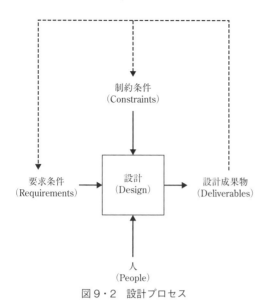

図9・2　設計プロセス

失った。これらを踏まえ，建築基準法をはじめとする関係法令が改正された。特に，2015年には，建築士の資質・能力の向上などを目的とする改正建築士法が施行されている。さらに，2020年には，更なる改正建築士法が施行され，既存建築物の調査・有効活用など，多様化するニーズへの対応が求められ，より一層，建築物全般の専門家としての役割が増加している。

　近年，設計品質の確保のために，設計上の問題点を設計の早い段階で発見し対策を講じることで，手戻りやトラブルを未然に防止し，業務

の効率を高める活動が行われている。これは，デザインレビュー（Design Review：DR）と呼ばれ，多くの産業で積極的に採用されている品質管理手法である。デザインレビューには，設計品質の確保を確認するための，第三者的立場の審査員が必要となる。適切な助言・評価を行うことができ，プロジェクトの内容に精通し，類似物件の経験を有する意匠・構造・設備・施工・積算の各分野の技術者によって構成されることが多い。

9・2・2　設計監理業務の契約

　建物の設計を建築士に委託するために締結する契約のことを設計委託契約という。委託業務に工事監理を含む場合は，設計監理委託契約という。発注者と建築士（建築士事務所）の双方の権利と義務を明確にするためにも，対等な立場での公正な委託契約を締結し，誠実な履行が求められる。2015年の改正建築士法では，延べ面積300 m^2 を超える建築物の設計，または，工事監理に関しては，書面による契約締結が義務化されている。一般的に，設計監理委託契約の際には，四会連合協定の契約約款が使われたり，参照されたりすることが多い。

　2020年に施行された改正民法により，従来，瑕疵(かし)と呼ばれた設計や施工の不具合は，契約不

 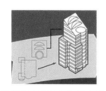 

企画段階	設計段階		施工段階	運用段階
調査・企画	基本設計	実施設計	工事監理	運用
設計条件の確認 事前調査，事業計画の検討 基本構想の立案 コンセプトの作成	施設の内容，設計条件の整備 法的，技術的裏付けの検討 設計仕様，デザインの検討	設計条件の確立 細部の技術的な検証 工事発注用図面の作成 法令に伴う申請·届出 積算書や契約図書の作成	設計図書に基づく品質管理の実施 工事の指導・監督 竣工前検査の運用	定期検査の実施(オプション業務) 維持・管理計画のコンサルティング 各種調査・診断 リニューアル計画

図9・3　設計監理業務の流れ
※図はAutodesk社より提供

適合という言葉に置き換わり，これまで以上に建築士の責任範囲は大きくなっており，書面により契約を締結する重要性は増している。建築士法により，設計監理委託契約に係る書面に記載すべき内容は，建築物の概要・実施の期間・作成する設計図書の種類・建築士事務所の名称及び所在地・業務に従事する建築士の登録番号・報酬の額及び支払の時期，契約の介助に関する事項などが定められている。また，設計監理契約を締結しようとする時は，建築士事務所の開設者は，建築主に対して所定の事項を説明し，重要事項説明書を交付しなければならない。

設計や工事監理業務報酬の算出方法には，業務の内容に応じた業務経費を合算する積上げ方式（実費加算方式）がある。国土交通省告示第15号（2009年）にその算出方法（図9・4）が規定されており，報酬額は，直接人件費，特別経費，直接経費，間接経費の定型的な設計業務に関わる経費と，設計業務で発揮される技術

力・創造力の対価としての技術料等の経費，消費税の合計となっている。また，国土交通省告示第98号（2019年）では，建築士業務の複雑化等の実態を踏まえた，業務報酬の算定方法に関する改正が行われている。

9・2・3 基本設計

基本設計では，建築主から示された要求や条件を受け，設計をまとめる方針について検討し，それらに基づいて設計を進めていく。基本設計は，建築主の建築意図を最終的に確認し，次の実施設計での設計条件を確定する作業ということができる。基本設計作業の結果は，基本設計図書としてまとめられる。

表9・1に，設計業務に対する報酬の基準を定めるための標準業務内容のうち，建築設計に関する基本設計業務内容，作成する成果図書を示す。具体的な業務として基本設計図書作成以外は想像しにくく，基本設計業務は，最終的な

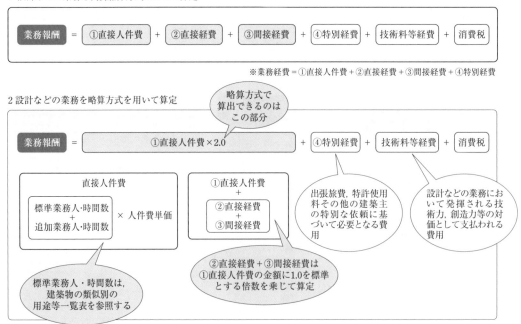

図9・4　設計業務報酬の算出方法

表9・1　基本設計で作成する成果図書（文献1）
（戸建木造住宅以外の建築物）

(1) 総　合	① 計画説明書
	② 仕様概要書
	③ 仕上げ概要表
	④ 面積表及び求積図
	⑤ 敷地案内図
	⑥ 配置図
	⑦ 平面図（各階）
	⑧ 断面図
	⑨ 立面図
	⑩ 工事費概算書
(2) 構　造	① 構造計画説明書
	② 構造設計概要書
	③ 工事費概算書
(3) 設　備	ⅰ 電気設備
	① 電気設備計画説明書
	② 電気設備設計概要書
	③ 工事費概算書
	④ 各種技術資料
	ⅱ 給排水衛生設備
	① 給排水衛生設備計画説明書
	② 給排水衛生設備設計概要書
	③ 工事費概算書
	④ 各種技術資料
	ⅲ 空調換気設備
	① 空調換気設備計画説明書
	② 空調換気設備設計概要書
	③ 工事費概算書
	④ 各種技術資料
	ⅳ 昇降機等
	① 昇降機等計画説明書
	② 昇降機等設計概要書
	③ 工事費概算書
	④ 各種技術資料

成果図書の作成に至るまでのプロセス全体と考えればよかろう。

9・2・4　実施設計

　実施設計は，基本設計の内容を実際の建築物として建設するために検討する作業ということができる。言い換えれば，基本設計の趣旨を施工業者に的確に伝えるために，また，工事費の適正な見積ができるように，基本設計に基づいて設計意図をより詳細に具体化し，工事に必要な内容を盛り込んだ図面を作成することである。これらの図書は実施設計図書と呼ばれる。

　実施設計の結果は，表9・2に示す平面図・立面図・断面図や各詳細図などの実施設計図，および，材料の品質や施工方式などを示した仕様書としてまとめられる。通常，基本設計と実施設計は，同一の組織による一連の作業として行われることが多く，さらに，両業務を明確に区別することは難しい。実施設計には，工事施工段階において設計意図を正確に伝えるため，質疑応答，工事材料や設備機器などの選定に関する検討や助言を行うことが含まれる。

9・2・5　工事監理

　工事監理業務の内容（図9・5）は，実施設計で確定した設計品質を確保し，それらを実現するために設計意図を的確に施工者に伝達する業務と，工事が適切な過程で行われ，出来上がった建物が所定の品質を備えているかの確認を行う業務，さらに工事完成の確認や建築主への報告などである。

　実施設計でまとめられた設計図書には，建築主の意図する設計内容しか表現されていない。そこで，設計意図を出来上がりの建物の形として施工者に理解できるようにするための打合せ（設計説明会・設計検討会などと呼ばれる）を行う。建築主と施工者の工事請負契約締結にあたり，施工者選定についての助言や，見積り徴収や査定の協力を行う場合もある。要求された品質を確保することは，工事請負契約に基づく請負者の責務であるが，建築主の立場から，その責務が果たされたことを確認することも監理業務の一つである。建物の品質を実現する上で適切な施工方法であるか，施工時期，および，日数は全体工期に適合しているかなどを検討する。さらに，施工中の品質管理や検査方法などが十分であるかについて，施工者に助言を行う。

表9・2　実施設計で作成する成果図書（戸建木造住宅以外の建築物）（文献1）

(1)　総　合	(2)　構　造	(3)　設　備 ⅰ　電気設備
① 建築物概要書 ② 仕様書 ③ 仕上げ表 ④ 面積表及び求積図 ⑤ 敷地案内図 ⑥ 配置図 ⑦ 平面図（各階） ⑧ 断面図 ⑨ 立面図（各階） ⑩ 矩計図 ⑪ 展開図 ⑫ 天井付図（各階） ⑬ 平面詳細図 ⑭ 部分詳細図 ⑮ 建具表 ⑯ 工事費概算書 ⑰ 各種計算書 ⑱ その他，確認申請に必要な図書	① 仕様書 ② 構造基準図 ③ 伏図（各階） ④ 軸組図 ⑤ 部材断面表 ⑥ 部分詳細図 ⑦ 構造計算書 ⑧ 工事費概要書 ⑨ その他，確認申請に必要な図書	① 仕様書 ② 敷地案内図 ③ 配置図 ④ 受変電設備図 ⑤ 非常電源設備図 ⑥ 幹線系統図 ⑦ 電灯，コンセント設備平面図（各階） ⑧ 動力設備平面図（各階） ⑨ 通信・情報設備系統図 ⑩ 通信・情報設備平面図（各階） ⑪ 火災報知等設備系統図 ⑫ 火災報知等設備平面図（各階） ⑬ 屋外設備図 ⑭ 工事費概算書 ⑮ 各種計算書 ⑯ その他，確認申請に必要な図書

(3)　設　備		
ⅱ　給排水衛生設備	ⅲ　空調換気設備	ⅳ　昇降機等
① 仕様書 ② 敷地案内図 ③ 配置図 ④ 給排水衛生設備配管系統図 ⑤ 給排水衛生設備配管平面図（各階） ⑥ 消火設備系統図 ⑦ 消火設備平面図（各階） ⑧ 排水処理設備図 ⑨ その他設置設備設計図 ⑩ 部分詳細図 ⑪ 屋外設備図 ⑫ 工事費概算書 ⑬ 各種計算書 ⑭ その他，確認申請に必要な図書	① 仕様書 ② 敷地案内図 ③ 配置図 ④ 空調設備系統図 ⑤ 空調設備平面図（各階） ⑥ 換気設備系統図 ⑦ 換気設備平面図（各階） ⑧ その他設置設備設計図 ⑨ 部分詳細図 ⑩ 屋外設備図 ⑪ 工事費概算書 ⑫ 各種計算書 ⑬ その他，確認申請に必要な図書	① 仕様書 ② 敷地案内図 ③ 配置図 ④ 昇降機平面図 ⑤ 昇降機断面図 ⑥ 部分詳細図 ⑦ 工事費概算書 ⑧ 各種計算書 ⑨ その他，確認申請に必要な図書

9・3　設計情報の伝達方法

9・3・1　設計図

　設計業務において，発注者・建築主の要求や意図を具体的にするためには，図で表現するのが最も効果的である。設計図に表現される情報は，企画・基本設計・実施設計の各段階では異なるので，設計図の目的や使われ方に応じた表現方法が必要となる。しかし，表現は異なるにせよ，後続段階に検討内容を正しく伝達し，より詳細な形で情報を確定するための一連のプロセスの産物であることには変わりはなく，表現に齟齬があってはならない。また，図面化された各段階における決定事項と後続プロセスで検討すべき内容とが，明確に分けられ，記述されていることが重要である。

9・3・2　仕様書

　仕様は，「材料・製品・工具・設備などについて要求する特定の形状，構造，寸法，成分，能力，精度，性能，製造方法，試験方法などを定めたもの」と JIS Z 8101 で定義されている。これらの内容は，設計図には表現しにくいものであるが，使用する材料や工法，建物の各部分に要求される機能や性能などは，設計意図を具現するために重要な事項であり，これらを文書の形に表したものが仕様書である。設計図を補完するものであるため，仕様書の作成は設計者の業務である。

　仕様書の表現形式には，工法を規定したものと，品質・性能を規定したものとがある。施工者の技術力が低かった時代には，施工方法の細部にわたる事項（工法）を示した仕様書が多く用いられていたが，施工者側の技術力向上，新

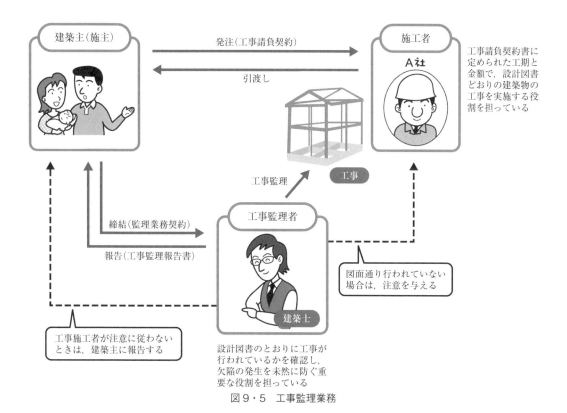

図9・5 工事監理業務

たな発注形式（性能発注），建築基準法の改正（性能規定化）などを背景に，建物のあるべき状態・性能などを示す形に変容しつつある。

公的機関や業界団体が監修する仕様書には，「公共建築工事標準仕様書」（国土交通省官庁営繕部），「建築工事標準仕様書（JASS）」（日本建築学会），「建築工事共通仕様書」（日本建築家協会）がある。これらは，どの工事にも共通して使用できることを前提としている。個々の工事については，標準（共通）仕様書を補完する細かな指示がなされた特記仕様書を作成する。近年の既存建物の再利用を目的とした耐震補強工事や改修工事の増加に伴い，「公共建築改修工事標準仕様書」（国土交通省官庁営繕部）が2003年に制定された。これは，施工や品質の技術革新を見越して，3年周期で改定が行われている。

建築基準法における設計図書は，設計図と仕様書とされているが，契約に必要な設計図書は，設計図と仕様書と共に，現場説明会で使用される現場説明書や施工者との質問回答書で構成される。設計図書には優先順位があり，より新しい，後から作成されたものや，その工事特有の書類ほど優先される。記載内容に矛盾があってはならないが，万が一，設計図書間に食い違いがある場合は，その優先順位は，一般に質問回答書，現場説明書，特記仕様書，設計図，標準仕様書とされている。

9・3・3 施工図

設計者は，設計段階において，構法・工法に基づく生産・施工方法などを考慮しつつ，設計図や仕様書を作成する。確定した設計情報は，施工段階に施工者に引き継がれ，実際の工事が進められる。設計図に示された情報は，施工用の図面として施工者が編集する（図9・6）。これらの図面を施工図という。施工段階では，施工者による施工図や製作図の作成，仮設計画や

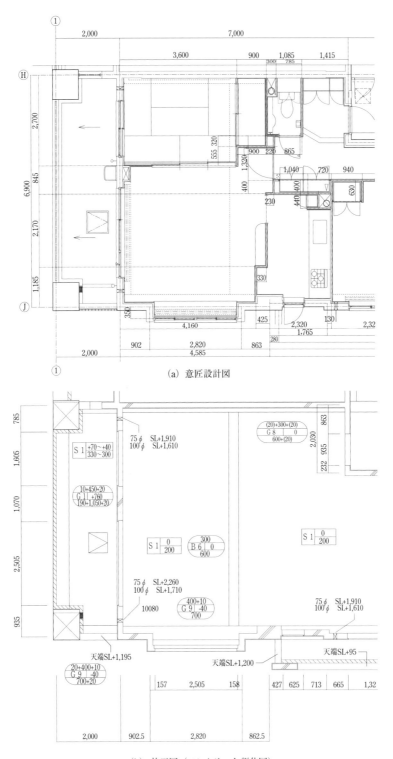

(a)　意匠設計図

(b)　施工図（コンクリート躯体図）

図9・6　設計図と施工図の標記内容

工程計画など，建築生産に関わる検討を行う。近年，生産・施工方法が複雑になり，設計者が本来になってきた生産に関わる設計情報の整理が，施工者の業務へと移行しつつある。棟梁の時代では，設計者（棟梁）が設計図・施工図の両方を作成していたが，技術の高度化に伴う業務遂行能力の限界などから，現在では施工者側が作成するのが一般的である。

　施工図には，施工者のための作業や製作に必要な情報が示される。設計意図を明確に示した設計図が整っていないと，目的に添った施工図は作成できない。また，設計段階で施工の実現性が考慮されていない場合などは，設計自体に変更が生じ，工事の進捗に影響を及ぼすことになる。

9・3・4　建築再生の設計方法

　近年では，耐震補強や大規模改修，用途変更など，既存建物を再利用するために必要な建築再生の設計図を作成することも増えている。建築再生の設計を進めるためには，新築における設計図に加えて，すでに存在する建物の復元図面を作成しなければならない。既存図面の保管状況が悪い場合には，既存建物の実測調査で得た情報により図面を復元する。また，既存図が存在したとしても，必ずしも既存図と既存建物が一致するとは限らないため，現状に即した復元図面を作成する必要がある。

　復元図面の作成の後，再生設計者は，改修図面の作成と同時に，既存の仕上げや設備などの解体を行うために必要な解体方法を示す解体図面を作成しなければならない。耐震補強が必要な場合は，「建築物の耐震改修の促進に関する法律（耐促法）」にもとづく構造計算をおこない，補強や補修の方法を示す補強図面を作成する。補強計画は，建物の耐震性能を向上させるためだけではなく，必要な機能のためのスペースの確保や，意匠性を考慮して計画しなければならない。

　建築を再生するための設計において，復元・解体・補強を検討しながら再生後の機能や用途に応じたゾーニング，および，動線などを考慮し，総合的なプランニングを行う必要がある。復元・解体・補強・改修を同時進行で計画し，フィードバックを繰り返しながら各段階の図面をブラッシュアップし，最終的な設計図面を完成させる（図9・7，図9・8）。

9・4　設計情報の記述方法

9・4・1　手描きによる記述

　設計図書は，発注者の持つ顕在的・潜在的な要求条件・制約条件に合致する建築物を具現化させることを目的として，設計図や仕様書等として記述される。なかでも設計図は，設計図書の中でも，もっとも多くの情報を伝える役割を持ち，発注者・設計者・施工者間のみならず，関係諸官庁・近隣住民・その他の利害関係者間で情報伝達手段として用いられる。情報を正確に伝えるために，設計図は，日本産業規格（JIS）の設計製図の表記方法などを用いて作成される。

　CAD（Computer Aided Design）が1990年代に発達・普及するまで，設計図は，手描きに

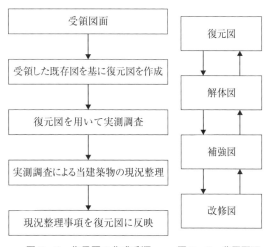

図9・7　復元図の作成手順　　図9・8　作図図面の関係性

よって記述されてきた。手描きの図面では，作図者による特有の表現が可能であり，単に情報伝達するだけでなく，設計の背景にある思想も表現可能であった。設計図の多くはトレーシングペーパーに作図され，ジアゾ複写機（青焼機）で複製されたが，現在ではほとんど使用されていない。設計や監理時の打合せでは，CADにより作図された設計図や製作図に手描きで設計意図を描きこむ機会も存在する。また，スケッチにより初期設計案を思索する場合も多く，手描きによる設計情報記述の重要性は，常に指摘され続けている。

9·4·2　CADによる記述

　設計のツールとして2D-CADシステムが普及することにより，従来，手描きで行われていた設計図作成の労力は，著しく軽減された。導入当時は，速く・綺麗に・精度よく図面が描けるという作図機能だけが注目されていたが，ハードウエア・ソフトウエアの進歩に伴い，その利用目的も本来の設計支援へと変化した。発注者の要求の多様化・複雑化に伴って，設計内容が質・量とも増大しており，複数の設計者による設計情報の確定がなされることが多い。さらに，設計品質の確保のために，後続プロセスである施工情報を先取りする場合は，施工関係者も介在することになる。その際には，情報の受渡しが正確かつ容易にでき，加工・修正しやすく，相互利用が可能な電子データが欠かせず，2D-CADの利用は必須となった。

　2000年代に入ると，3D-CADを併用した設計が行われるようになった。3D-CADでは，設計対象となる建築物が立体的に表現されていることから，視覚的に認識することが容易となる上，レンダリングによるイメージ作成や各種環境シミュレーション等に用いることも可能であり，プロジェクト関係者間の情報共有の円滑化を推し進めることとなった。

9·4·3　BIMによる記述

　設計情報の電子化は，建物の設計・施工段階だけでなく，完成後の建物の運用段階にも役立つ。使用中の建物の材料や設備などの内容が，図面として残されているだけでなく，詳細にデータ化されていることは，将来のファシリティマネジメント／FM（Facility Management）や維持管理，建物経営にも有効である。建物の履歴管理では数多くの情報が扱われるが，それらが散逸し，不都合が生じるケースが従来では多々見られた。この情報を電子化し，保存・活用することは，ストック型社会の建築生産において極めて重要である。

　3D-CADの概念を推し進めたBIM（Building Information Modeling）は，3Dの形状情報とともに建物の構成要素の属性情報も含んだ，建築物に関する情報を統合したデータベースとしてとらえることができる。また，BIMは，単なる記述手段や技術としてではなく，設計情報をマネジメントする考え方やプロセスを指す場合もある。BIMの普及は，設計段階での協働を促すとともに，設計者・施工者といった，つくり手ばかりでなく，発注者・運用者・利用者といった，つかい手による活用が期待されている（図9·9）。

　BIMによる設計では，作成した3次元モデルに対して，XYZ軸方向の断面や内外観ビュー等を設定することによって，平面図・立面図・断面図・パース・表などの必要な図面類を出力することが可能である。設計者は，従来，3次元で構想した建築物を，2D-CADにより図面を作図することによって，プロジェクト関係者間で情報伝達をしてきたが，今後BIMを活用することにより，設計情報の不備が削減され，整合性の高い設計情報を作成可能となることが期待される。

　さらにBIMを単なる作図ツールとしてではなく，設計業務のマネジメントツールとして活用する可能性が示唆されている。設計プロジェ

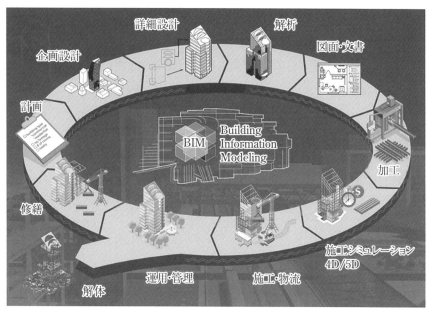

図9・9　BIM の概念図
※図は Autodesk 社より提供

クトの統括者は，設計途中の BIM データを分析することによって，設計段階におけるスケジュール・コスト・クオリティの定量的マネジメントが可能となる。

　従来の設計手法では，計画・意匠による設計案に対して，構造・設備による検討が繰り返され，設計案がある程度固定されると環境・積算・施工などの検討がなされる。一方，BIM を活用した設計プロセスでは，3D モデルの作成と並行して，構造・設備設計，および，環境・積算・施工などの検討を前倒しで行うことが可能である。こうした業務の前倒しをフロントローディングと呼び，プロジェクトの初期段階で不確実性を下げることにより，実施設計や施工段階における予算超過や，工期延長による事業費の増加を抑えることが可能になるとされている（図9・10）。

　2D，および，3D-CAD 併用による記述がBIM による記述へと移行することは，異なる形式の設計情報が混在する形でプロジェクトが進められることを意味する。現在，データ連携のための標準化やクラウドによるモデル管理を進めるとともに，BIM 本来の特徴であるデータベースとしての情報共有の視点から，設計者・施工者による生産性向上のみならず，発注者・運用者・利用者が利用可能となる価値創造を目指した環境構築のあり方が検討されている。

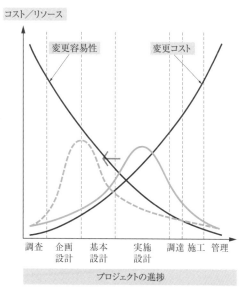

図9・10　フロントローディングの概念
（マクレミー曲線より）

コラム1

建物を使いながら耐震補強をともなう建築再生を実施した事例〜浜松サーラ〜　（奥村誠一）

　浜松のロードサイドにあるこの建物は，築28年を経過して老朽化が進み，間取りの陳腐化や設備の不具合等が発生したことから，内外装と設備の一新が必要であった。旧耐震基準の建物であったため，同時に耐震補強を実施したが，建物を使用しながら施工を行って欲しいとの建物所有者の要望に応える必要があった。

　この建物の中心的な補強は，建物を使いながら工事を進めるために，耐震ブレースを建物の外周からスパイラル状に取り巻くように，鉄骨フレームを連続的に配置している。既存建物は，柱・梁が外周面にそって配置されていたので，外付けブレース補強が容易に行うことが可能であった。通常の耐震ブレース補強では，四周に柱・梁の鉄骨の枠部材があるが，この建物では，ブレース材がフレームのエッジのラインを構成していることが特徴的である。耐震補強と合わせて，既存躯体を金属板で覆うことで，建物の耐久性を向上させているが，同時に，新設部材である外付けブレース補強材の耐候性能を維持させるため，ブレース材をガラスで覆っていることも意匠的な特徴である。また，外周フレームの補強以外に，耐震強度の不足する階などの必要な部分には，内付け鉄骨ブレースやRC耐震壁の打ち増し補強を適宜行い，一般的な補強手法を用いた耐震補強計画となっている。

　また，上層階のオフィスゾーンは，建物所有者のグループ会社とテナント会社が混在していた。工事の際にテナントが退去すると，後々の誘致に不安があっため，各オフィスを使いながら施工することになった。最初に西棟共用会議室を施工し，内装工事終了後，同フロア東棟オフィスが移転する。次に，その移転した東棟オフィス部分の内装工事を施工し，終了と同時に別の階の東棟オフィスが移転した。このように，オフィスは建物内部で移転を繰り返しながら順次工事を進めた。また，内装工事と同時期に外装工事を行い，外装工事が終了するまでの間，開口部はガルバリウム鋼板で仮塞ぎを行った。それぞれの開口は，内装工事と外装の工事が終了した時点で，オフィスの定休日に開口部の納まりを内部から施工する。最後にガラスのはめ込みを外部から施工し，工事は完了した。以上のような工事を，フロア・東西のゾーンを連動させて，順次進めた。その結果，オフィスを使いながらすべてのオフィスゾーンの内装と設備を一新させ，また，グループ会社とテナントを再構成し，フロア構成を明確に分けることができた。

　このように，建物を使いながら耐震補強を実施するためには，外観の意匠性を考慮した補強計画を行うと同時に，内部と外部の取り合いのある工事の施工手順と使いながら工事を行うための工程管理上の工夫が同時に求められる。

建築設計
：青木茂建築工房
構造設計
：金箱構造設計事務所

既存建物

再生後のスパイラル状に取付く外付けブレース補強の様子

尾道市役所における 3 次元 CAD および BIM の活用事例　　（小笠原正豊）

　尾道市役所は，旧市役所の東側に建て替えられた水平線を強調した庁舎である。設計は日建設計が担当した。延床面積約 15,000 m^2，地上 5 階，地下 1 階建て，鉄骨造一部鉄骨鉄筋コンクリート造で，海の横に建つ。市民に愛された旧市役所のデザインを踏襲しつつ，建物のボリュームを抑えるため，陸側から海側へせり出した構成となっている。

　構造（架構計画）は周辺の橋梁やクレーン等の海辺の街を連想させる「しまなみトラス」が採用された。免震構造（地下 1 階柱頭免震）で，地下の躯体はエキスパンションジョイントや防潮板などの納まりが複雑な形状となった。尾道市は，江戸時代は北前船の寄港地として栄え，明治からは造船業の歴史を持ち，船や造船が身近な町である。市役所の外装コンセプトには造船技術も含まれている。

　設計に際し，3 次元的なしまなみトラス・免震・防潮板を取り入れた地下構造等，意匠・構造・設備の設計者間で立体的な構成を共有する必要があった。また，市側が求める市民スペースや屋上デッキからの海への眺望等，景観シミュレーションのために，基本設計段階から BIM を用いて計画が進められた。特に，造船技術を応用した外装デザインでは，造船の町にふさわしく船をモチーフとして計画した。3 次元曲げの鉄板構造とそれらを支える構造，取付け方法を検討するため，複雑な形状を検討できるデジタルツール（Rhinoceros，Grasshopper）が用いられた（図版は日建設計より提供）。

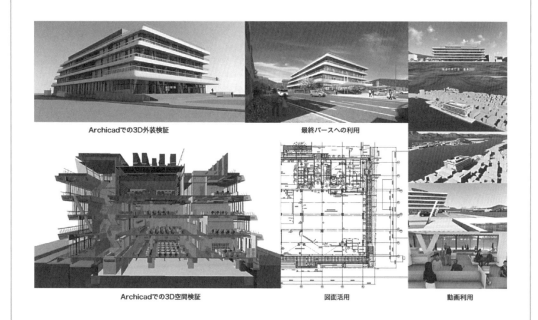

Archicadでの3D外装検証　　　　　最終パースへの利用

Archicadでの3D空間検証　　　　　図面活用　　　　　動画利用

　建築施工は清水建設（JV）が担当した。特徴である斜め柱・外装鋼板・エントランスの庇等，2次元の図面では把握しづらい箇所では，3次元CADを用いて検討を進めた。主に鉄骨工事，鉄骨階段工事，外装工事において3次元CADを大いに活用した。鉄骨ファブでは，鉄骨モデルを作成し，施工調整や製作図の作成をした。また，形状が複雑な外装鋼板は，施工者で3次元CADを用いて形状を検討し，鉄骨等と調整しながら製作図・単品図を作成，造船所で加工製作した。要所においてうまく3Dを取り入れた施工が特徴となっている（図版は清水建設より提供）。

構造モデル（広島支店作成）

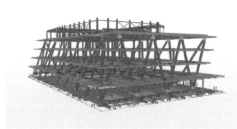
鉄骨ファブモデル

外装鋼板モデル（広島支店作成）

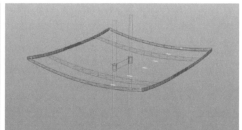
エントランス庇モデル（広島支店作成）

　国内では設計段階と施工段階でBIMを導入するプロジェクトが増えており，「設計BIM」「施工BIM」と呼ばれている。今後，設計組織と施工組織といった異なる組織間でより一層のBIMの連携が望まれている。施工が始まった2017年9月，日建設計と清水建設は設計段階で作成したBIMデータを施工段階で活用する検討が行われたが，簡単な検証に留まることになった。そこで「国土交通省」令和2年度BIMモデル事業・連携事業では，当時検討できなかった設計と施工のBIMを連携するための検証が行われた。（日建設計　安井謙介氏インタビューより）

第 10 章
コスト管理

10・1　コスト管理の重要性

10・1・1　コスト管理とは

　建築プロジェクトを成功させるためには，建築企画から建築物の廃棄に至る全プロセスに一貫したコスト管理を導入する必要がある。当然，その段階ごとにコスト管理の主体や管理対象となるコストの内容は変化し，その目的や手法も異なる。

　例えば，我々が物品やサービスを取得しようとする場合，通常は経済的な犠牲を伴う。つまりお金を支払う必要があるため，お財布の中身と相談しながら，良いものを安く買うために様々な努力もするだろう。インターネットで検索したり，いろいろなお店を巡って気に入った品物を探したりすることを楽しむ人も多い。工場製品のように実物と価格を比べて購入を判断できる場合は，納得感も得られやすい。

　ところが，建物は一般的に特注で一品生産であることから，経済的な合理性が必須の要件ではあるものの，価格面で納得感のある建物を具現化するためには，それなりのプロセスと努力が必要となる。つまり，建築企画から設計・施工の各段階において，予算内で発注者の思いを実現させるためのコスト管理が着実に遂行されることにより，建築プロジェクトは成功へと導かれる。

　ここでは，新築・増改築あるいは改修における工事原価（コスト）について，建築プロジェクト遂行の視点から具体的に考えてみる。

　一般に，建築費（プライス）とは，発注者と施工者の間で合意された取引価格を指す。請負契約のもとでは，総額一式の請負金額がこれにあたるが，一般的に内訳書を添付し，その根拠を示す必要がある。

　この建築費の決定には，時期，地域の需給関係に加えて，工事個々の事情が複雑に関わる。建築費は，工事量が一定の水準に達すると上昇するという経験則が認められる。

　ただし，建築費の水準やその決定の要因に関わらず，発注者にはその建物から得られる収益を基礎とした投資額の上限があり，また，施工者には工事原価（コスト）という下限が存在する。発注者にとってこれを満足する建築費を実現できなければ，後の建物経営のリスクが増大し，投資の実現性にも影響を及ぼす。また，施工者が工事原価を下回るような取引をすれば，工事の品質や安全の確保が困難となり，施工者のみならず専門工事業者の経営や現場作業者の生活にも影響を及ぼす。

　発注者と施工者は，経済的に利害の対立する立場にあるが，コスト管理すなわち建築費を予測・決定し，それを統制してプロジェクトを成功させる社会的使命を同様に担っている。

10・1・2　コストとプライス

　ここでは前出の建築費（プライス）と工事原価（コスト）について詳しく解説する。

　コストとは，何らかの営みを遂行するのに要する費用をいい，原価といわれることが多い。プライスとは，何らかの取引に伴う対価をいい，価格といわれることが多い。建築プロジェクトを例にとると，建設会社の請負金額はプライスであるが，発注者にとっては事業遂行上のコストとなる。建築費は，このように視点を変えることにより，コストとプライスという2つの側面を持っており，コスト管理においても用語の扱いに混乱を生じることがある。そこで，（公

社）日本建築積算協会では，発注者側における
コスト管理を前提として，コストとプライスを
以下のように規定している。

　「コストとは，施工者（建設会社）が積算し
た工事原価に適正な一般管理費等（販売管理費
と営業利益）を加えた，あるいはそのように推
定した論理的な数値（工事価格）をいう。発注
者側におけるコスト管理は，このコストを基準
として進められる。」また，公共工事における
予定価格も類似の考え方で設定される。

　「プライスとは，施工者（建設会社）が営業
的に決定した数値（見積金額・入札金額）であ
る。施工者側の様々な理由により決定された金
額であり，工事原価とは必ずしも整合しない非
論理的な面を有する数値である。」

　ここで，コストとプライスの時系列変化のイ
メージを図 10・1 に示す。

　論理的に算定されるコストは時系列で連続性
をもって変化するが，需要と供給のバランスや
営業的な判断により決定されるプライスはしば
しばランダムな変化となる。このような両者の
関係をマクロ・ミクロ双方の視点で分析するこ
とにより，適切な発注金額の実現が可能となる。

10・2　積　　算

10・2・1　積算とは

　コスト管理においてまず前提となるのは，発
注者・施工者が設計図書に基づいて，工事費を
正確に予測していることであり，その方法を広
義に「積算」と呼んでいる。積算では，工事費
をある「部分の数量」に「単価」を乗じて積み
上げた総和として捉える。そのため，そのプロ
セスは，第一に，設計図書に基づいて建物を構
成する各部分の数量を計測・計算する「数量拾
い」と，第二に，それに「単価」を乗じた結果
を分類・集積して事前の工事費を予測する「値
入れ」に大きく分けられる。また，前者を狭義
の「積算」，後者を「見積り」と区分する場合
もある。

　この積算という方法は，建築プロジェクトの
様々な段階で，発注者・施工者だけでなく，設
計者・専門工事業者・材料メーカーなどに準用
されている。

10・2・2　積算の方法

　工事費を求める段階において，積算する技
術・知識・経験などによって方法や結果に差が
生じるが，その基本的部分は標準を定めたほう
が，その後の協議や実務処理を効率よく進める

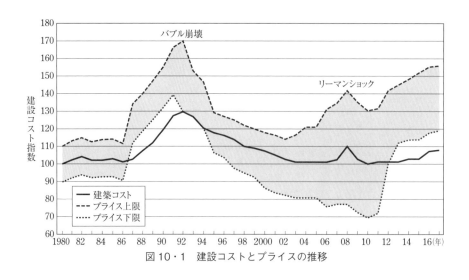

図 10・1　建設コストとプライスの推移

ことができる。

　そうした意図のもとに,「建築工事内訳書標準書式（以後，標準書式)」と「建築数量積算基準（以後，積算基準)」が，官民合同の研究会組織によって制定され，普及している。両者の内容は相互に対応しており，標準書式は，積算価額内訳書の標準的な構成を定め，積算基準は，標準書式の細目の価格に対応する数量の計測・計算について定めている。

　なお標準書式には，図10・4に示す「工種別内訳書標準書式（以後，工種別標準書式)」と図10・5に示す「部分別内訳書標準書式（以後，部分別標準書式)」の二つがある。その違いは，直接工事費の科目内訳書・細目内訳書の構成の仕方である。書式の選択は関係者の協議によるが，工事別標準書式は新築工事に，部分別標準書式は改修工事で使われるケースが多い。

10・2・3　工事費の構成

　図10・2は，工事費の構成を示したものである。直接工事費に，共通仮設費・現場管理費・一般管理費等を，加算して工事価格を算出し，最後に，消費税等相当額を加算することで工事費は算出される。以下に，各費目について簡単に解説する。

　直接工事費とは，材料費，労務費，外注費で構成される。

　共通仮設費は，仮設建物・工事施設・機械器具・電力用水・環境安全・整理清掃，その他運搬に関わるものである。

　現場管理費は，現場の運営管理に関わる費用

一式で，主なものは工事に直接関わった，当該工事を請負う建設会社の従業員（現場監督など）の給与・諸手当および賞与である。

　一般管理費等は，当該工事を請負う建設会社の管理運営に必要な経費のうち，先述の現場管理費を除いた一般管理費および営業活動に伴う営業利益である。

　また，共通仮設費，現場管理費，一般管理費などを一括して，共通費とする場合もある。

　なお，工事原価と財務会計との関係については，図10・3を参照されたい。

10・2・4　工種別標準書式と部分別標準書式

　図10・4に示した工種別標準書式は，直接工事費を主として工種・材料で区分した部分の工事費を計算し，工程の順序により記載する方式のものをいう。専門工事業者への外注，材料購入など，施工者にとっての費用発生に即した構成となっていることから，施工者内部の実行予算やその後の原価管理にも，この書式が用いられる。

　図10・5に示した部分別内訳書標準書式は，床・壁・天井等の建物の部分や部位，いわゆるビルディング・エレメントの区分をもとに，直接工事費を構成する。この方式を採用する主要なメリットは，物的な設計の内容に対応してコストを把握することが可能な点で，設計の部分的な変更によるコストへの影響が把握しやすく，コストプランニングやバリューエンジニアリング（VE）などのコスト管理手法になじむ性質を持っている。

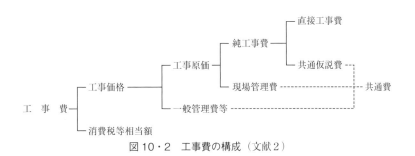

図10・2　工事費の構成（文献2）

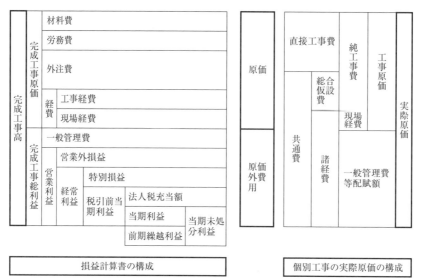

図10・3 工事原価と財務会計との関係（文献2をもとに作成）

10・2・5 直接工事を構成する費用

　施工者・専門工事業者を問わず，直接工事費は，材料費・労務費・外注費で構成される。各費用の内容は，建設業法にある完成工事原価報告書の費目の摘要で以下のように定めている。

(1) 材料費

　工事のために直接購入した素材・半製品・製品・材料貯蔵品勘定などから振り替えられた材料費（仮設材料等の損耗額等を含む）。

(2) 労務費

　工事に従事した直接雇用の作業員に対する賃金・給料・手当など。工種工程別等の工事の完成を約する契約であって，その大部分が労務費の場合は，労務費に含めて記載することができる。

(3) 外注費

　工種・工程別等の工事について，素材・半製品・製品などを作業とともに提供し，これを完成することを約する契約に基づく支払額。ただし，労務費に含めたものを除く。

　最近では，労務者を単独に直接雇用することはまれで，協力専門業者から単価請負の形で調達することが多く，このような場合は外注費に計上している。

10・2・6 積算のプロセス

　積算の進め方は，直接工事費と共通費で異なる。前者は積算基準に基づく数量拾いと値入れによって求めるが，後者は係数処理によるのが一般的である。

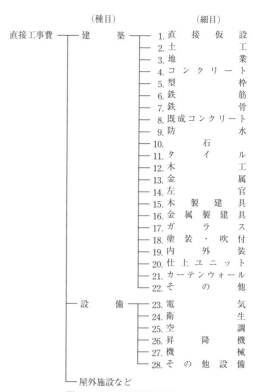

図10・4 工種別標準書式

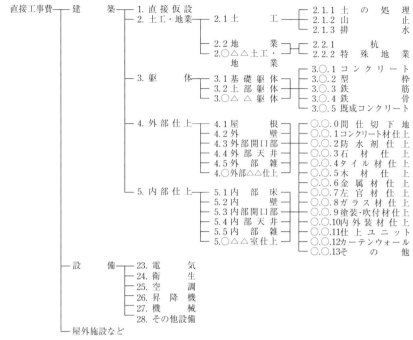

図 10・5　部分別標準書式

(1)　数量拾い

　数量とは，計測・計算の対象となる工事の部分を適当な単位で表現したものである。コンクリートの打設は（m³），型枠は（m²），鉄筋の加工・組立ては（t），建具は（個）といった単位で計測・計算される。

　数量拾いとは，設計図書から必要な材料の数量を拾い出すことをいう。積算基準は，誰が積算してもその数量の差が許容範囲を超えないように，計測・計算の対象とする細目の区分，内容・定義，部分の取捨選択の基準，設計図からの計測・計算方法，有効数字の取り方，結果の表示方法などを標準的に定めている。

　積算に用いられる数量には，以下のような種類がある。基本的に内訳書には所要数量を計上するが，（個）単位とするものの施工に伴う割増しは単価で考慮する。

　設計数量：設計図書に示された完成時の姿，出来形に基づいた数量で，割増しを含まない。

　所要数量：設計数量に定尺寸法からの切りムダ，施工や部材運搬等に伴うやむを得ないロスなどの予測数量を加えたもの。

　計画数量：仮設や根切り量など設計図書に完成時の姿の示されないものについて，施工者の施工計画に基づいて算出されたもの。

(2)　値入れ

　値入れとは，数量書に単価を入れることをいう。建築工事は，一般に材料や部品に対する現場での組立て・取付け等の作業を伴うため，その労務費やそれに関わる管理費・経費を組み込む必要がある。その具体的な方法として，「歩掛方式」と「複合単価」がある。また，部分別標準書式に値入れする際には「合成単価」が用いられる。

　合成単価は，ある部位を施工するのに必要な，躯体・構造，下地，仕上げなど複数の工種を合成した単価で，ある部位の施工に関するプレハブ化・部品化・機械化などの効果を比較する際にも用いられる。

　以下に，歩掛方式と複合単価について解説する。

①　歩掛方式

　歩掛とは，数量1単位の施工に必要な各種材

表 10・1　標準歩掛の例（型枠工事）（文献 3）　　　（1 m² 当たり）

名　称	規　格	単位	工作物の基礎程度	鉄骨造建物（門形ラーメン）	鉄筋コンクリート造建物（一般ラーメン）	鉄筋コンクリート造建物（壁式）	摘要
合　板	型枠用厚 12 mm 900×1,800 mm	m²	1.25	1,052	1.04	1.03	27%
桟　材		m³	0.007	0.004	0.004	0.003	36%
角　材		m³	0.02	—	0.003	0.003	20%
単　管		m	—	7.59	7.33	7.55	
支　柱		本	—	—	0.44	0.33	
セパレータ	ボルト式座金とも	個	—	2.18	1.74	1.71	
フォームタイ		本	—	4.36	3.48	3.42	
鉄　線		kg	0.09	—	—	—	
釘 金 物		kg	0.04	0.06	0.05	0.05	
剥 離 剤		l	0.02	0.02	0.02	0.02	
型 枠 工		人	0.07	0.11	0.13	0.13	
普通作業員		人	0.04	0.05	0.07	0.06	
そ の 他			一式	一式	一式	一式	

注．摘要欄の数値は，損料率を示す．

料の数量と労務数量をいう。数量 1 単位当たりの労務数量は，独立して労務歩掛とも呼ばれる。たとえば，型枠 1 m² の施工に対して，型枠大工が何人必要かなどがそれにあたる。労務歩掛は，作業者が 1 日に行う標準作業量の逆数となる。表 10・1 は，過去の工事データを統計処理して定めた標準歩掛の例である。実際の工事に用いる際には，工事規模，設計の難易度などによる補正を加えて用いる。

歩掛方式では，歩掛から材料数量と労務数量を求め，それに適当な単価を入れ，それに係数処理した機械・工具等の損料（リース代金），下請経費等を加えて工事費を求める。

歩掛方式に用いる材料・労務の単価は，刊行物物価や実勢の単価を用いることになるが，結果得られる工事費はあくまでも歩掛という平均的なモデルに基づくものであり，実際原価の発生する施工者と専門工事業者間の市場における取引の実態を反映しにくいことに注意する必要がある。

② 複合単価

複合単価とは，施工者と専門工事業者の実際の取引単位に基づき，数量に対応した材料費・労務費，工具等の損料，下請経費等を含んだ複合的な単価で，材工共単価，施工単価と呼ぶ場合もある。複合単価に設定されている設計内容・規模・施工条件などを考慮し，適当に補正をして数量に値入れし，工事費を求める。複合単価は，ゼネコンとサブコンの市場における取引事例を統計的に処理して求めるため，価格の実勢を反映しやすいという特徴がある。一方で，工事量の急激な増加や減少など需給関係に変化のあるときは，その単価が妥当なものであるか歩掛方式や実際原価によって検証することも必要である。

(3)　共通費算出

共通仮設費・現場管理費・一般管理費の各費用についてもその内容は定義されているが，費用の細かな算出は困難な場合が多い。実際は，工事費の規模別に実績データを用いた係数を用いて処理することが多い。

10・3 コスト管理手法

10・3・1 概算

10・2で述べた積算の方法を，詳細積算，あるいは精算と呼ぶ場合がある。詳細積算は，そのプロセスからもわかるように，完成度の高い設計図書を必要とする。

しかし，発注者のコスト管理という観点からすれば，企画・設計段階で概略の建築費を掴みながら，それを詳細化していく必要もある。そのため，設計の確定していない詳細な部分は，過去の類似物件などを参考に大まかな数量を求め，それに過去の実績原価を処理した単価を入れて予測する。一般に，これを概算と呼んでいる。

概算では，建築総面積に㎡当たりや坪当たりなど，単位面積当たりの単価を乗じて求めるのが一般的である。また，建物の機能や目的の指標となる単位で，工事費を算出する場合もある。たとえば，学校の生徒1人当たり，駐車場の1台当たり，病院の1ベッド当たりなどである。

10・3・2 バリューエンジニアリング

公益社団法人日本バリューエンジニア協会によると，「VE（バリューエンジニアリング）とは，製品やサービスの「価値」を，それが果たすべき「機能」とそのためにかける「コスト」との関係で把握し。システム化された手順によって「価値」の向上を図る手法」と説明されている。すなわち，適切なコストで，必要な機能を確実に達成するための設計支援手法である。

VEでは次式で示す価値（V）で，設計や施工法などを評価する。

$$価値（V）= \frac{機能（F）}{コスト（C）}$$

VEによる機能（F）とコスト（C）の対比による価値向上の考え方は，図10・6のような4つのパターンがある。

VEは，わが国の建築プロジェクトで，企画・設計から施工まで広く用いられているが，図10・7に示すように，プロジェクトの内容の確定度が低いプロジェクト初期のほうが効果的な代替案の出る可能性が高く，また，それによる変更コストも抑制されるので，比較的大幅な変更案も合意されやすい。コスト管理の考え方とは親和性が高く，有効な手法として広く活用されている。

ただ，VEとCD（コストダウン）とが同義語として使われることもあるが，VEは要求される機能を下げずにコストをコントロールすることであり，CDは機能を落としてコストを下げることである。この2つの考え方には大きな違いがあるため注意が必要である。

10・4 主要なコスト関連データ

我が国において，建築工事における実際の工事原価は施工者の内部情報として秘匿されており，一般に公開されている単価などのミクロ的なコスト情報は，定価レベルか一定の条件で調査された推定値だと認識されている。

市販刊行物としては，建設物価・建築コスト情報（（一財）建設物価調査会），積算資料・建築施工単価（（一財）経済調査会），建築工事積算実務マニュアル（（株）全日出版社）など数多くが出版されている。また，施工工数や材料

価値(V)=		パターン1	パターン2	パターン3	パターン4
	機能(F)	↑(機能向上)	↑(機能向上)	→(機能一定)	⇑(機能向上大)
	コスト(C)	↓(コスト低下)	→(コスト一定)	↓(コスト低下)	↑(コスト増加小)

図10・6 価値向上のパターン

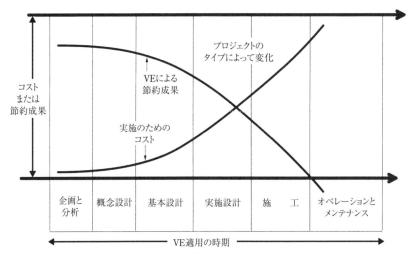

コスト
または
節約成果

VEによる
節約成果

プロジェクトの
タイプによって変化

実施のための
コスト

| 企画と分析 | 概念設計 | 基本設計 | 実施設計 | 施　工 | オペレーションとメンテナンス |

VE適用の時期

図10・7　プロジェクトの各段階における VE の潜在的効果（文献4）

などの歩掛係数についても，公共建築積算基準（国土交通省），建設工事標準歩掛（（一財）建設物価調査会）などの出版物が存在する。

　一方，工事費を統計処理したようなマクロ情報も公開されている。工事費の時系列的変化その他を指数化した情報としては，建築費指数（（一財）建設物価調査会），標準建築費指数（建設工業経営研究会），建設工事費デフレーター（国土交通省）などがある。請負工事費を統計処理した情報としては，JBCI（ジャパン・ビルディング・コスト・インフォメーション）が（一財）建設物価調査会から提供されている。

　また，建設資材物価指数（（一財）建設物価調査会），建設資材価格指数（（一財）経済調査会）あるいは企業物価指数（日本銀行）など資機材情報を統計処理したものも公開されている。

　これらの情報の詳細についてはインターネットなどで検索していただきたい。また，それぞれの情報の特性を理解したうえで，目的に応じて適切に活用する必要がある。

コラム

ライフサイクルコスト（LCC）でみるならば「保全コスト」の管理が最重要　　（杉田洋）

　はじめにメンテナンスに関する基礎的な情報を整理しておこう。建築が建てられて解体されるまでにかかる費用のことをライフサイクルコスト（以下，LCC）と呼ぶが，これは「建設コスト」「運用コスト」「保全コスト」「解体処分コスト」の4つの項目で構成されている。平成31年版の「建築物のライフサイクルコスト（建築保全センター発行）」によれば，中規模事務庁舎の建設コストは，65年間で試算したLCCの26%であり，全体の約1/4に過ぎない。光熱費などが大半を占める「運用コスト」にいたってはわずか9%であり，全体の1割にも満たない。建設費や省エネなど，日ごろ私たちが気にしている部分が実はLCC全体の中では限られた部分であることを知っておきたい。

　一般的にメンテナンスと言われるものは「保全コスト」に関わる部分で，これは大きく「維持管理コスト」と「修繕等コスト」の2種類に分けられる。前者は設備の点検や保守，清掃といった日々のメンテナンスコストを指し，後者は修繕や更新といった工事費を指す。驚くべきことは「維持管理コスト」がLCCの28%で，建設費を超えている点である。建物の長い寿命を考えると，実は日々のメンテナンスに膨大な費用がかかっているのだ。「点検・保守」「運転・監視」「清掃」は労働集約型ビジネスであり，積算ベースはほぼ人件費である。また近年の人手不足により人件費の高騰が続き，人口減を迎えた日本において今後人件費の減額は見込めない状態にある。加えて，これらの業務の従事者の高齢化も進んでいる。建物は建ったけれどそれを維持していくことが難しくなる時代が目前に迫っており，日々の設備点検や保守の機械化や自動化，清掃ロボットの導入など，いままでアナログどっぷりであった維持管理分野のデジタル化が進むとともに，様々な企業が参入してきている。

　「BIM連携による○○ロボットの維持管理」はデジタルメンテナンスの代表的な例である。例えば，清掃ロボットとBIMとの連携による維持管理とは，通常，清掃ロボットは清掃ルートをロボットに教えるティーチングにより動作を設定し，ロボットはLiDAR（レーザー画像検出と測距）などのセンサーを用いて自立走行しながらその動作を繰り返す仕組みになっている。デジタルメンテナンスが進めば，初期のティーチング部分をBIMの情報で補うこと，さらにはBIMに含まれる床の材料情報などを的確にロボットに伝えることでより効果的な省力化が図れると考えている。

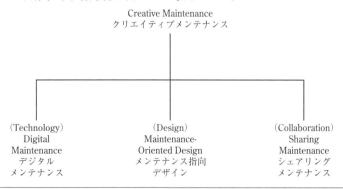

Creative Maintenance
クリエイティブメンテナンス

（Technology）
Digital
Maintenance
デジタル
メンテナンス

（Design）
Maintenance-
Oriented Design
メンテナンス指向
デザイン

（Collaboration）
Sharing
Maintenance
シェアリング
メンテナンス

第 11 章
施工の計画と管理

11・1 建築生産を担う組織

建築生産はおおきく分けて，企画，設計，施工というプロセスで行われる。建築物のライフサイクルを考えると，竣工後の運用・維持管理，解体までを含めることもできる。建築生産という語は，狭義には，施工と同義にとらえることができる。本章では，この狭義の建築生産，すなわち施工の計画と管理を扱う。

建築生産には多くの人たちが関わる。事業を進めるために建築を発案する発注者，発注者の意図を具体的な形や仕様に落とし込む設計者，設計図書にもとづき資材や労働力を調達して実際の建築物を構築する施工者がすぐに思いつくものであろう。そのほかにも様々な利害関係者が存在する。以下の節では，おもに施工段階に深く関わる組織について説明する。

11・1・1 総合建設業者（ゼネコン）

総合建設業者とは，施工者のうち，発注者から建築工事を請け負い，建築工事を進める企業，いわゆるゼネコンである。ゼネコンとは，ゼネラル・コントラクターの略であり，文字通り，総合的な請け負い業者である。発注者から直接請け負うため，元請け企業とも呼ばれる。総合建設業者は，おもに施工計画，施工管理を担う。

現場監督は大きく技術職員，事務職員に分けられる。技術職員はさらに工務担当，工事担当などに分かれる。大規模現場になると設備担当が独立することもある。工務担当は計画や調達，予算管理などを行う。施工図を作成し，設計者や工事監理者との窓口となって具体的な仕様をまとめ，材料を調達し，予算管理を行う。工事担当は専門工事業者との窓口となり，日々の手配や調整を行い，工事を進め，それらを記録する。事務は本社とのやりとり，現場事務所の環境整備や従業員のサポート，専門工事業者への支払い手続きなどを行う。また，祭祀や懇親会の手配，近隣への案内などさまざまな対応を行う。大学などで建築を学び施工管理技術者になると，技術職員としての業務に就くことになる。

建築プロジェクトの規模が大きくなると，複数の総合建設業者が共同企業体（ジョイント・ベンチャー，JV）を組成して，建築工事を受注・施工することがある。出資割合に応じて現場管理者を出し，出資割合の最も大きな企業が中心となって工事を進めることになる。代表企業は，スポンサー，親などとも呼ばれる。

日本の総合建設業者，とくに大手の企業は，海外の一般的なゼネラル・コントラクターと異なり，設計部門，開発部門を抱えているものも多く，企画・設計業務を併せて受注したり，プロジェクトの形態によっては竣工後の運営主体となったりすることもある。施工管理の範囲をおおきく超えて，さまざまな業務を行っており，いわば，建設事業の総合ソリューションカンパニーと言うことができる。

11・1・2 専門工事業者（サブコン）

建築工事はさまざまな工種で成り立っている（表11・1）。これらの各種工事はそれを専門とする施工業者が担う。これらの企業は総合建設業者から部分的な工事を請け負うため，サブコントラクター（サブコン）とか下請け企業と呼ばれることがある。最近では専門工事業者，協力会社などと呼称されることが多い。

鉄骨造のオフィスビルを建てるときの躯体の建方は鉄骨鳶が，RC造の集合住宅を建てると

表11・1　各種工事

名　称	工事の内容
仮設工事	共通仮設工事／直接仮設工事
準備工事	現地調査／地盤調査／測量（遣方（やりかた）・墨出し）
基礎工事	土工事（根切り工事・山留め工事）／地業（地盤改良工事）／杭工事／基礎工事
躯体工事	型枠工事／鉄筋工事／コンクリート工事／鉄骨工事／組積工事（コンクリートブロック工事・レンガ工事）／ALCパネル工事／プレキャストコンクリート工事／木造軸組工事／枠組壁工事
外装仕上工事	防水工事／石工事／タイル工事／屋根工事／カーテンウォール工事／建具工事／ガラス工事／塗装工事／吹付工事
内装仕上工事	間仕切壁工事／壁仕上工事／天井仕上工事／床仕上工事／木工事／左官工事
設備工事	電気設備工事／空調設備工事／給排水衛生設備工事／防災設備工事

きの躯体は型枠大工，鉄筋工，コンクリート工などが中心的な役割を担うが，こうした工種ごとに専門工事業者がある。オフィスビルの内装工事では軽量鉄骨（LGS）を下地に使い，石膏ボードで間仕切り壁や天井を施工するが，これら複数の工種をまとめて受注する内装工事業者などもある。山留め・支保工工事のように，かつてはゼネコンが行っていた計画を含めて請け負うようになったものもある。設備工事にいたっては，建築工事から独立して，発注者から直接受注するなど，総合請負に近いものまである。

技能労働者（職人）は専門工事業者に所属しているわけだが，必ずしも一次下請け企業に所属する者ばかりとは限らず，二次，三次と下請負する会社に所属する場合も多く，なかには個人事業主であることもある。一次下請けの専門工事業者の番頭が総合建設業者との窓口になり，実際の作業所では職長がほかの作業員の指揮にあたる。

11・1・3　材料・資機材の供給業者

材料を供給する専門業者もある。たとえば，鉄骨部材，プレキャストコンクリート（PCa）部材，カーテンウォール，サッシュなどを専門とするメーカーがある。これらの建築資材は注文に応じて製作される。コンクリートは打設する当日に工場で練って出荷されるが，強度，スランプ，骨材などを指定し，気温などの補正をするため，やはり個別の注文に応じて製造される。

何度も転用される山留鋼材や枠組み足場などの仮設資材は規格部品で構成される。また，高所作業車や仮設エレベーターなどの建設機械はあらかじめ製造されている。これらの製品はレンタル会社が提供し，作業所での必要がなくなれば回収し，メンテナンスを施してふたたびほかの作業所に提供する。タワークレーンなどの大型の機械は専門のレンタル会社が提供するもののほかに，大手ゼネコンが自社の機材センターなどで保有することもある。

11・2　施工計画

11・2・1　工程計画の表現手法

高層ビルなどの施工期間は2，3年程度のものが多い。施工者から発注者への引き渡しの時期は契約時に決められているので，これに間に合うように完成させなければならない。引き渡し時期は，発注者の事業計画上重要な日程であるため，工程計画は施工計画のなかでも重要なもののひとつである。

工事のスケジュールを表現するのが工程表であるが，これにはいくつかの種類がある。日本の建築現場ではバーチャート工程表とネットワーク工程表がよく使われる。

(1)　バーチャート工程表

バーチャート工程表は，横軸に日付を表現し，工事（作業）を横長のバーで表して書き込んだものである。バーの位置で開始日・終了日を，バーの長さが作業期間を表す（図11・1）。縦軸には用途に応じて工事の種類や工区などを記

載する。

　シンプルで読みやすく，作成が容易なため，月間工程表，週間工程表など，短期的な計画を表現する際に頻繁に使用される。専用ソフトでなくても表現しやすいので，表計算ソフトを使用して作成しているところも多い。

(2)　ネットワーク工程表

　ネットワーク工程表は，PERT（Program Evaluation and Review Technique）や CPM（クリティカルパスメソッド，後述）でも使用されるネットワーク手法を応用したものであり，表現はネットワーク手法に類似している。つまり，作業の前後関係を表すことができ，クリティカルパスを求めることができるものである。

　ネットワーク手法では，有向グラフを基本的な表現手法として用いる。矢印（アロー）で作業を，矢印の始点・終点に描かれる丸印（ノード）で作業の前後関係を表す。本来のネットワーク手法では，矢印の上に作業名を，下に所要

日数（デュレーション）を記入することになっているが，建築工事で使われるネットワーク工程表では，横軸に時間をとったカレンダーに矢印を書き込むことで，開始・終了時期を表現する。このとき，ネットワーク工程表の縦軸に建物の高さ方向を表現し，階数を記述することが多い。こうすることによって，ある時期の工事の進捗状況を空間的にとらえることができるし，ひとつの階に注目すると，どの時期に躯体工事や内装工事が行われるかを視覚的に把握することができる。この点は本来のネットワーク手法とは異なり，バーチャート工程表に近いものとなっている（図11・2）。

　このように，オリジナルのネットワーク手法とはやや異なっているが，日本の建設業独自の表現手法として一般的に利用されている。建築現場では，おもに工期全体を表す工程表に使われる。そのため，総合工程表とかマスター工程表などと呼ばれている。

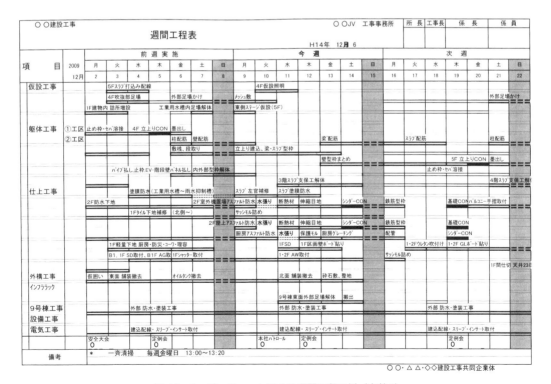

図 11・1　バーチャートによる週間工程の例（文献 1）

11·2·2 CPM（クリティカルパスメソッド）

CPM（Critical Path Method）は、ネットワーク手法に、時間と費用の関係を付加したものである。

クリティカルパスとは、開始ノードから終了ノードまでの経路のうち、所要時間の最も長い経路をいう。クリティカルパス上の作業には時間の余裕が全くない。そのため、これらの作業の完了が遅れれば、後続の作業の開始が遅れ、全体工期が伸びる。逆に全体工期を短縮するにはこれらの作業を縮めなければならない。ただし、クリティカルパスは1つとは限らないし、クリティカルパス上の作業時間を短縮していくと、別の経路がクリティカルパスになることがあるので、よく検討する必要がある。

また、一般的には、作業時間の短縮には追加の費用がかかるため、まずはコストの小さい選択肢を選ぶことになるが、作業時間の短縮を進めていけば徐々に時間短縮に対する費用が大きくなっていき、ついにはどんなに費用をかけても短縮できなくなる限界に到達する。この限界の作業時間をクラッシュデュレーション、費用をクラッシュコストと呼ぶことがある（図11・3）。

11·2·3 工程計画

(1) サイクル工程（タクト工程）

高層ビルの建築では、同じ工程を繰り返して行う。このような繰り返し工程をサイクル工程またはタクト工程と呼ぶ。地上部分の工事はおおきく躯体工事と仕上げ・設備工事に分けられる。躯体工事はクリティカルパスになることが多く、サイクル工程の基準になる。サイクル工程の日数は躯体の構造形式や採用する工法によって異なるが、短いもので数日、多くは1〜2週間程度となる。

鉄骨構造では、柱梁の部材を組み立て、溶接や高力ボルトで接合する。床スラブのコンクリ

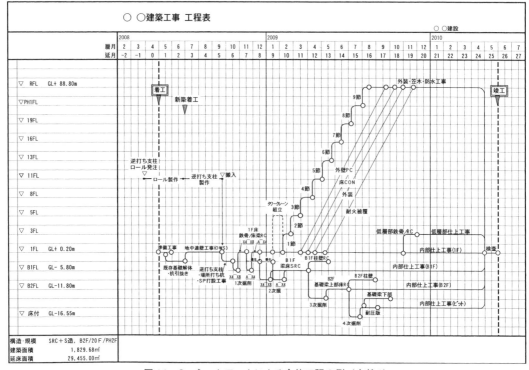

図11・2　ネットワークによる全体工程の例（文献1）

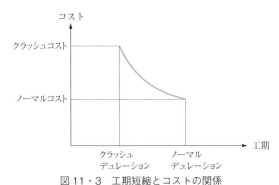

図 11・3　工期短縮とコストの関係

ート打設はあるものの，クリティカルパスから外れるため，サイクル工程は短い。

　鉄筋コンクリート構造を在来工法で施工する場合，躯体工事は，型枠工事，鉄筋工事，コンクリート工事などから構成される。鉄筋工事と型枠工事が交互に行われること，コンクリートの養生期間が必要であること，仮設資材（型枠や支保工）の解体・転用があることなどから，サイクル工程は 2 週間近くになる。

　鉄筋コンクリート構造でも，プレキャストコンクリート（PCa）工法を採用する高層集合住宅では，施工階での作業を削減することで，サイクル工程を短縮できる。

　いずれの場合も，サイクル工程を検討するときは，コンクリート打設をマイルストーンとして，打設から打設までの間の作業を日程に割り付けていくことが多い。コンクリート打設作業は中断することができないうえ，その日のうちに終えなければならない。打設直後から数時間後までのあいだ左官工事（コンクリート押さえ）が行われるため，打設日は朝から夕方（夜）まで作業が続く。またいったん打設をしてしまうと，手直しをすることが極めて困難になる。そのため，打設がひとつの区切りとなるわけである。

(2)　工区分割による連続施工

　平面的に規模の大きな建築プロジェクトでは，工事範囲を分割した工区を検討する。ひとつの現場を複数の領域，すなわち工区に分けて，工区ごとに工程を管理するわけである。

　工区分割は，コンクリート打設が 1 日で完了できる程度の規模が目安となる。鉄骨造ではコンクリート打設は床スラブだけなので，工区の面積は 1,000 平方メートル程度になる。このくらいの面積であれば，ポンプ車 2 台を使って，6 時間ほどで打設を完了できることになる。

　工区を複数にする場合，工区間でサイクル工程をずらし，同期させることを検討する。こうすることによって，同じ作業員が工区を移動しながら連続的に仕事をすることができる。作業所としては同じような作業を繰り返すことになるので定常的な手配・管理が行えるし，作業員は長期間にわたって仕事が途切れることがないため，双方にとってメリットがある。ただし，サイクル工程に余裕が少ないと，ひとつの工区の遅れが他の工区に影響してしまうため，管理上の注意も必要になる。

(3)　工区分割とクレーン

　複数の工区でサイクル工程をずらして同期させることで，労務のほかに必要資源を共有することが可能になる。たとえば，2 工区で 1 台のクレーンを共有すれば，クレーンの稼働率を上げ，効率的に躯体を組み立てることができる。この場合，サイクル工程をおおむね前半・後半に 2 分割し，揚重の必要な躯体工事，カーテンウォール工事などと，デッキ敷き，床配筋，コンクリート打設のような非揚重工事とを分け，それらの時間が同程度になるように作業を割り付けることを考える。

11・2・4　施工数量の積算

　請負金額を決めるときには，設計図書にもとづいて数量を求める。日本では応札する元請け企業が数量拾いと値入れの両方を行う。元請け企業が数量拾いを行うといっても，作業そのものは，これを専門とする企業に外注することも多い。値入れは，地域や時期による価格変動，外注先企業との関係や発注量，施工計画や採用

工法の影響が大きいため，元請け企業が行う。

　見積もりでは，仮設や機械など，設計図書に表れない資機材の数量を拾う必要がある。これらの仮設や機械は工法や工程計画に大きく影響される。そのため，数量拾いに先立ち，工法を想定する必要がある。しかし多くの場合，入札時に詳細な工程計画を完了するわけではないので，一般的な工法をベースとして，受注後に工法や手順の工夫によってコスト削減を図ることもある。

　本設部材についての施工数量も工法によって変わることがある。RC躯体の型枠をハーフPCaや捨て型枠に置き換えることによって，型枠の組み立て・解体工事を短縮することができる。このように正確な数量拾いには本来，施工計画を含めた十分な情報が必要であるが，実際にはそこまでの情報が得られないため，数量拾いが精密であっても，施工計画によって費用は大きく変わる。

11・2・5　生産性の評価

　建設工事の費用は，材料・労務・外注・経費で分類するのが一般的である。ゼネコンから専門工事業者への発注にあたっては，材料のみ，労務のみで発注するものもあれば，材料・労務一式で発注するものもある。

　建設工事における生産性はよく歩掛りで表される。第10章で示したように，歩掛りは，単位数量あたりに要する材料，労務，機械などの数量として表されるが，実際の現場においては，この語はもう少し緩く使用されることがあり，単位施工数量あたりに要する作業時間や労務量（人工・にんく）で表したり，逆に技能労働者1人工（人日）でどれだけ施工できるかを表したりもする。歩掛りは企業が統計的に蓄積しており，また，現場監督なども経験をもとに記録している。表11・2に代表的な歩掛りを示す。

　歩掛りは企業間，とくにゼネコン，サブコン間の利益配分に影響するので，両者の間で共通の認識が必要である。専門工事業者は歩掛りを想定して，請け負う仕事の量と請負金額から利益を考える。専門工事業者としては円滑に仕事ができれば生産性が上がり，結果的に利益が大きくなるわけであるが，これは現場の進捗や作業環境に大きく影響される。現場監督は，専門工事業者に支払う金額を抑えようとすれば，生産性のあがる工程や作業環境を用意するなどして，おたがいにメリットのある工程計画を模索する。

11・2・6　総合仮設計画

　建設工事は長期にわたるうえ，時期によって現場の状況は大きく変化する。そのため総合仮設計画は長期にわたる現場の状態を考慮して決めなくてはならない。以下では仮設計画で検討する事例を示す。

表11・2　おもな歩掛り

作業	使用リソース	歩掛り
型枠組立	型枠大工1人日あたり	$7\sim15\,m^2$
鉄筋組立	鉄筋工1人日あたり	$0.5\sim1$トン
ポンプ打設	ポンプ車1台1時間あたり	$20\sim40\,m^3$
鉄骨建方	タワークレーン1台・鉄骨鳶1組1日あたり	$25\sim40$ピース
ボルト本締め	鍛冶工1人日あたり	$150\sim200$本
鉄骨溶接	溶接工1人日あたり	$80\sim120\,m$（隅肉溶接6mm換算）
LGS下地	軽量鉄骨工1人日あたり	$20\sim50\,m^2$
石膏ボード貼り	ボード工1人日あたり	$25\sim60\,m^2$

（注）部位や施工条件によって大きく変動する

⑴　切梁と地下躯体の関係

山留・支保工では水平切梁工法がよく使われる。地盤工学的には地盤の側圧を受け止めるだけの切梁があればよいのだが，建設工事では切梁の解体を考慮して位置を決定する。つまり，地下躯体施工時にスラブ上で解体できるように，切梁をスラブの少し上に配置しておき，これに合わせて掘削工事の根切りのレベルを決めるわけである。

掘削時と躯体施工時とでは，山留壁の支持状態が変わることも考慮しておかなくてはならない。また，切梁や乗入れ構台は棚杭・構台杭と呼ばれる仮設の柱で支持されるが，これは地下躯体施工中も解体できないため，本設躯体の柱や梁を避けて配置する。

⑵　タワークレーンの配置

高層ビルの施工におけるクレーンの位置は総合仮設計画のなかでも重要である。タワークレーンには固定式のものと移動式のものがある。超高層建築の場合はマストを設置する固定式のタワークレーンが選択される。固定式のタワークレーンは躯体の中に設置することもあれば，躯体の外に配置することもある。中に配置する場合，マストが設置されている期間はそのスパンのスラブの施工ができない。当然ながら，その間，内装工事に着手できない。床開口を早く塞ぐために，ベースを盛り替えるフロア・クライミング方式を採用するわけだが，あまり頻繁にクライミングを入れると，躯体工事に影響する。建物の外にマストを設置すれば，床開口や補強の必要はないが，敷地の一部をマストが占有するため敷地の使用効率が落ちる。こうした条件を勘案して，クレーンの配置を決定するわけである。

⑶　仮設設備の早期撤去

建築工事は所定の敷地において進めるため，敷地内や敷地周辺に現場事務所と技能労働者の休憩所が設置される。これらの費用は使用期間に比例して生じるため，仮設事務所や休憩所を本設の建物内に移すことがある。仮設事務所を早期に解体してレンタル会社に返却したり，事務所の賃貸契約を解除したりするわけである。ほかにも本設のエレベーターを仮設利用として稼働させて，資材の揚重機や作業員の移動手段として活用することで，仮設エレベーターの負荷を低減する工夫もある。

11・3　施工管理

11・3・1　管理項目 QCDSE

施工における重要な管理項目を QCDSE と表すことがある。それぞれ，品質（Quality），原価（Cost），工期（Delivery），安全（Safety），環境（Environment）の頭文字である。QCD はさまざまな業界でも使用されるが，建設業界では安全がきわめて重要な管理項目であるため，安全の S が付加され，さらに 1990 年ごろから環境への配慮も重視されるようになり，現在の QCDSE となった。

QCDSE のうち費用（C）と工期（D）は出来高，利益率，進捗率などの数値で管理することができるため，ふだんから意識しやすい項目である。しかしながら，いずれも現場管理のうえで基本的なものであり，重要である。

5 項目はしばしばトレードオフの関係になる。品質を必要以上に高くしようとしたり，工期を無理に短くしようとしたりすると費用がかさむ。重大な災害は頻繁に起こるものではないが，コストを抑えたいために安全対策をおろそかにした結果，事故が起きることがある。企業活動である以上，利益を追求することは当然であるが，バランスを考慮して適切な配慮をする必要がある。

11・3・2　実行予算

工事費用の見積もりは企画・設計段階で行われるが，予算に合わせて施工を進めることは現場監督の重要な仕事である。

　発注者が施工者を入札によって決める場合は，入札に参加するゼネコンが工事費用を見積もり，利益を考慮して入札額を決定する。営業戦略として入札額を調整することもある。いずれにしても請負金額は受注時に決まる。受注したゼネコンは工事費用をすでに算出しているわけだが，入札時に行った見積もりの項目と施工管理上の項目が異なるため，また入札時には詳細な施工計画を考慮しきれないため，あらためて実行予算を立てる。このとき，工種の特徴から利益の出しやすいもの，コスト圧縮の余地のないものなどを考慮し，設定された利益率を目標に予算を立てる。

　以降は実行予算をもとに，資材や労務を手配していくわけだが，施工者は実際の工事をする前に支払い金額を決定することを好む。早い段階で費用が確定するため，原価管理がしやすいわけである。このように工事に先立って支払い額を確定する方法を，請負のほかに，取極（とりきめ）とも呼ぶ。当然ながら，予定通りに工事が進まなかったり，作業環境が悪かったりすると，受注した専門工事業者は赤字になることがある。取極額が不適当な状況になれば，最終的に追加の支払いもある。現場監督は，想定する歩掛りが実現できるよう，工程を管理しなくてはならない。取極が行いにくい工種では，実際に要した労務や材料に応じた費用を支払うことになる。

　金利の高い時期であれば，発注者から工事費を受け取る時期と業者への支払い時期の差が，損益に影響することもある。発注者からゼネコンへの支払いは着手時，中間，竣工後に分けて入金されることが多い。ゼネコンから専門工事業者への支払いは実績に応じて月次処理として，現金を振り込むか，手形を振り出す。中小建設業者の資金繰りを円滑にするため，支払いの適正化については近年議論になっている。

11・3・3　工程調整会議

　現場では毎日，現場監督と職長によるミーティングが行われる。基本的には一次下請け業者の職長が参加する。多くの場合，午後の作業開始時に行われているようである。

　ミーティングでは，当日の進捗を確認し，翌日の出面（現場に来る作業員の人数）の予定を職長から現場監督に伝える。必要であれば残業や早出を検討する。専門工事業者の希望を考慮して，資材の搬入・搬出の予定（車両の数や到着時刻），クレーンやエレベーターなどの揚重機械の割り当てなどが調整される。現場の状況は日々変わるため，大型機械の配置の確認，立ち入り禁止場所の伝達なども行われる。

11・4　施工のための設計

11・4・1　施工図

　日本の建築生産では施工段階あるいは施工計画段階に施工図を作成する（第9章参照）。施工図にはゼネコンが作成する躯体図（コンクリート寸法図），平面詳細図などのほか，専門工事業者やメーカーが作成する製作図などがある。

　躯体図と平面詳細図をゼネコンが作成するのは，これらがいずれも複数の業種から参照され，また意匠・構造・設備の情報を網羅して表現するためである。躯体図を作成するためには，構造設計の情報だけでなく，仕上げの情報も必要である。開口部の位置やタイルの割付をきれいに見せるためには，仕上げから躯体の寸法や開口の位置を求めることになる。平面詳細図は，設計図における平面図をより詳細にしたものとして表現される。平面詳細図では，躯体のほか，内装仕上げ，設備機器などをひとつの図面に描きこむ。

　躯体図は柱，梁，床スラブ，コンクリート壁の寸法を見上図（みあげず）として表す。コンクリート躯体では，コンクリート打設が工程上の区切りとなる。床スラブが打設されると，新

しい施工サイクルが始まるわけである。そこで，つぎのコンクリート打設までに施工する範囲，すなわちその階の柱，壁と上の階の梁，床の寸法をひとつの図面に表すわけである。

11・4・2　総合図

　総合図は，意匠，構造，設備などの複数の設計情報をひとつの図面に統合したもので，設計図書の整合を図り，建物の使用上の不具合を事前に見つけるためのツールとして使用される。設備プロット図，生産設計図のように別の呼びかたをする企業もある。

　躯体図や平面詳細図を描くときにも不整合は発見されるが，総合図ではより多くの情報を盛り込むことで総合的な整合を図る。

　不整合には，たとえば，設備配管が梁を貫通してしまうなど，物理的に施工できない部分が挙げられる。ボルト接合の鉄骨梁では，接手（スプライスプレート）を避けて，貫通孔を設けなければならない。天井内のダクトの経路によっては，天井を吊るインサートの割付けを変えなくてはならない。ドアの開き勝手によって天井照明に干渉する場合はいずれかを変更しなくてはならない。このように，意匠，構造，設備の間の調整を総合図の作成を通して行うのである。

11・4・3　質疑応答と設計変更

　設計図に不整合や情報の不足があれば，多くの場合，施工者から設計者あるいは工事監理者に向けて質疑が行われる。設計者らはこれに回答する。この一連のやりとりを質疑応答と呼び，書類として記録する。当然ながらこの文書は設計図書に優先される。

　設計図や仕様が変わる場合は，設計者からあらためて設計変更が発行されることがある。設計変更があると，作業の手戻りや調達の遅れを生じる可能性がある。追加の費用が発生することもある。そのため，設計内容に不備があれば，

できるだけ早い段階で見つけておくことが重要になる。

11・4・4　施工を考慮した設計

　一般的に設計業務のあとに施工者が決まり，そこから詳細な施工計画が行われる。しかし，あらかじめ施工のしやすさを考慮した設計にしておくことで生産性が向上したり，無駄を省いたりすることができることがある。いくつかの事例を紹介する。

(1)　運送上の制約と鉄骨柱のジョイント計画

　鉄骨造の高層建築物では，柱の部材は2階分または3階分を1つの柱として製作し，現場に搬入される。道路交通法では，道路を走行できる車両の大きさに制限があるため，特別な許可を得ずに搬送できる部品の大きさにも制約がある。そのため，一般的な階高の建築物の鉄骨柱は2階分か，せいぜい3階分となる。PCaカーテンウォールの幅についても同様のことが生じる。1枚のPCa版をあまり大きくすると荷台に斜めに立てかけても制限を超えるため，搬送上の制約を考慮して，意匠上の割付けを考える必要もある。

(2)　鉄骨柱の接手位置

　鉄骨造では，柱部材を2階分または3階分をひとつの部品として製作するため，同一階にすべての柱接手を設けると，接手のある階で溶接負荷が大きくなる。サイクル工程を平準化するために，接手位置を分散してもらおうとすると，接手の上下で断面（板厚）が異なる場合，あらためて構造設計をしなおす必要が生じる。施工計画をあらかじめ考慮した構造設計が可能なら，サイクル工程を平準化することができ，工程管理上また労務手配上のメリットが得られる。

(3)　梁の先組鉄筋の継手位置

　PCa工法で大梁を柱の間に落とし込む場合，梁主筋の機械式継手は平面的に同じ場所に設ける。もし主筋の継手位置が千鳥に配置されていると，鉄筋どうしが干渉してしまい，落とし込

む作業が困難になる。そのため，躯体工事に
PCa工法を採用するなら，設計段階で主筋の
継手の位置を揃えておかなくてはならない。

(4)　鉄骨仕口の接続工法と必要労務・仮設

　鉄骨躯体の柱と梁の仕口には，柱に大梁の端
部（ブラケット）をあらかじめ取り付けて製作
する場合と，柱にブラケットを設けない場合と
がある（図11・4）。前者では，通常，スプラ
イスプレートを介した高力ボルト接合が行われ
る。一方，後者の場合，大梁のフランジは溶接
によって柱に接続される。つまり接続工法が違
えば手配すべき職種も異なる。

　また，作業に必要な足場はボルト接合と溶接
作業とで異なる。とくに後者では柱に取り付け
ておく仮設部品を決めるために，工場で製作す
る前に，使用する足場材料を決めておかなくて
はならない。このように現場での接合方法と工
場製作，労務調達は独立して考えることができ
ない。当然，費用や工程にも影響する。労務の
調達，コスト，工期に制約がある場合は，早い
段階で考慮しなくてはならない。

11・5　建築生産における技術の発展

(1)　材料の変化

　日本の伝統技術は木造である。そこへ文明開
化により明治の初めに，ヨーロッパの伝統技術
である石造やれんが造の技術が導入されたが，
濃尾地震（1891年），関東大震災（1923年）で
大きな被害を受けた。一方，その頃欧米でも新
技術であった鉄筋コンクリート造の建物は，被
害を受けなかったので以後，鉄筋コンクリート
造が全国的に普及することとなった。

　第二次世界大戦後に第一次建設ブーム（1950
～1953年）が到来し，従来はほとんどが木製
であった山留め・足場などの仮設材が徐々に鋼
製へと切替えられていった。また，新しい建材
が開発・販売され，型枠も無垢板から合板へと
替わっていった。

(2)　生産方式の変化

　1960年代になると，第二次建設ブーム
（1961～1964年）が起き，工事量が増加し，施
工機械が発展した。工事用機械の導入は，深礎
工法などの都心部の高層建築物の地下工事の分
野から起こり，掘削・排土・運搬などの土工事
を中心に，機械化施工の技術開発が展開された。
その後，躯体工事におけるプレハブ化とそれに
伴う部材の大型化により，揚重機（クレーン）
などの機械化が伸長した。組立て・仕上げ関連
の機械化は若干遅れ，木工用電動工具・ボルト
締付け機・溶接機・塗装吹付機などの手工具類
の機械化が進み，さらに木材のプレカット機械
のように，大型化・装置化・自動化へと発展し

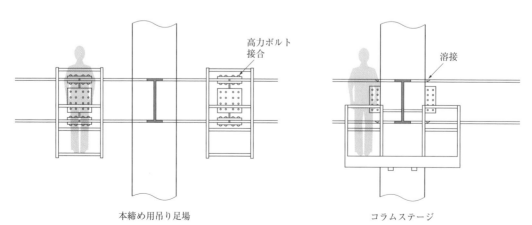

本締め用吊り足場　　　　　　　　コラムステージ

図11・4　鉄骨仕口と接続工法

てきている。

　住宅の大量需要に応えるため，量産化のための多くの新しい技術が開発された。これらを工業化工法，プレハブ（またはプレファブ）工法などという。プレハブとは，プレファブリケーションの略であり，工場生産化という意味である。その代表的なものが，プレキャストコンクリート（PCa）である。PCaとは，工場で予め製作された鉄筋コンクリートの壁・床・梁・柱の部材をいう。これらをトラックで運んで現場で組み立てる建築方法をPCa工法という。PCaの部材は，建築現場の敷地の一角で造られる場合もあり，これをサイトプレハブという。

　一方，木造在来構法の住宅を見ると，壁は土塗壁の竹木舞下地が木摺下地に変わり，さらにプラスターボード（石膏ボード）になった。また，仕上げも左官仕上げから合板に変わり，ビニールクロスなどが主流になり，湿式工法から乾式工法へと変化していった。

(3)　さらなる合理化

　1968年に地上36階，高さ147mの日本初の超高層建築である霞が関ビルが完成した。工事に際し，鉄骨の耐火被覆，鉄筋の接合方法，外壁カーテンウォール，システム天井，間仕切壁，設備ユニットなど多くの要素技術が開発された。その後の多くの超高層建築の建設に伴い，続々と新しい技術が開発された。そして建築の構成材の工場生産化が進み，階段，キッチンユニット，バスユニット，配管ダクトなどで部品化・ユニット化が発達し，現場労務の削減，品質の安定化，工期の短縮，工事費の低減が図られた。

　1950年代から1960年代にかけての建築は量を拡大する一途であったが，1970年代は，それに対する反省期といえる。社会的にもオイルショック（1973年）等の経験を経て，今までの量を中心とした経済発展を見直す時期であった。建設公害に対しても社会的な関心が高まり，工事に伴う騒音や振動をできるだけ少なくするような工法が必要となった。建物の品質保証も

社会的に注目されるようになり，1970年代後半になると，統計的品質管理手法（SQC）を発展させた全社的品質管理（TQC）に取り組む建設会社も目立つようになった。

　1980年代になると，建設ロボットの研究開発が大手ゼネコン各社で盛んになった。代表的なものとしては，床コンクリート均しロボット，耐火被覆材吹付けロボットなどがある（図11・5）。1990年代には，労務費の高騰に伴って，超高層建築の機械化施工や自動化施工の技術開発が進んだが，バブル崩壊によって労務費が大きく下がると，大規模な技術開発は下火になった。このとき開発された搬送システムや接合方法などの要素技術はその後の構工法に影響を与え，施工階を覆う仮設構造は近年問題になっている超高層ビルの解体工法にも転用されている。

(a)　床均しロボット

(b)　耐火被覆材吹付けロボット

図11・5　施工ロボットの例（文献2）

11・5・2　近年の変化

　1991 年にバブル経済が崩壊すると，1992 年度に 84 兆円を記録した建設投資はその後およそ 20 年かけて半減し，技術開発への投資も抑制された。ところが，2011 年の東日本大震災からの復興需要や 2020 年に予定された東京オリンピック・パラリンピックのための建設需要への期待から建設市場は大きく伸び，技術開発への投資も再び増大する。またこの時期には建設業の担い手が大きく減少するとの予想が示さ

れ，技能労働者不足への対応が急務となってきた。

　2010 年代半ばに第 3 次 AI ブームが訪れると，建設業界においても情報通信技術を活用した技術開発が多くなされた。情報処理速度の向上は，センサーやロボットの実用性を高めることとなり，開発が止まっていた施工ロボットの開発や情報技術を利用した施工管理技術の開発がふたたび行われるようになった。

施工計画はひとつじゃない　　　　　　　　　　　　　　（片岡誠）

　BIM というアイデアは，既存部品を組み合わせる建物によくマッチする。工場生産部品でなくても，いわゆる在来工法であれば設計段階で使われる BIM の部品が施工部品に一致しやすく，設計から施工への情報展開もしやすいだろう。ある大手ハウスメーカーや規格型マンションを手がけるゼネコンのように，規格部品をベースに設計するクローズドなシステムにも BIM はやはり大きく貢献するだろう。自社の部品工場や PCa 工場を持っていれば，設計・部品生産・施工・維持管理が完結する。効率的な垂直統合をぜひ進めてほしい。

　しかし多くの建築物，とくに大型プロジェクトでは，施工部品や工法は施工計画段階，つまり施工者が選定されてから検討される。ときには設計者が想定しなかった部材分割や揚重部材の一体化を行うこともあろう。しかも施工計画は一つではない。最終的な施工計画に至るまでには，工区分割，部材分割，揚重機選定，組み立て順序などを複数用意し，予定工期に収まるかどうか，費用がどのくらいかかるのか，必要な労務や資材は調達できるのか，といったことを検討するのである。つまり施工計画段階ではデータセットは多数存在するのだ。

　筆者の経験では，施工現場から依頼を受けた施工計画チームは，在来的な計画のほかに，自社開発の新しい工法を採用するケース，工区や揚重機の数を増減させたケースなどで数種類の施工計画を提案していた。少ない日数のなかで答を出さなければならないためバリエーションには限りがあるが，可能性で考えれば施工計画は無数にありうる。BIM に施工にかんする情報を入れるとすれば，それは，"施工シミュレーション"を終え，ひとつに絞り込まれた結果のみであろう。しかもそのときの施工部品は設計の想定と異なっているはずだ。BIM には大きな期待を寄せているが，このような無数のプランを並行して検討する施工計画プロセスに活用できるしくみがあれば，日本の建設業界にも早く浸透するのではないだろうか。

　ところで建築生産プロセス全体をとおして，ひとつのデータを共有しようとするアイデアはずいぶん前から提案されていた。筆者は学生時代に海外の論文で Building Model を知った。2003 年夏に開かれたスタンフォード大学 CIFE（Center for Integrated Facility Engineering）のセミナーでは，学生たちが数時間のうちに建物の設計（3D データの作成）と工程計画を並行して行い，最終的に施工シミュレーションを見せるデモンストレーションを行った。当時から VDC（Virtual Design and Construction）の授業が行われており，すでに BIM という言葉が使われていた。日本の大学でも建築生産に ICT を活用するための教育と，できることなら，日本の建設業に合った BIM のあり方を議論してもらいたい。

第 12 章
解体と資源循環

12・1　解体・廃棄・リサイクルと地球環境

12・1・1　地球環境と資源循環

　地球規模での環境問題が顕在化する中で，廃棄物問題は20世紀の大量生産・大量消費・大量廃棄という社会経済活動やライフスタイルが引き起こした環境問題のひとつである。その中で，近年，持続可能な社会実現を目指した動きが活発化している。持続可能な社会実現を目指し，2015年には国連により持続可能な社会の実現を目指したSDGsが採択された。さらには，資源の利用効率を最大化にするために循環型経済，すなわちサーキュラーエコノミーといった概念が提唱され，建築分野においても効率的に資源を循環，活用する仕組みの必要性が増してきている。

　上記，社会情勢の下，資源の節約や環境負荷の低減に向けた対策が様々な形で講じられている。建築分野においても法的な規制や指針類の作成，啓蒙書の出版など，産官学のそれぞれの立場から積極的な取組みがなされている。そして，SDGsやサーキュラーエコノミーといった新たな概念に基づき，資源利用の捉え方も，経済に偏重した消費システムから，資源を効率的に利用し，できる限りゴミを出さず，やむを得ず出たゴミは積極的に再利用する，最適生産・最適消費・最小廃棄の循環型社会へとシフトしてきている（図12・1）。

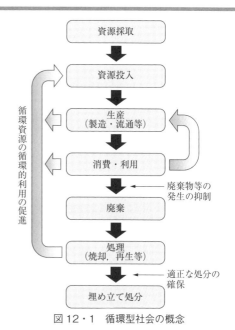

図12・1　循環型社会の概念

12・1・2　発生抑制（Reduce リデュース）

　廃棄物の発生を抑制するには建物を壊さなければよい訳であり，物理的にも，機能的にも，長期の使用に耐えられる建物を構築することが最も重要である。しかし，戦後早い時期に建てられた多くの建物は，その耐用年限を超えており，解体が免れない状況となっている。この解体時に発生する廃棄物の量を極力抑えるためには，最終的に廃棄される量を減らす方法が必要となる。いわゆるミンチ解体ではなく，物質を丁寧に仕分けることを目的とした分別解体の徹底が重要である。分別解体は非常に手間がかかるが，廃棄物の混合化はその後の再資源化を著しく低下させるので，処理方法に適合した解体を実施することが，発生抑制の大きな目標となる。

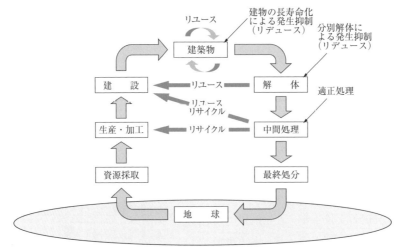

図12・2　資源の流れとリデュース・リユース・リサイクル

12・1・3 再利用・再資源化（Reuse, Recycle リユース，リサイクル）

　分別解体の目的は，再び資源として利活用することにある。再資源化は，循環資源を製品としてそのまま使用するリユース（Reuse）と，循環資源を原材料として利用するリサイクル（Recycle）に区別される。また，燃焼によって熱回収できる状態にすることも含まれる。

　リユースでは，再使用する部材・部品の修理やクリーニングなどのエネルギーが必要となるが，その量は再生利用のリサイクルに比べて少なくてすむ。しかし，部材・部品の取出しに多くの労力がかかるため，解体のしやすい構法で建設されていることが，実現の基本的な条件となる。実事例としてリース型の仮設建築，応急仮設住宅にいくつか適用されている事例がある。

　リサイクルはその利用形態から，特定の部品・部材に再生利用する特定用途リサイクルと，種々の原料になるものへ再生利用する汎用用途リサイクルとに分類できる。いずれにしてもリサイクル過程では，原料となる部品・部材の組成や履歴などを明らかにするとともに，必要でない物質の混入を防がなければならない。そのためにも，解体廃棄物の分別・選別を徹底する必要がある。

12・1・4 適正処理

　建物にはさまざまな材料が用いられており，再資源化ができないものも存在している。そして，解体技術や処理技術の進歩，処理施設の充実，またマニュフェスト制度や法的整備など，適正処理に向けた環境が整備されつつある。適正処理においては，廃棄物の無害化が最も重要な視点となる。さらに，最終処分場の逼迫に対して，廃棄物の減量化も大切になる。減量化の方法には，破砕・圧縮・脱水・焼却・熱分解がある。

12・1・5 リサイクルに関連する重要な概念（ゼロエミッション，SDGs，サーキュラーエコノミー）

　ここでは，リサイクルに関連する概念として，ゼロエミッション，SDGs，サーキュラーエコノミーについて解説する。

(1) ゼロエミッション

　ゼロエミッションは，1994年に国連大学のグンター゠パウリを中心としたグループが提唱した，「ゼロエミッション研究構想」の中で示されたもので，ある産業から出る全ての廃棄物を新たに他の分野の原料として活用し，あらゆる廃棄物をゼロに近づけるため，新しい資源循環型の産業社会の形成を目指すというものである。

より具体的には，「A 社から排出された廃棄物を B 社が原材料として使用し，B 社から排出された廃棄物を C 社が原材料として使用する」といった，資源循環型の産業連鎖が可能になる新しい産業システムをつくり上げ，これにより最終的に廃棄物を限りなくゼロに近づけようというものである（図12・3）。

多種多様な材料・部材・部品をアセンブルした結果である建築物では，単一の産業による発生抑制・再資源化に限界があり，他産業との連携による取組みが不可欠である。このゼロエミッションを推進するためには，これまで関係の薄かった異業種企業間の情報交換や密接な連携が重要になってくるとともに，このようなことを通じた産業連鎖を可能にするため，新しい技術等も必要となる。

(2)　SDGs：Sustainable Development Goals

SDGs は2015年9月に国連で採択された「持続可能な開発のための2030アジェンダ」である。この開発目標では世界のさまざまな社会課題を解決するために，図12・4に示すとおり17のゴールが定められている。これら17のゴールは，大きく分類すると社会（貧困，平和など），経済（働きがい，産業と技術革新など），環境（気候変動や海洋など）に分類することができる。

そして，リサイクルに関連する SDGs のゴールとして「ゴール12：つくる責任つかう責任」が該当し，そのターゲット（具体的な目標）である「12.4」や「12.5」にリサイクルに関連する内容が記載されている（図12・5）。

以上，建築分野のリサイクルへの取り組みは

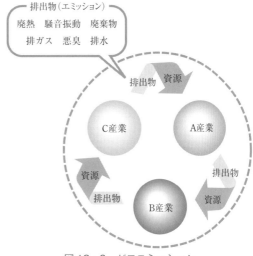

図12・3　ゼロエミッション

図12・4　SDGs の 17 のゴールとロゴ

	ターゲット
12.1	開発途上国の開発状況や能力を勘案しつつ，持続可能な消費と生産に関する10年計画枠組み（10YFP）を実施し，先進国主導の下，全ての国々が対策を講じる。
12.2	2030年までに天然資源の持続可能な管理及び効率的な利用を達成する。
12.3	2030年までに小売・消費レベルにおける世界全体の一人当たりの食料の廃棄を半減させ，収穫後損失などの生産・サプライチェーンにおける食品ロスを減少させる。
12.4	2020年までに，合意された国際的な枠組みに従い，製品ライフサイクルを通じ，環境上適性な化学物質や全ての廃棄物の管理を実現し，人の健康や環境への悪影響を最小化するため，化学物質や廃棄物の大気，水，土壌への放出を大幅に削減する。
12.5	2030年までに，廃棄物の発生防止，削減，再生利用及び再利用により，廃棄物の発生を大幅に削減する。

図 12・5　SDGs のゴール 12 のリサイクルに関連するターゲット

SDGs の「ゴール 12：つくる責任つかう責任」に資する取り組みであり，持続可能な社会実現のためには，建築生産における解体と資源循環も重要なキーワードとなる。

(3)　サーキュラーエコノミー

今までの産業モデルにおいて製品のライフサイクルを捉えると，原材料を採取し，製品が製造され，使用後あるいは消費後に通常は再利用不能のごみとして廃棄，もしくはリサイクルされることになる。このように，資源の消費と経済成長が密接に関連していた今までの産業モデルのことを一方通行型の産業モデルと捉えることができる。

他方で，サーキュラーエコノミーは循環型経済と呼ばれ，今までの産業モデルとは異なり，資源等を総合的に循環させ経済成長を目指す概念である。

具体的には，製品と原材料をできる限り長く生産的に利用し，耐用年数が過ぎたら効率的に，リユースやリサイクルを行い，サーキュラーエコノミーの産業モデルの中で，資源が継続的に循環されることになる。サーキュラーエコノミーは，このように資源を継続的に循環させることで，資源消費の無駄を排除し，既存の社会ス

トックから資源を調達することも可能となる産業モデルであり，今後，ストック活用などの観点からも建築分野において重要な概念となっていくことが想定される。

12・2　建設リサイクル法

12・2・1　法律制定の背景と位置づけ

建設廃棄物全体の再資源化率は 2018 年度実績で 95％ と高い値を維持しているが，建築工事に伴う廃棄物のリサイクルにおいては課題も未だ多い。公共工事が主である土木工事では，公共工事発注者が先導的な役割を果たすことができるが，民間工事を主とする建築工事では，再資源化に要するコストについて理解が得にくいこと，また廃棄物の種類が多様でかつ少量ずつ散在的に排出されることなど，建築系建設廃棄物の分別・リサイクルの推進には解決すべき難しい問題が山積している。

以上のような状況を踏まえ，資源の有効利用を確保する観点から，これらの廃棄物について積極的な再資源化を行い，また不法投棄を防止するために建設工事における発注者・受注者双方に適切な役割を担わせるとともに，解体工事

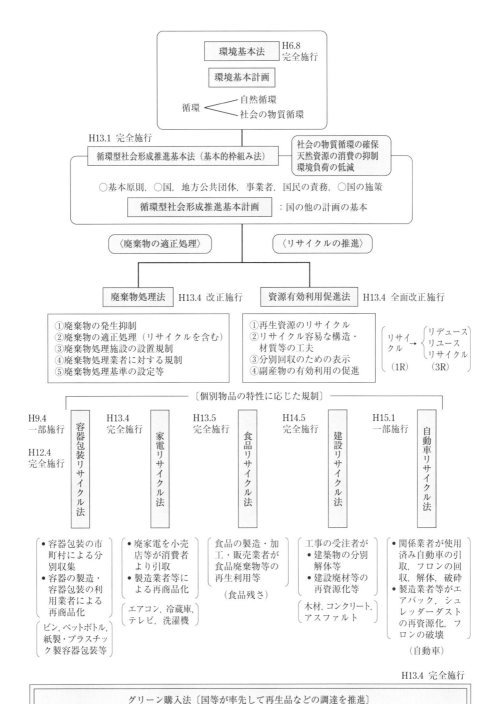

図 12・6　建設リサイクル法の位置づけ

業者を正しく監督することを目的とした，建設リサイクル法（正式名称：建設工事に係る資材の再資源化等に関する法律）が平成 12 年 5 月に制定された。この法律は，循環型社会の形成について基本原則を定めた，循環型社会形成推進基本法の個別法として位置づけられる（図 12・6）。

12・2・2　法律の概要

建設リサイクル法の特徴を運用，規定の双方から解説する。

建設リサイクル法の運用制度で，届出制度・マニュフェスト制度を導入し，建設廃棄物が適切に処理されるよう，解体現場から再資源化ないし最終処分に至る建設廃棄物の全体の流れを監視する仕組み構築し運用されている。

特徴として，工事受注者（元請業者）に対し，分別解体等および再資源化等を義務づけていること，分別解体等の実施を確保するために，発注者による工事の事前届出，受注者から発注者への事後報告，解体工事業者の現場における標識の掲示等を義務づけていることがあげられる。以下，特定建設資材，マニュフェスト制度について具体的に解説する。

⑴　**特定建設資材**

再資源化を義務付けた建設資材が指定されており，それら建設資材を特定建設資材と呼ぶ。現在，特定建設資材は，建設廃棄物の大部分を占める建設資材であるコンクリート，コンクリート及び鉄からなる建設資材，木材，アスファルト・コンクリートの 4 品目となっている。ただし，今後，特定建設資材の品目について変更の可能性もあるため，その時代に応じて建設資材を再資源化していくことが重要となる。

⑵　**マニュフェスト制度**

マニュフェスト制度は，廃棄物が排出業者から収集運搬業者を経由し，処分業者によって処理されるまでの過程を，廃棄物の名称や数量・形状などを記載するマニュフェスト伝票によって確認・記録するシステムである。マニュフェスト伝票は，運搬・処理の各段階に係わる事業者が保管するとともに，業務の終了を前段階の事業者に提出することで，適正な処理を確認することができる仕組みとなっている。事業者は，それぞれの伝票を 5 年間保管する義務がある（図 12・7）。現在は，マニュフェストの電子化も進み，電子マニュフェストを導入している事例も多くでてきている。

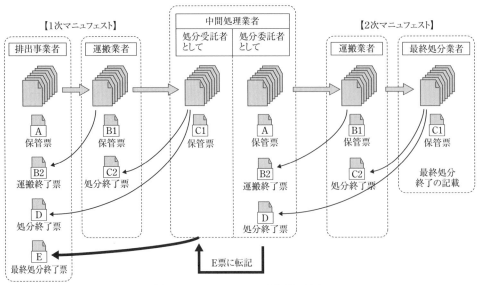

図 12・7　マニュフェスト伝票の流れ

12・3 解体工事の内容

12・3・1 事前調査

解体工事に先立つ事前調査は，建設廃棄物の再資源化および適正処理を行う際の重要な情報となる。事前調査の目的は，解体工法の選定，分別解体等の計画作成，工事の安全および環境保全の推進，建設廃棄物発生量の予測などである。

解体工事に先立って実施すべき事項として，①解体する建築物およびその周辺の状況に関する調査，②分別解体等を行うのに必要な作業場所に関する調査，③解体工事によって発生する物の搬出に関する調査，④石綿（アスベスト）含有建材の有無に関する調査，⑤残存物品の有無の調査，などが規定されており，これらが事前調査の内容となる。この調査結果から，解体する建物等の構造，工事着手の時期および工程の概要，分別解体等の計画，建物等に用いられた建設資材量の見込みなどを届出書に記載する。

12・3・2 工事計画

(1) 工事計画

工事計画は，解体工事を円滑かつ安全に遂行するために作成する。解体工事を請け負う業者（元請業者）は，事前調査の結果とともに，労働条件や機器類の調達条件などに基づいて全体の施工計画を立案する。また，廃棄物の処理計画，解体工法の情報，処理施設等への搬入条件などから，再資源化に対する計画を行う。具体的には，品目ごとの発生量・処分方法・再資源化量・最終処分量を把握する。解体作業そのものについての計画では，工程ごとの作業内容および解体工法・工事手順・工期等について検討を行い，計画書としてまとめる。

(2) 解体工法の選択

解体には，手分別解体，手・機械併用分別解体，機械分別解体の三つ方法がある。

一般的には，手解体と機械解体の双方の長所を生かした，手・機械併用分別解体方式が採用されることが多い。手分別解体は，建物を再利用する場合や，周辺状況から重機が使用できない場合に採用される。高度な解体技術を要するとともに作業効率がよくないため，多くの労力と時間がかかり，また危険な作業に対する安全性の確保が必要になる。機械分別解体は，規模が大きく堅固な構造躯体の解体や，安全上の支障がある場合に選定される。作業効率は高くなるが，分別が困難になり，重機の大きさによっては騒音や振動に注意しなければならない（図12・8）。

機械名／特性	ハンドブレーカ	大型ブレーカ	圧砕機	カッター
解体原理・機構	のみによる繰返し打撃	のみによる繰返し打撃	圧縮・せん断・曲げ破壊	ダイヤモンドブレードによる研削・切断
特徴	狭い場所でも使用可能	高能率，機動性あり	開口幅30〜230cm，鉄筋切断可能，機動性あり	切断深さ60cm程度まで切断解体可能

図12・8 主な解体機械（文献1）

(a) 重機による解体

(e) 壁パネルの解体

(b) 重機による解体

(f) 屋根材の解体

(c) 重機による解体（フランス）

(g) 屋根材の解体

(d) 重機による解体（フランス）

(h) 廃木材の分別

図 12・9　解体作業風景——Ⅰ

(i) 廃木材の分別

(j) プラスチック類の分別（ドイツ）

(k) アスベストの分類（ドイツ）

図 12・10　解体作業風景──Ⅱ

(3)　安全および環境保全計画

　労働災害の発生率が他産業に比べて高い建設業の中でも，解体工事は危険性の高い工事であり，労働災害や現場周辺の第三者災害を防止するため，安全確保について計画段階で十分な検討が必要である。解体工事に伴う足場・作業床・通路等の安全設備計画を立てるとともに，騒音・振動・粉塵が発生するための環境保全対策についても総合的な検討を行う。

(4)　建設廃棄物の搬出および処理計画

　搬出・処理計画は，廃棄物の適正処理と再資源化の推進に対して極めて重要な内容である。廃棄物の搬出は，解体工事と並行して行われることが多く，解体工事の進捗や搬出費用に影響を及ぼさないように，適切な搬出計画を立てる。中間処理施設によっては，受入れ品目や再資源化可能な品目が制限される場合があるため，あらかじめ，施設の処分能力や実績等の情報を入手し，廃棄物の処理計画を立案することがコスト低減，環境負荷低減につながる。

12・3・3　解体工事

(1)　事前措置

　具体的には，作業場所の確保，搬出経路の確保，残存物品の搬出の確認，付着物の除去などがある。

　特に重要なのは，残存物品の撤去状況の確認である。残存物品の撤去は，発注者の責任で行うべきことであり，事前調査段階で残されている場合は，発注者に対し適切な処理を依頼するとともに，解体作業段階でのこれらの撤去費，処理・処分費は，解体工事費とは別区分になることを説明しておく。

(2)　準備作業・仮設作業

　準備作業では，建築物除去届や，道路・電気・安全衛生などに係わる許可・届出を行い，工事開始に遅滞をきたさないようにする。電線・ガス管・水道管などの保護や，植栽など移動するものについて処置を施しておく。

　仮設工事では，解体工事に伴って発生する落下物の防止や騒音・粉塵などを抑制するために，適切な足場や養生設備を設ける。

(3)　解体作業

　構造体の解体に先立って，電気・衛生・厨房・空調などの設備機器類の撤去，間仕切り・造作材・仕上げ材などの建物内部の非構造部材の撤去を行う。有価物を取り外すとともに，混合廃棄物とならないよう，材料，種類ごとに分

別する。

　構造体の解体手順は，原則として上階から下階に向かって進める。平面的には一方から他方に向かって，一つの方向からの解体が一般的である。また，建築物の中央部を先行して解体し，引き続き外周部を解体する方法もとられる。この場合，外周部が中央部解体時の養生壁の役割を果たすことになり，環境面や安全面に対して有効である。

(4)　建設廃棄物の分別・集積・積載・搬出

　撤去した廃棄物は，可能な限り品目別に分別し，他との混合を避けて集積しておく。混合の恐れがあるものは，袋詰め，専用のコンテナなどに集積する。

　適正な分別解体を実施しても，現場ではどうしても分別できない廃棄物が発生することがある。この場合は，混合廃棄物として搬出する。

12・4　解体廃棄物

12・4・1　廃棄物の発生量

廃棄物の区分

　「廃棄物の処理及び清掃に関する法律」（廃棄物処理法）では，廃棄物とは，自ら利用したり，他人に有償で譲渡することができないために不要となったものとされている。廃棄物は大きく，一般廃棄物と産業廃棄物に区分される。産業廃棄物は，事業活動に伴って発生した廃棄物のうち，燃え殻・汚泥・廃油などのあらゆる事業活動に起因するものと，紙くず・木くず・繊維くずなど特定の事業活動から生じるもの，合計20種類に分類されている。一般廃棄物は，産業廃棄物以外の廃棄物で，し尿のほか家庭から発生する家庭系ごみが主たるものであるが，事務所や飲食店から発生する事業系ごみも含んでいる（図12・11）。

　全国の産業廃棄物の総排出量は，令和元年度では3億7,975万トンとなっており，2010年以降から大きな増減はみられない。排出量を業種別にみると，建設業は7,614万トン（全体の20.0％）で，電気・ガス・熱供給・水道業，農業に続き3番目という高い割合となっている。

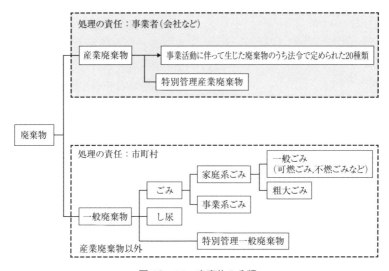

図12・11　廃棄物の分類

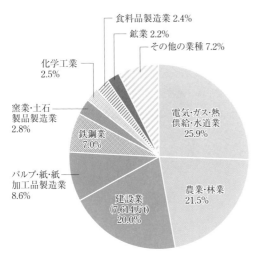

図 12・12　産業廃棄物の業種別発生量
（資料出所：令和元年度「産業廃棄物排出・処理状
況調査報告書」）

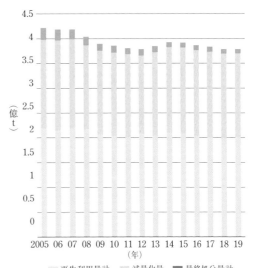

図 12・13　産業廃棄物の排出量の推移（億トン）
（資料出所：令和元年度「産業廃棄物排出・処理状
況調査報告書」）

この上位 3 業種で全体の約 6 割を占めている。

　総排出量のうち，直接再生利用されたものは約 7,600 万トン，直接最終処分されたものは約 400 万トンである。中間処理された約 3 億トンは，約 1 億 7,000 万トンまで減量化され，再生利用（約 1 億 2,400 万トン）または最終処分（約 500 万トン）されている。最終的には，排出された産業廃棄物全体の 53% が再生利用され，2% が最終処分に回っている（図 12・12，13）。

12・4・2　建設廃棄物

　前項で述べたように，産業廃棄物排出量に対する建設業の影響は極めて大きい。本項では，建設工事に伴い副次的に得られる建設廃棄物の発生状況や再利用・最終処分状況などの実態について解説する。ここで，建設廃棄物とは，最終的に廃棄されるものだけでなく，原材料として利用することができる，あるいは利用の可能性があるものも含んでいる。

　以下では，平成 2 年度以降，約 3 年ごとに国土交通省が実施している「建設副産物実態調査」のデータを用いることにする。この調査で

は，建設廃棄物をアスファルト・コンクリート塊，コンクリート塊，建設発生木材，建設汚泥，建設混合廃棄物，その他（廃プラスチック，紙くずなど）に分類している。

(1)　建設廃棄物の発生状況

　図 12・14 は，2018 年度の建設廃棄物全体の発生状況を工事別に示したものである。排出量は，全国計で 7,440 万トンであり，2012 年度に比べて微増となっている。これには，発生抑制に対する取組みが継続的に行われており，公共工事や建築着工数が横ばい傾向になっている点も少なからず影響している。土木と建築で見ると，2005 年では概ね 2：1 の比率であったが，2018 年時点では概ね 1：1 の比率となっており建築系の廃棄物が多くなってきている。土木の場合，工事の特徴から，公共土木工事からの発生量がほとんどである。建築では新築・改築・修繕と，解体の 2 つの工事区分に分けて見ると，その割合は解体のほうが大きくなってきている。

(2)　種類別の建設廃棄物発生状況

　廃棄物の分類別排出量（図 12・15）は，重量調査のためコンクリート塊，アスファルト・コンクリート塊が圧倒的に多いが，平成 17 年

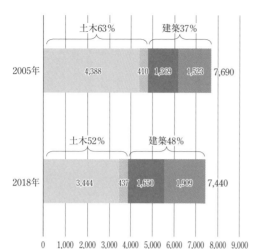

図 12・14　工事区分別建設副産物排出量の比較

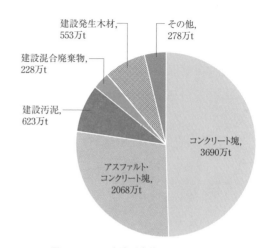

図 12・15　建設副産物の分類別排出量

度に比べ減少している品目が多い。

　図 12・16 は，種類別の再利用・処分状況を示す。アスファルト・コンクリート塊，コンクリート塊では 100% 近く再資源化されているほか，建設発生木材においても 92% と高い再資源化率となっており，上記，特定建設資材は非常に高い再資源化率となっている。今後の建設廃棄物の再資源化率を向上させるためには，建設混合廃棄物やその他の建設廃棄物の再資源化率向上が求められ，特定建設資材以外の建設資材も再資源化を図っていくことが重要である。

　ただし付言しておくと，この調査による再資源化は何に再資源化されたか特定できていない。このため，再資源化率が高いことが，資源として有効に利用されていることであると断定できない面があり，その解釈には注意が必要である。

(3)　建設廃棄物の行方

　ここで改めて，建設廃棄物がどのように処理され，あるいは再生利用され，最終的にどこに処分されるのか，その行方について述べることにする。これらの内容は，循環型社会では「静脈」という表現を用いることが多い。

　建設廃棄物が，建設現場あるいは解体現場から中間処理施設を経て，最終処分まで向かう流れは，概ね図 12・17 のように捉えられる。廃

棄物が発生する現場で直接分別されることが望ましいが，現場の広さや解体方法によっては，分別されないまま積替保管施設や中間処理施設に持ち込まれることになる。中間処理施設では，減量化と再資源化を目的とした，選別・粉砕・圧縮・脱水・焼却などの様々な処理がなされる。廃棄物の種類や状態によって区分けされた最終処分場に埋め立てられる。

　最終処分場は遮断型，安定型・管理型の三つのタイプに分けられる。遮断型処分場は，コンクリート製の仕切りで有害物の外界への浸出を完全に遮断した構造となっており，有害物質が基準を超えて含まれる燃え殻・ばいじん・汚泥・鉱さいなどが対象となる。安定型処分場は，廃棄物の飛散および流出を防止する構造を持つ処分場であり，性質が安定している産業廃棄物（廃プラスチック類・ゴムくず・金属くず・ガラスくず・がれき類等）が対象となる。管理型処分場は，地下水等の汚染を防止するため，底にシートを張るなどの遮水措置が施されており，排水処理して公共用水域へ放流する設備を備えた処分場である。対象となる廃棄物は，一般廃棄物および遮断型・安定型処分場で処分される産業廃棄物以外のものである。

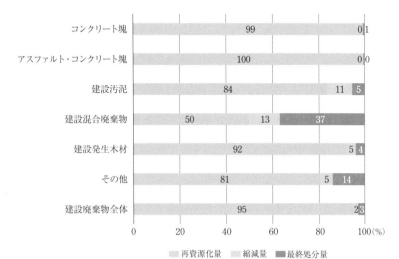

図 12・16　建設副産物の再利用・処分状況

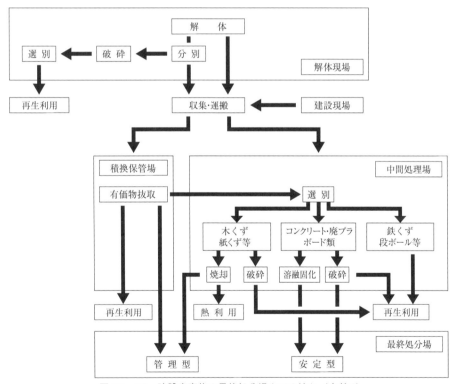

図 12・17　建設廃棄物の最終処分場までの流れ（文献2）

コラム

建設リサイクル法と建築生産　　　　　　　　　　　　　　　　（磯部孝行）

　建築系の学生は，建物をつくることを学ぶことになる。そのため，建物が廃棄されることにまで思考が至らないのではないだろうか。実は，既存の建物が建設予定地に存在した場合，建築生産のスタートは建物の解体から始まるのである。建物の解体に関連する法律として建設リサイクル法があり，その名前のとおり建物の分別・解体の徹底を義務づけ建物から排出される廃棄物のリサイクルを促進する法律である。

　建設リサイクル法については，本文でも解説しているが，国である国土交通省が法律の内容を定め各自治体の建設部局で建設リサイクル法を所管している。建設リサイクル法の運用においては，届出制度によって解体現場の把握がなされ，適切に分別解体が行われているか抜き打ちで行政職員が解体現場のパトロールなどを行っている。

解体現場の様子

　主な確認事項としては，解体工事の掲示が適切に行われているか，解体業の許可をもった業者が解体工事をしているか，解体現場で分別が適切に行われているか，廃棄物を搬出する車が産業廃棄物を搬出する収集運搬車であるかなどである。

　このように，建物を適切に解体する解体業者，そして，建築行政に係る行政職員のパトロールによって高い再資源化率を維持しているのである。

　他方で，建物が適切に解体されないケースもあり，その代表的な例として，再生砕石の中から有害物質であるアスベストの混入が発見される事件が 2010 年にあった。建築の実務者が，より良い建物を設計し建設することが重要であるということは述べるまでもないが，建物のリサイクルもれっきとした建築の仕事であることぜひ理解していただきたい。

第 **13** 章

建築の持続的経営と維持保全 FMファシリティマネジメント

13・1　建築生産と施設経営

　建築生産は建物のライフサイクル，企画から解体に至る一連のプロセスを扱う。そのプロセスの内容をみると，建物が実際に利用される期間が設計・施工に要する期間よりも圧倒的に長い。本章では，建物を有効に使い続けるために必要な戦略を，主に発注者・使用者の視点から考えることにする。発注者・使用者にとって，建物は，土地・建物・什器・備品・ICT 等の施設・経営資源の一部であり，その最大限の有効利用が関心事となる。建築生産者にとって，建物はまず工事目的物という扱いとなるが，発注者・使用者の視点，すなわち，建物と事業の関わりについても理解しておく必要がある。

13・1・1　経営における建物の性格

　建物は，個人の持家を別にすれば，企業等が事業収益を目的として建設する。それは事業活動の場であると同時に，有形固定資産（支出の効果が翌年度以降にも及ぶ現物資産）という経営資源としての性格も有する。

　有形固定資産は資金を長期間固定したものであり，維持保全費，固定資産税，金融費用等の諸費用が定常的に発生する。建物の場合はこれに減価償却費が加わり，償却に応じて資産価値が毎年減耗していく。以上の費用を総称して施設運営費という（借入建物では賃料や共益費がこれに相当する）が，施設運営費は人件費その他と並んで事業費用の大きな割合を占める。

　このような性格に起因して，企業等は建物ならびにその付属設備を利用期間全体にわたって実体・財務の両面から管理運営する必要があり，その手法として，FM（Facility Management：ファシリティマネジメント）が使われている。FM の理解には建物の実体管理の知識に加え企業財務の基礎知識が必要であり，財務諸表の読み方を心得ていることが望ましい。図13・1に財務諸表の一例を示したが，建物に関連する費用が，損益計算書，貸借対照表のどのような項目に計上されるかを理解しておく必要がある。

13・1・2　FM（Facility Management：ファシリティマネジメント）とは

　FM では，ファシリティの持つハードとソフトの両面を対象とする。ハードとしての「施設」は，「土地・建物」と，主に建物の利用環境を構築するための内装・什器・備品等を含む。建物の利用環境と深く関わるハード面でのICT 整備を含める場合もある。ソフトとしての「環境」には，業務支援サービスや生活支援サービスも含む。さらに，建物およびそこで働く人々の行動は，周辺，都市環境，地球環境にも大きな影響を与えることから，建物の内部環境だけではなく，外部環境も含んで考える必要がある。近年，地球環境に対する企業の責任は，企業の社会的責任（CSR: Corporate Social Responsibility）の一つとして重要視されている。ファシリティを有する者の責任として認識する必要がある。

　公益社団法人日本ファシリティマネジメント協会（JFMA）では，FM を「企業・団体等が保有又は使用する全施設資産及びそれらの利用環境を経営戦略的視点から総合的かつ統合的に企画，管理，活用する経営活動」と定義している。ここでいう「経営活動」とは，図13・2に示す通り，経営資源（人事，ICT，財務，FM）を有効活用して，組織の目標（収益，社会的責任等）を達成するマネジメントである。

財務諸表とは

　企業等が株主に経営状況を報告するために作成する以下の 1～5 の書類の総称であり，この中でも，特に 1 と 2 が重要である。

1. **損益計算書**（Profit & Loss Statement）：P/L ともいう。

　一定期間（通常 1 年間）に発生した企業等の費用・収益を集計したもので，儲け（または損失）を表す。

【経常損益の部】		
営業損益		
営業収益		
売上高		1,000
－営業費用		
売上原価	（－）	750
販売費および一般管理費	（－）	100
営業利益（または損失）		150
営業外損益		
営業外収益		
受取利息および配当金		30
雑収入		0
－営業外費用		
支払利息および社債利息	（－）	80
雑支出		0
経常利益（または損失）		100
【特別損益の部】		
特別利益		10
－特別損失	（－）	30
税引前当期利益（または損失）		80
【当期利益の部】		
－法人税等	（－）	40
税引後当期利益（または損失）		40
【未処分利益の部】		
前期繰越利益（または損失）		25
積立金取崩額		0
－中間配当額	（－）	10
－利益準備金繰入額	（－）	5
当期未処分利益		50
（または当期未処理損失）		

2. **貸借対照表**（Balance Sheet）：B/S ともいう。

　期末時点の資金調達と使途の一覧表で，財政状態を表す。

【資産の部】		【負債の部】	
流動資産	400	流動負債	300
現金および預金	50	支払手形および買掛金	100
受取手形および売掛金	250	短期借入金	5
有価証券	30	前受金	150
棚卸資産	65	未払法人税等	40
その他	5	その他	5
固定資産	250	固定負債	200
（有形固定資産）	225	社債	40
建物	120	長期借入金	50
構築物	50	退職給与引当金	100
機械および装置	20	その他	10
車両および運搬具	5	負債合計	500
工具・器具・備品	10		
土地	15	【資本の部】	
建設仮勘定	5	資本金	100
（無形固定資産）	25	法定準備金	150
ソフトウェア	20	資本準備金	100
その他	5	利益準備金	50
投資等	300	剰余金	200
投資有価証券	10	任意積立金	135
子会社株式	200	当期未処分利益	65
出資金	40	（うち当期利益）	（40）
長期貸付金	40		
長期前払費用	5		
その他	5	資本合計	450
資産合計	950	負債・資本合計	950

3. **キャッシュフロー計算書**：資金の出入りの流れを表す。
4. **利益処分案**：当期未処分利益の配当等，処分内容を表す。
5. **附属明細書**：上記書類を補足する計算明細や重要事項。

財務諸表における建物の性格

1. 建物は企業等の事業用資産であり，貸借対照表の「資産の部の固定資産」の欄に有形固定資産の一つとして金額で表示される。（この金額を「価額」という）
2. 「有形固定資産」には，償却資産（使用に応じて価額が目減りする資産）と非償却資産（使用によっても価額が目減りしない資産）とがあり，建物は償却資産である。

　また，土地は非償却資産の代表格である。
3. 当期の建物の価額は未償却残高（取得価額から前期までの減価償却累計額を差し引いた金額）であり，建物が複数の場合は個々の償却価残高の合計となる。

　また，取得価額とは，建物を完成させるために直接に要した設計・工事等費用の合計となる。
4. 減価償却は，資産価額の当年度目減り分相当額[*1]を減価償却費として損益計算書に営業費用[*2]の一部として計上する財務会計手法である。この金額は法令で認められた想定額であり，必ずしも資産の実際の減耗額を表すものではない。

5. 財務会計の損益計算では，現金の出入りのほかに，債権・債務も収益・費用として扱うため，費用と支出，収益と収入は同じではない。
   (1) 費用は収益を伴う支出であり，現金支出と非現金支出とがある。減価償却費は後者に属し，現金の出入りの上では内部留保される現金収入となる。
   (2) 収益を伴わない現金支出や資産減耗は損失である。
   (3) 出資金・借入金・預り金等は，営業・営業外収益ではないが，現金の出入りの上では，現金収入となる。
   (4) 財貨変動を記録する形式を勘定といい，現金の収入・支出には，勘定の一つである現金勘定が使用される。現金の収入・支出を収益・費用と混同してはならない。

*1　取得金額または未償却残高の一定比率のこと。
*2　ただし，事業に直接寄与しない本社ビル等の減価償却費は販売費および一般管理費に計上する。

図 13・1　財務諸表の概要

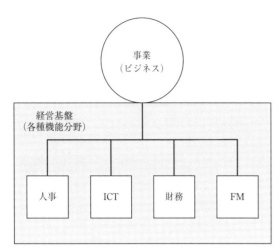

図 13・2　事業（ビジネス）と経営基盤（文献 1）

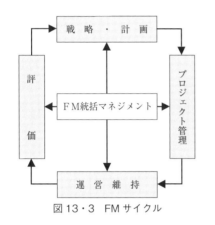

図 13・3　FM サイクル

13・1・3　FM の活動とファシリティの最適化

　施設は，竣工時点または整備完了時点では要求条件を満足していても，その状態がいつまでも持続するとは限らず，ライフサイクル（使用期間）を通じて性能低下（詳細は後述する）がいつでも発生し得る。このため，ファシリティには変化を前提とした評価や対策が絶えず求められている。

　以上の認識に基づくファシリティの最適状態維持の一連の継続的活動が FM の本質であり，その活動サイクルを FM サイクルという。図 13・3 に FM サイクルを示す。

　品質管理の世界には，PDCA サイクル（別名 QC サイクルまたはデミングサイクル）という概念があるが，FM とは，この PDCA サイ

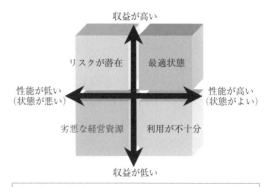

① 右上の領域
　性能・収益とも高く，最適化が達成された状態である。基本的に現状維持を行えば十分である。
② 右下の領域
　性能は高いが収益は低い。施設運営費の低減や利用度の向上が必要である。
③ 左上の領域
　収益は高いが性能は低く，リスクが潜在している。改修等の改善策が必要である。
④ 左下の領域
　性能・収益とも低く，経営資源として劣悪な状態である。改善の見込みの有無を判定し，見込みのない場合は他の建物に機能を集約後，撤去や売却が妥当と考えられる。

図 13・4　最適状態の概念

クルを，経営的な総合的かつ統合的視点から，ファシリティを整備する側（「作る」側）とファシリティを「使う」側を一体的なシステムとして捉え，ライフサイクルを通じて回していく活動とも言える。

　建物に関する FM においては，FM サイクルに従い，劣化情報や使用条件変化を常に整備する側にフィードバックし，財務面の評価も行って，最適状態（最大の収益性と使用条件の満足）を維持する点に特色があり，たとえば，改修か撤去・建替かの選択も最適化の観点から決定される。

　図 13・4 に，ファシリティの性能特性の四つの区分を示したが，最適状態とは，この図の右上の領域に属する「性能・収益とも高い」状態をいう。ここでは，横軸の「物としてのファシリティの良し悪し」を狭義の性能，縦軸の収益性を含む全体を広義の性能と考えている。

13・1・4　FMと地球環境問題

　FMの発想や手法は，地球環境問題や少子高齢化問題といったまさにSDGs（Sustainable Development Goals：第12章参照のこと）に掲げられた全世界的課題にも深く関わっている。近年，注目されている建物の長寿命化や環境負荷低減は，要求性能を満足し，事業収益に貢献する優れた経営資源としての建物を追求する取り組みの一つであるが，社会的には「豊かさを追求しながら地球環境を守るため」の取り組みでもある。FMシステム（コラム参照）の導入は，施設の運営・維持管理をICT技術の活用により効率性を高めるものであり，企業にとっては人的に費やす時間の縮減としても期待できる。

　これまでは，企業の環境への投資は，企業の社会的責任であり，本業に対するリターンは限定的であると考えられていたが，昨今の社会的意識の変化により，その構造は変わってきている。「ESG投資」とは，「従来の財務情報だけでなく，環境（Environment）・社会（Social）・ガバナンス（Governance：企業統治）要素も考慮した投資」であるが，企業の環境への取り組みが，企業評価に直結する時代になっていることも認識しなければならない。

13・1・5　FMの業務内容

　FMは，全体を統括する業務およびFMサイクルの4段階に対応した業務で構成されている。以下に各業務の概要を記すが，これらは企業経営と密接に関わっており，経営層の主導の下に企業内部のFM部門の担当者（「ファシリティマネジャー」と呼び，資格名称にもなっている）が実施することが基本である。設計・施工等の建築生産実務や維持保全実務は外注するが，ファシリティマネジャーは外注先の選定・契約・管理・確認等においても重要な役割を担っている。

表13・1　FM統括マネジメントの業務構成（文献1）

① 組織・体制の構築
② データが随時利用できる仕組みの構築
③ 標準・規程の整備
- ファシリティ標準：施設標準・環境標準
- 面積標準：1人当たり面積
- 運営維持標準：維持標準・運用標準・サービス標準
- 財務標準：投資標準・コスト標準・調達標準・配賦標準

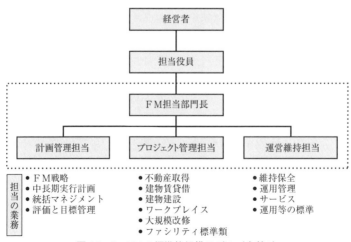

図13・5　FMの標準的組織モデル（文献1）

(1)　FM 統括マネジメント

　FM を円滑に遂行させるための仕組みや仕掛けを作る業務であり，FM サイクルを回すために不可欠なものである。表 13・1 に業務構成を，図 13・5 に標準的な組織モデルを示す。FM 統括マネジメントの業務内容は，組織・体制の構築，仕組み作りおよび各種標準類の作成である。

　組織・体制の構築とは，縦割りを排し，FM を一元的に実施する部門の確立をいい，仕組み作りとは各部門の役割や仕事のルールの明確化をいう。また，標準類は環境・スペース・財務など多岐にわたるが，日々の企業活動の物差しであるとともに，評価尺度としても重要である。

(2)　戦略・計画

　FM の戦略・計画とは，FM の施策および中長期にわたる具体的な実行計画を立案する業務であり，表 13・2 に示す業務で構成される。戦略とは，企業等の経営戦略に基づくファシリティの戦略や施策策定をいい，建物等の計画の基本となるものである。また，計画とは戦略に基づく建物等の中長期および単年度の事業計画（投資・賃貸借・売却等の計画）をいう。戦略・計画ともに企業等の経営方針の実現をファシリティの分野で担う業務であり，建築生産側から見れば建築プロジェクトのニーズの源泉である。

(3)　プロジェクト管理

　戦略・計画に基づく建物の建築または什器等の整備のプロジェクト実行段階の管理業務であり，個々のプロジェクトの終了時に完了する。

　表 13・3 にプロジェクト管理の業務内容を示すが，業務担当者は各業務の計画内容・契約条件および発注先の決定等の重要事項に関し，経営トップの意思決定に必要な情報を遅滞なく的確に伝え，承認を得る必要があるとされている。

　なお，通信や電力等，常時大量の設備投資が必要な産業を別にすれば，一般に企業等のプロジェクト発生件数は少なく，プロジェクト管理担当者を社内に置くことが非効率なため，一部

表 13・2　戦略・計画の業務構成（文献 1）

① FM 戦略
　経営戦略に基づく総合的なファシリティの施策策定。
② 中長期実行計画
　経営戦略に基づく事業計画の策定。
- 施設要求の入手：全社的に必要な施設の要求面積の入手
- 施設総合計画／供給計画：既存施設と新規に必要な施設を勘案して作成
- 全プロジェクト計画：賃借・建設・返却・売却計画のとりまとめ
- 施設投資予算：予算のとりまとめ（投資・除却，敷金，保証金）
- ファシリティコスト予算：新規プロジェクトから発生するものの予算計画
- 単年度計画・管理：中長期実行計画に基づく単年度計画

表 13・3　プロジェクト管理の業務構成（文献 1）

① ワークプレイス作り
　人が働く室内環境と機能の装備，情報化対応装備を計画し，実施する業務。
② 施設賃貸借
　土地・建物の賃借や返却により，適切なスペースの供給を行う業務。
③ 不動産取得
　土地・建物の取得，権利保全，売却等を計画・実施する業務。
④ 建物建設
　中長期実行計画に基づく建物の建設を計画・実施する業務。解体も含む。
⑤ 大規模改修
　経年劣化・陳腐化した建物等の性能を向上させ，長寿命化を図る業務。

表 13・4　運営維持の業務構成（文献 1）

① 維持保全
　時間の経過とともに劣化・陳腐化するファシリティの機能や性能を所期の目的通りに維持して保全を図り，利用者に継続的な信頼性をもたらす業務。（点検，整備，清掃，省エネルギー，衛生管理，建物診断，修繕，改修等）
② 運用管理
　ファシリティを有効に活用するとともに，利用者に対して安全性・快適性・利便性を提供するために運用・管理する業務。（設備の運転・監視，ワークプレイス管理，保安・防災管理，環境管理，賃貸借管理等）
③ サービス
　ファシリティを通じて利用者に心地よく便利なサービスを提供する業務。サービス内容は，業務支援（受付，応接・会議室等におけるサービス，メール，印刷等）と生活支援（食堂，自販機，駐車場，健康管理等）とに分けられる。

の業務を除き外注することが多い。しかし，安易な外注依存は発注者の利益を損なう可能性もあり，社内外の望ましい業務分担，外注の範囲については熟考を要する。

(4)　運営維持

ファシリティを適切な状態に保ちながら運用し，サービスを提供して事業の用に供し，利用者の満足度を高める業務である。

運営維持は表13・4に示す業務で構成され，維持保全，運用管理およびサービスから成るが，実務は外注によることも多く，ファシリティマネジャーの業務は外注管理と実務情報の提供とに大別される。（実務提供者が自らの実務をFMと称する場合もある）

維持保全の実務の詳細は13・2節で述べるが，ファシリティマネジャーは基本方針・要求条件の作成，外注先の選定，契約・発注および検査等を実施する。発注方式には，保全箇所や点検頻度等を定める「仕様発注方式」とサービスレベルを定める「性能発注方式」とがある。

運用管理は，各種設備の運転監視の外注管理およびワークプレイス・賃貸借の管理をいう。

サービスは，たとえば受付業務や自販機サービス等，建物利用者の業務や生活の利便に関わる各種サービスをいう。働く場の多様化により，ICT機器の管理，「オフィスコンシェルジュ」といった問い合わせ対応窓口業務，託児所等との連携など，サービス業務の範囲はさらに広がっている。

運営維持においては，外注管理に加え，実務情報をデータベース化して次の評価業務に提供することが不可欠であるが，取組みはまだ十分とはいえない。日々積みあがっていく業務の記録を，外注から（もしくは運用の現場から）定期的に取り寄せた後，データベース化の作業を行わなければならないため，どうしても取り組みが後回しになりがちである。後述するFMシステムは，運営維持業務の日常業務の処理に使われるデータを，データ処理の裏側で同時に

データベース化するツールでもあり，この点でも効果が期待できる。

(5)　評価

FMにおける評価は，運営維持情報や評価手法を活用し，既存ファシリティの最適状態と現状との乖離を明らかにして，最適化の戦略・計画に反映させることを目的とし，FM業務においては極めて重要である。

FM推進連絡協議会（後述）では，FMの目標を財務・品質・供給とし，表13・5～7のように整理している。

表13・5　財務目標（文献1）

① ファシリティコストの低減による収益性向上への貢献。
② 施設資産保有の適正化と有効活用。
③ 施設投資の適正化によるキャッシュフローの改善。
④ 初期投資と運営維持費との均衡によるライフサイクルコストの最適化。

表13・6　品質目標（文献1）

① 品格性の確保による地域・景観への貢献。
② 快適性の確保による居住性・保健性等の向上。
③ 生産性の確保による効率性・利便性等の向上。
④ 信頼性の確保による安全性・耐久性等の向上。
⑤ 環境保全性の確保による省エネルギー・省資源等への貢献。
⑥ 利用者・顧客満足度の充足。

表13・7　供給目標（文献1）

① 需給対応性の確保による必要量の確保。
② 施設利用度の確保による無駄の排除。

13・1・6　FMと情報技術

　他章でも触れている通り，FMに限らず情報技術の活用は進んできている。

(1)　情報技術

　FMでは，データに基づき考え行動することが基本であり，情報技術（FMシステム・FMデータベース）は重要な存在である。FMシステムには，基本情報管理のほか，評価，シミュレーション，フィールドワーク（点検・測定・診断），運用管理（エネルギー・セキュリティ），建物ユーザ支援（ヘルプデスク）等様々な機能があり，汎用パソコンやインターネット，クラウドサービスの普及により，遠隔のデータ投入・集計・利用等も可能になった。

　FMデータベースは，図面・写真・文字・数値等の統合的な運用のため運用ルールの徹底が重要である。また，更新費用が過大になると破綻するため，投資・費用対効果を十分に考慮して，必要最小限のものから構築し，徐々に拡充していく方法が賢明である。昨今では，設計・施工段階のBIM（Building Information Modeling：第11章参照のこと）データを，直接FMシステムに連携し，建物の基本情報を容易に初期入力することが可能になっているが，BIMデータの分類体系と，FMシステムのデータ分類体系のルールを事前に定め，ルールに基づいたデータ構築を行なうことが重要である。

(2)　監視・制御，評価・診断技術

　これらの多くは外注する運営維持実務の技術であるが，広義のFM技術として概要を紹介する。設備監視・制御技術は，建築環境制御，建物運営管理，省エネルギー・セキュリティ対策等が可能なBAS（Building Automation System）あるいは省エネの監視・制御機能を一元化したBEMS（Building and Energy Management System）と呼ばれるシステムの形で実現しており，近年はIP（インターネット・プロトコル）や汎用のサーバ・パソコンを活用して，柔軟性やセキュリティに優れたシステムを構築することが可能になった。今後は，先述のFMシステムとの連携も望まれている。

　評価・診断技術は，劣化診断，地震・水害等各種リスク診断，執務環境診断および省エネルギー診断等の分野で成果を上げている。

13・1・7　FMの歴史と現状

　FMは，1961年に米国で誕生し，その後各国に普及した。わが国のFMは，1987年に「オフィスの質の向上を図り，新しい需要を喚起すること」を目的として，NOPA（ニューオフィス推進協会）の前身が設立されたことに始まる。

　NOPAが1991年に取りまとめた「ファシリティマネジメント標準業務についての中間報告書」は，この章で紹介した現在のFM標準業務の基礎となっている。FM推進団体としてはこのほかに，BELCA（ロングライフビル推進協会）およびJFMA（日本ファシリティマネジメント協会）がある。FM推進連絡協議会はこれらの3団体の協議会である。

　FMの概念は海外から入ってきたものであるため，横文字の用語が多い。日本に入ってきた段階で日本の慣習に合わせて，用語が指し示す範囲が広がったものもある。図13・6に示す通り，FMサイクルにおいても，米国では整備する側である「戦略・計画」「プロジェクト管理」をCRE（Corporate Real Estate），使う側である「運営維持」「評価」をFMと呼び分けているが，日本では「戦略・計画」「プロジェクト管理」「運営維持」「評価」のサイクル全体をFMと呼ぶことが多い。

　「○○マネジメント」といった，マネジメント関連の用語も頻出するので，表13・8に概略を整理しておく。（PM，CMについての詳しい説明は，第12章参照のこと）

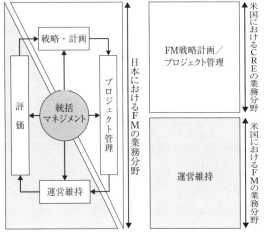

図13・6　日本におけるFMの概念と米国における
業務分野の違い（文献1）

13・2　維持保全

　維持保全はFMサイクルの一段階である運営維持の主要な活動であるが、実務が外注され、業務内容・技術・業態も確立しているため、特に建物に関する内容について、この節で詳述する。

　完成後の建物の維持保全に関わる業務はビルメンテナンス業務とも呼ばれ、環境衛生・運転保守・点検整備・保安警備・清掃管理等様々な業務で構成されている。表13・9に、ビルメンテナンス協会による業務体系の要約を示す。

　維持保全の対象は安全や健康に関わるものが少なくないため、法定業務となっているものがある。表13・10にその一覧を示す。また、法定業務の一つである室内空気の環境測定に使用される「居室における空調基準値」を、表13・11に示す。この基準値は、「建築基準法施行令」のほか、「建築物における衛生的環境の確保に関する法律」（ビル管法）にも共通に定められている。

表13・8　各種のマネジメント

　アセットマネジメント（AM）は、有価証券・不動産、その他、資産形態を問わず、投資の魅力のある資産は同列に扱い、運用効率次第で資産の入替えも行う。

　米国不動産業界の用語であるため通常は投資不動産に限定して使用されることが多いが、不動産の証券化は、上記の発想に基づくものである。

　なお、わが国では、実体管理の面の強い土木系公共インフラのマネジメントを指す場合があり、その場合はFMの概念に近い。

　プロパティマネジメント（PM）は、賃貸ビルオーナーの立場で実施する業務である。自社の事業用不動産を対象とするFMとは異なるが、混同する向きもある。

　また、不動産投資ファンドが乱立した時期のPM事業者の中には、投資収益を優先する余り、実体管理の手抜き、法外な賃料改定要求、AM側の都合による大規模改修費用負担回避のための、不動産早期転売等の行為が見られた。

　「建物が収益を生む」という思想は奥の深いものから欲の深いものまで玉石混交であり、このような事例を反面教師として賢明な判断が必要である。

　プロジェクトマネジメント（PM）は、従来の工事監理やFMサイクルのプロジェクト管理に近く、後述するCMに重なる部分もあるが、相互の定義の差異は厳密ではない。

　コンストラクションマネジメント（CM）は、米国で数十年来実施されており、わが国には、1980年代に導入された。FMサイクルのプロジェクト管理の中で、施設の建設に特化したマネジメントといえる。

　CMには、コンサルタントの立場で実施するものと、工事請負のリスクを負うものとがある。

　ビルマネジメント（BM）は、清掃、設備管理、警備等の、役務提供を主とするビルメンテナンスに対し、オーナーまたは不動産投資家の代行として、建築物の管理・運営を行う業務とされ、テナントの誘致・交渉、賃貸借業務代行、賃料・共益費等の請求・回収、改修工事の立案・管理、下請業者の選定・管理等が挙げられているが、後述する維持保全業務の中にもあり、プロパティマネジメントとの差異も明確ではない。

　ライフサイクルマネジメント（LCM）に関連する用語として、ファシリティの生涯に要する費用をライフサイクルコスト（LCC）、その管理をライフサイクルコスティングと呼ぶ。LCCについては13・2節で述べる。

13・2・1 日常管理と建物診断

維持保全は日常管理と法定点検，建物診断に大別される。

日常管理とは，日々の維持保全活動を通じた建物の機能維持をいい，予防保全，予測保全および事後保全の3通りがある。（表13・12）

影響が軽微で回復が容易な対象には事後保全，それ以外は予防保全・予測保全が有効であり，これらの適切な組合せが費用対効果の高い維持保全を可能にする。影響が軽微か否かは建物の用途のみならず，使用者によっても異なることに留意が必要である。

法定点検とは前述の法定業務のことであり，電気設備や機械設備などの月々や年次の定期的な点検を指す。

維持保全における建物診断とは，建物の品質や性能を調査・測定し，将来予測や対策立案を行う業務をいい，目的および精度により，1次・2次・3次に分類される。（表13・13）

一般に建物診断といえば劣化診断や耐震診断を指すことが多いが，このほかに省エネルギー診断や環境診断等がある。

なお，既存建物の継続使用可否の技術的判断は，建物部位のうち，最も物理的寿命の長い躯体の状況に大きく左右される。たとえば，用途変更が必要でも，躯体の改修が軽微で済む場合は，内外装，設備の改修により，建物総体の存続が経済的にも可能になることが多い。このため，先の耐震診断の際に躯体の劣化度も考慮した耐久性診断を併せて実施する場合がある。

表13・8　各種のマネジメント（続き）

コストマネジメント（CM）は，建築生産の世界では，設計・建設業界に加え，積算業界でも取り上げられるようになった。

なお，この用語の場合，CMという略称は，あまり用いられないようである。

リスクマネジメント（RM）には，ISO（国際標準化機構）やJISの定義があり，それに準拠した活動を指すことが多い。

ISMS（情報セキュリティマネジメント）も，リスクマネジメントの一つである。

なお，RMに類似する用語として，クライシスマネジメント（危機管理）があるが，一般的ではない。

ブランドマネジメント（BM）
自社の強みをブランドとして経営に活用する意味である。

既存のブランドは長年培った伝統や品質の賜であるが，それにあぐらをかくと実体と乖離して失墜する。近年は金融資本の過剰介入による空洞化の事例もある。

トータルクオリティマネジメント（TQM）
TQMは，TQCよりも包括的な印象を与えるためか，使用されることがある。同様に，QCの代りにQMを使用する場合もある。

レコードマネジメント（RM）
文書管理をいい，レコマネとも呼ばれる。

インフォメーションマネジメント（IM）
情報管理をいうが，語呂が悪いためか一般的ではない。

表13・9　維持保全の業務体系

環境衛生管理業務	清掃管理業務	建築物内部清掃	床・天井・内壁
			トイレ・洗面所
			ブラインド・照明器具
			エレベータ・エスカレータ
		建築物外部清掃	外壁・窓ガラス・サッシ
			屋上
			建物外回り
	衛生管理業務	空気環境管理	空気環境測定
			空気調和装置の清掃
		給水管理	貯水槽清掃
			水質検査
			給水管洗浄
		排水管理	排水槽清掃
			湧水槽清掃
			浄化槽清掃
			排水管清掃
		害虫駆除	ネズミ・昆虫等の防除
		廃棄物処理	ゴミの収集・搬出・処理
設備管理業務	運転保守業務	電気通信設備	受変電設備
			屋内配線設備
			照明設備
			非常用発電設備
			電話設備
			蓄電池設備
		空気調和設備	ボイラ
			空気調和装置
			冷凍機
			冷却塔
			送風機・排風機
		給排水設備	（給水・排水管理の対象に同じ）
		消防用設備	警報設備
			消火設備
			避難設備
		昇降機設備	エレベータ
			エスカレータ
建物	点検整備業務	建物構造部の点検整備	
		建築設備の点検整備	
保安警備業務		警備業務	
		防火防災業務（消防用設備が対象）	
		駐車場管理	
その他管理業務		ビルマネジメント業務	
	管理サービス業務	受付・案内	
		エレベータ運転	
		電話交換	
		メールサービス	

表13・10　法定業務一覧

設備区分	維持管理業務	届出先	法令
建築設備	非常用照明装置 機械換気設備 排煙設備 外観及び性能検査（1回／年）	特定行政庁	建築基準法
	給排水設備		条例等
	敷地，構造，防火，避難，衛生，維持保全計画書関係外観調査（1回／年～3年）		建築基準法
昇降機	定期検査（1回／年）		
自家用電気工作物	定期点検，測定，試験		保安規程
	電気工事		
	簡易電気工事		
	特殊電気工事		
ボイラ	性能検査（1回／年）	労働基準監督署	労働安全衛生法 ボイラ及び圧力容器安全規則
圧力容器			
冷凍機	高圧ガス保安検査 高圧ガス保安検査受検（1回／3年）	特定行政庁	高圧ガス保安法 冷凍機保安規則
環境衛生基準	室内空気環境測定（1回／2月） ねずみ・昆虫等の防除（1回／6月）		建築物における衛生的環境の確保に関する法律施行規則
給排水設備	水質検査（1回／6月） 残留塩素測定（1回／週） 貯水槽の清掃（1回／年） 排水設備の清掃（1回／6月）		
	貯水槽設備の点検（1回／年）	管轄保健所	水道法
	貯水槽の清掃（1回／年） 水質検査（異常を認めた時）		
し尿浄化設備	点検及び清掃は処理方式により異なる 水質検査（1回／年）		浄化槽法 同施行規則
消防用設備等	作動試験，外観点検，機能試験（1回／6月） 総合試験（1回／年）	所轄消防署	消防法

13・2・2　維持保全のコストと計画

　建物等ファシリティの生涯に要する費用をライフサイクルコスト（LCC）と呼ぶ。LCC は，建物の取得コストと保有コストに大別される。

　第 10 章コラムでは，LCC の算出例が引用されているが，そこで引用された中規模事務庁舎の例では，建物の取得コスト，すなわち「建設コスト」が，65 年間で試算した LCC の約 1/4 に過ぎないのに対し，建物の保有コストは，実に LCC の約 3/4 を占めている。これらは 65 年で算出されたものだが，昨今，庁舎や病院などの防災拠点となる施設は「100 年建築」が謳われることもあり，そうした施設では，保有コスト，そして保有コストの大半を占める維持保全コストの割合は，更に大きくなるものと予想される。

　LCC の過半を占める維持保全コストの低減は重要課題である。しかし逆説的であるが，使用期間中の経済性に関わる建物の性能の多くは，新築設計段階で決まってしまうため，維持保全段階における経済性の高い建物の設計が，抜本的かつ最も重要な対策である。

　具体的には，耐久性の高い躯体，様々な使い方に対応出来る汎用性の高い架構，短寿命の部位の交換容易性，熱負荷の低減，メンテナンスに特殊器具を必要としない造り，災割対応等，適切な構法の選定やバランスのとれた組合せが要求される。

（既存建物でも改修の時期を捉えてある程度の保全費用低減は可能であるが，投資・費用対効果の面で制約を伴い，単純な光熱水費節減の域を出ない場合もある）

表 13・11　居室における空調基準値

浮遊粉塵の量	空気 1 m³ につき 0.15 mg 以下
CO の含有量	10 ppm 以下
CO₂ の含有量	1,000 ppm 以下
温　　度	17℃ 以上，28℃ 以下　居室における温度を外気の温度より低くする場合には，その差を著しくしないこと
相 対 湿 度	40% 以上，70% 以下※
気　　流	0.5 m/s 以下
気　　積	1 人につき 10 m³ 以上

※相対湿度 40% は，実際には低すぎる。（50% は必要）

表 13・12　保全の種類

予防保全	目視の点検によって劣化の有無や兆候を事前に把握する方法
予測保全	劣化状況を測定機器等により一定間隔で把握し，限界点に達した時点で修繕・改修を行う方法
事後保全	異常や故障の発生・確認の時点で修繕等を行う方法

表 13・13　建物診断の次数

1 次診断	目視・打診，設計図書との照合及びヒアリングによる概況診断
2 次診断	1 次診断でさらなる調査が必要とされた項目について，専門技術者が簡易な診断機器により，非破壊試験を中心に行う中程度の診断
3 次診断	改修等の必要がある場合に判断資料を作成するために，高度な専門技術者が資料抜き取り等の破壊試験を含めて行う診断

13·2·3 LCC の活用

　指標としての LCC の活用に関しては，米国の一部の組織の公共施設の企画段階で，複数の企画案の LCC を予測・評価し，それが最小となる案を選定する方式が採用されており，興味深い。日本の公共施設の設計プロポーザル等でも，LCC の低減が提案課題の一つとして指定され始めている。LCC の低減は，$LCCO_2$（ライフサイクルを通じた二酸化炭素排出量）の縮減とも深く関わっている（相反する項目もあるが，運用エネルギーの低減など多く項目は同じ方向を向いている）。建築生産のあらゆる段階において，予測・評価が行われ，計画の妥当性の検証に活用されることが望まれる。

　わが国では，建物の主要部位や設備の耐用年数に基づき，大規模改修の発生時期や金額を想定する長期修繕計画が作成されており，計画的な維持保全への活用が期待されている。ただし，LCC は建物の経年劣化のみを改修の要因としているため，用途変更の費用は考慮されていない。また，各部位の予想耐用年数の精度向上の課題があるほか，建物の実際の利用期間や将来の長期間にわたる金利・物価の想定方法等にも不確定要素が多い。このため，LCC の概念は尊重しつつも，適用に際しては制約条件を理解した上での十分な注意が必要である。

　「法定耐用年数」についても補足しておく。「法定耐用年数」は，企業会計上の「減価償却年数」を示すものであり，実際の建物の耐用年数を表すものではない。たとえば，法定耐用年数で比較すると鉄骨造よりも鉄筋コンクリート造の方が耐用年数は長いが，実際の耐用年数は耐震安全性などから決まり，必ずしも鉄筋コンクリート造に比べて鉄骨造の耐用年数が短いわけではない。建物を何年使い続けるのかは，建物の設計時に設定され，その後の劣化診断や改修計画の都度，設定されるべきものである。設定された実際の耐用年数応じた LCC を算定することより，維持保全計画のより適切な指標となる。

表13・14　主な建物・設備の法定耐用年数

種類	構造又は用途	細目	耐用年数(年)
建物	鉄骨鉄筋コンクリート造又は鉄筋コンクリート造のもの	事務所用又は美術館用のもの及び左記以外のもの	50
		住宅用，寄宿舎用，宿泊所用，学校用又は体育館用のもの	47
		店舗用のもの	39
		病院用のもの	39
		変電所用，発電所用，送受信所用，停車場用，車庫用，格納庫用，荷扱所用，映画製作ステージ用，屋内スケート場用，魚市場用又はと畜場用のもの	38
	金属造のもの（骨格材の肉厚が四ミリメートルを超えるものに限る。）	事務所用又は美術館用のもの及び左記以外のもの	38
		店舗用，住宅用，寄宿舎用，宿泊所用，学校用又は体育館用のもの	34
		変電所用，発電所用，送受信所用，停車場用，車庫用，格納庫用，荷扱所用，映画製作ステージ用，屋内スケート場用，魚市場用又はと畜場用のもの	31
	木造又は合成樹脂造のもの	事務所用又は美術館用のもの及び左記以外のもの	24
		店舗用，住宅用，寄宿舎用，宿泊所用，学校用又は体育館用のもの	22
建物附属設備	電気設備（照明設備を含む。）	蓄電池電源設備	6
		その他のもの	15
	給排水又は衛生設備及びガス設備		15
	冷房，暖房，通風又はボイラー設備	冷暖房設備（冷凍機の出力が二十二キロワット以下のもの）	13
		その他のもの	15
	昇降機設備	エレベーター	17
		エスカレーター	15

※「減価償却資産の耐用年数等に関する省令（昭和40年3月31日大蔵省令第15号）　最終改正：平成20年4月30日財務省令第32号」より抜粋した主な建物と建物附属設備の現行の年数である。

※例えば RC 造の事務所については，表13・14の試算時点の法定耐用年数は65年であったが，現在は表の通り50年に短縮されている。

※法定耐用年数の短縮は，投下資金を早く回収できるため，技術革新の激しい業種を始めとして企業には歓迎される。

　堅牢でフレキシビリティの高い躯体と更改容易な設備・内装との組合せが，長く使用できる建物の必要条件である。

※法定耐用年数は減価償却年数と同義語であり，必ずしも個々の建物等の実際の耐用年数を表すものではない。

13・2・4　維持保全と建物性能

ここまでは，維持保全の目的を述べる際には，一般的な「機能維持」という言葉を使用してきたが，正確には「性能維持」というべきである。ここからは，性能維持の反対である「性能低下」という現象に着目し，その原因や特性を整理しておく。建物の性能は，竣工後，時間の経過とともに低下するが，その要因を考察すると次の四つに整理され，極めて多様であることがわかる（図13・7）。

(1)　経年劣化

躯体・仕上げ・設備等の時間経過に伴う劣化であり，物理的劣化と呼ばれることもある。その中でも，屋根や外壁の物理的劣化は，雨漏りや耐火性・遮音性低下をもたらすほか，人通りの多い場所に面している建物では仕上材の剥落等による人身事故の原因ともなる。一般に，建物の基本的部位の物理的劣化は，複数の性能低下の要因となることが多い。

(2)　陳腐化

今日のように技術革新の激しい時代にあっては，経年劣化の対策が十分であっても，社会通念や日常感覚としての建物への要求がおのずから高度になり，その結果，既存建物が性能不足と感じられるようになることがある。たとえば，電気容量や空調設備やエレベーター設備の制御能力等はよく引き合いに出されるものであり，一時代前に建てられたビルに対しては不満を感じることが多い。陳腐化は，前項の物理的劣化に対して社会的劣化と呼ばれることもある。

また，法令の改定に起因する建物の既存不適格化も，広義の陳腐化に含まれると考えてよい。耐震設計方法や防火性能の見直しは，その代表的なものである。昨今，既存不適格建築物の大規模改修や増改築に対する法的既存遡及については，様々な基準や段階的整備を考慮した基準が示されているが，こうした基準の整備は建物の長寿命化の大きな助けとなる。

(3)　建物の使用条件の変化に伴う乖離

建物の所有者や利用者の事業・居住上の要請に基づき，入居人数や収容機器類の変更が行われると，一般に，建物のスペース・床荷重・設備容量等が不足または過大となり，事業への支障や冗長化による不経済の原因となる。このような事態は，当初の設計・施工の責任ではないが，その時点での要求性能を満たしていないという意味で広義の性能低下であり，かつ経年劣化や陳腐化の対策によっては解決することができない。建物の用途変更や業務の移転・廃止は，使用条件変化の極端な場合である。

(4)　周辺環境の変化

近隣に危険物を取り扱う施設や騒音源となる施設が建設される。地域全体の開発が進んで，都市型水害が発生しやすい立地状況になる等，周辺環境の変化（一般的には悪化）の結果として，建物の性能低下をきたすことがある。日照権の阻害もその一つである。

また，法定容積率増加に起因する建築物のいわば「既存不経済化」も，この範疇に含まれる。法定容積率増加は，経済活性化対策として実施されることが多いが，計画的に行われなければ前項同様，長寿命化推進の障害となる。

13・3　建築の持続的経営のために

　ファシリティを有する者として企業の社会的責任（CSR）が問われ，建物においても，地球環境問題や街並み景観への関心はさらに高まり，躯体が健全である限り建物を大事に使い続ける考え方が定着しつつある。

13・3・1　建物の持続的な経営のための条件

　図13・8に建築の持続的経営の主だった条件をまとめた。この内，「建物の長寿命化」「中古建物の評価制度および市場の整備」について補足する。

(1)　建物の長寿命化

　建物の耐用年数は，構成部位の中で最も寿命の長い構造躯体の年数を超えることはない。一方，建物は仕上げ材料や設備機器等，構造躯体よりも寿命が短く，更新時期が異なる部材・部位によって構成されている。このため，建物の耐久性能の向上を図るためには，「寿命の短い部位の更新作業が，より長い部位の撤去をせずに可能であるような設計・施工上の工夫」が不可欠である。

(2)　中古建物の評価制度および市場の整備

　建築の持続的経営は，耐久性の向上だけでは実現しない。すなわち，物理的には使用可能でも，使用状況等の変化により所有者にとって利用価値のなくなった建物を撤去せずに，社会全体のストックとして有効に駆るよう出来る仕組みが必要であり，そのためには所有者変更や転用を容易にするための評価・流通制度の整備等，一企業の努力を超えた取り組みが求められる。

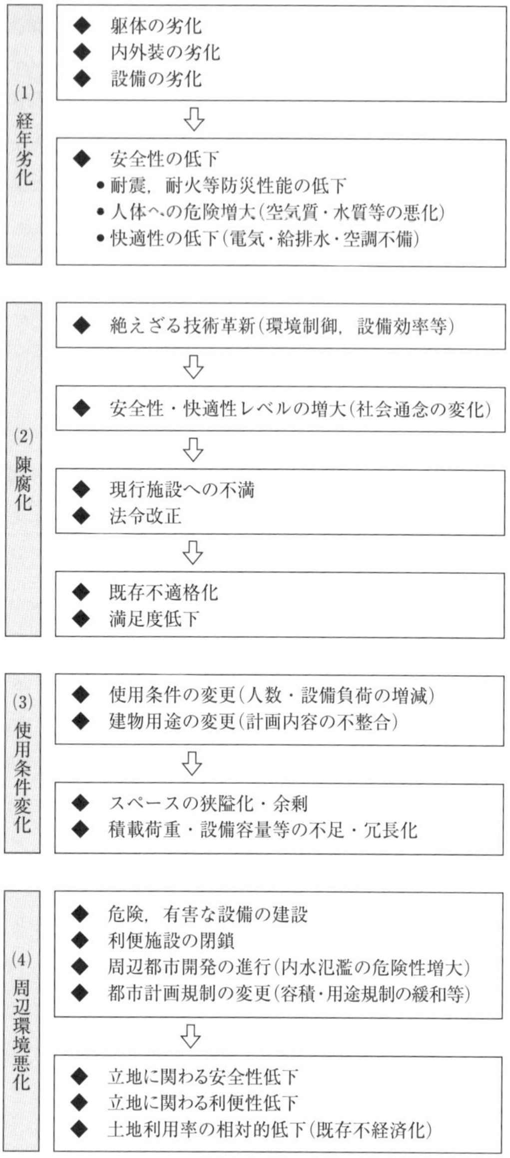

(1) 経年劣化	◆ 躯体の劣化 ◆ 内外装の劣化 ◆ 設備の劣化 ⇩ ◆ 安全性の低下 ・耐震，耐火等防災性能の低下 ・人体への危険増大（空気質・水質等の悪化） ・快適性の低下（電気・給排水・空調不備）
(2) 陳腐化	◆ 絶えざる技術革新（環境制御，設備効率等） ⇩ ◆ 安全性・快適性レベルの増大（社会通念の変化） ⇩ ◆ 現行施設への不満 ◆ 法令改正 ⇩ ◆ 既存不適格化 ◆ 満足度低下
(3) 使用条件変化	◆ 使用条件の変更（人数・設備負荷の増減） ◆ 建物用途の変更（計画内容の不整合） ⇩ ◆ スペースの狭隘化・余剰 ◆ 積載荷重・設備容量等の不足・冗長化
(4) 周辺環境悪化	◆ 危険，有害な設備の建設 ◆ 利便施設の閉鎖 ◆ 周辺都市開発の進行（内水氾濫の危険性増大） ◆ 都市計画規制の変更（容積・用途規制の緩和等） ⇩ ◆ 立地に関わる安全性低下 ◆ 立地に関わる利便性低下 ◆ 土地利用率の相対的低下（既存不経済化）

※　性能低下の要因と主たる影響を示す。
※　建物は，何十年というライフサイクルの間には，当初想定しなかった様々な変化の影響を受けるため，適宜要求条件と現状との関係を評価しなければならない。
※　維持保全は，これらの要因のうち経年劣化しか対象としていないため，利用率や経済性まで含む総合的な評価や対策にはたとえば図13・7のようなFMの性能評価の視点が必要になる。

図13・7　建物性能低下の要因と影響

13・3・2　ワークプレイスの変化

　昨今「スペースの利用」に関する考え方も変化しつつある。以下に，ワークプレイスに関して幾つかのキーワードを補足する。「利用期間中の建物の最適化」を図るには，時代の要望に合わせた柔軟な建物の活用を考えることが重要である。

⑴　ユニバーサルオフィス

　従来のオフィスレイアウトは，いわゆる部課長席がひな壇に配され，一般社員が島型対面に並ぶといった組織形態を反映したものが多かった。組織形態に合わせたレイアウトでは，組織再編の都度レイアウト変更が生じるが，ICT関連設備の重装備化に伴い，変更の手間や期間が増大することとなった。そうした背景もあり，組織変更があっても基本的にレイアウト変更せずに対応できるワークプレイスとして，ユニバーサルプランが考案された。ユニバーサルデスクは，基本的に一つの長机を「島」とする。長机に配線ダクトを設けることにより電源やLANの取り出し位置が自由に調整可能であり，椅子と収納ワゴンの配置を調整することにより，多少の人数の増減であれば調整が可能である。部課長席も「島」の中に配されるのが一般的で，よりフラットなオフィス内のコミュニケーションも期待できる。

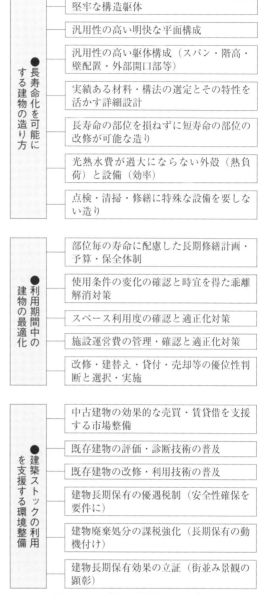

●長寿命化を可能にする建物の造り方
- 堅牢な構造躯体
- 汎用性の高い明快な平面構成
- 汎用性の高い躯体構成（スパン・階高・壁配置・外部開口部等）
- 実績ある材料・構法の選定とその特性を活かす詳細設計
- 長寿命の部位を損ねずに短寿命の部位の改修が可能な造り
- 光熱水費が過大にならない外殻（熱負荷）と設備（効率）
- 点検・清掃・修繕に特殊な設備を要しない造り

●利用期間中の建物の最適化
- 部位毎の寿命に配慮した長期修繕計画・予算・保全体制
- 使用条件の変化の確認と時宜を得た乖離解消対策
- スペース利用度の確認と適正化対策
- 施設運営費の管理・確認と適正化対策
- 改修・建替え・貸付・売却等の優位性判断と選択・実施

●建築ストックの利用を支援する環境整備
- 中古建物の効果的な売買・賃貸借を支援する市場整備
- 既存建物の評価・診断技術の普及
- 既存建物の改修・利用技術の普及
- 建物長期保有の優遇税制（安全性確保を要件に）
- 建物廃棄処分の課税強化（長期保有の動機付け）
- 建物長期保有効果の立証（街並み景観の顕彰）

図13・8　建築の持続的経営の条件

⑵　フリーアドレスオフィス

　固定席の考え方を排し，都度自由に席を選んで利用する，ワークプレイスの運用形態を指す。欧米ではノンテリトリアルオフィスなど，様々な名称で呼ばれている。ワーカー同士の偶発的な出会いによるコミュニケーションの活性化により，知的生産性の向上が期待される。電子資料による資料保存や稟議処理の電子化により机の周りの書類スペースが縮減し，オフィス内のWi-Fi整備や無線LAN対応とノート型PCの性能向上により，固定席に置かれたデスクトップ型のPCに頼らなくても　済むようになってきたことも，フリーアドレスを可能にしやすくしている。個室型の席，ソファー型のデスクや円形のグループ席，など，フリーアドレスに用いるオフィス什器のバリエーションも増えている。企業にとっては，営業職など社外での活動が多く，社内在席者が比較的少ない部署では，人数分の席を用意せず実状に合わせた席数とするなど，スペースの利用効率が高まるメリットもある。

⑶　ホームオフィス

　在宅勤務のために自宅に設けたワークプレイスを指す。2019年に発生した新型ウィルスCovid-19の影響を受け，多くの企業では否応なしに在宅勤務を取り入れることを余儀なくされた。自宅での働く場所の確保，TV会議の対応，社内データへの社外からのアクセスや社外へのデータ持ち出しに対するセキュリティ，勤務状況や残業管理等の勤務管理上の難しさなど，様々な問題が明らかになる一方で，これまでの通勤時間を，個人や家族のための時間として使うことのできるメリットを実感する人も増えている。

⑷　コワーキングスペース

　オープンなワークスペースを共用し，利用者が自分の仕事をしながら，都度，自由にコミュニケーションを図り，利用者間での情報や知見を共有するためのワークプレイスとして生まれた。会員制での運用による場合が多く，会員は自分の利用日や時間帯，日数等必要に応じて利用する。オープンスペースの席を自由に利用するフリーエントリー制の形態が主流であったが，Covid-19の影響により，個室や少人数の会議室を設けるところも増えている。ホームオフィスの代わりとして，自宅に近いコワーキングスペースを利用する人もいる。世界的なコワーキングスペースを提供する企業は，既存建物の1フロアやフロアの1角を借り，コワーキングスペースに改修するという手法で急成長を遂げたが，既存建物を時代のニーズに合わせて有効利用し続けるという，FM的な観点からも興味深い。

⑸　ABW（Active Based Working）

　「フリーアドレスオフィス」が，オフィスの中で自由に席を選ぶことのできる働き方だとすれば，ABWは，オフィス内オフィス外のスペースも含めて自由に働く場を選ぶことのできる働き方である。図13・9にイメージを示した通り，ワーカーは，いま行う仕事に対してどの場所で仕事をするのが適切であるかを選択することが出来る。オランダのコンサル会社が提唱したワークスタイルであり，グローバル企業が採用し世界的に広まった。ワーカーにとって，ワークライフバランス（「生活」と「仕事」のバランス）を取り易い仕事スタイルだと言われており，企業にとっては，優秀な人材を集め易いというメリットがある。「働き方改革」が提唱されている日本においても，今後，広まることが予想される。こうした新たなワークスタイルの拡がりにより，従来の「一人あたり○m²」といったオフィスのスペースの考え方も見直される必要がある。

　この章では，企業における経営資源としての建物の性格と，その管理運営手法である FM について，主に発注者・利用者の視点から考えてみた。

　建物のストックの活用は，わが国の社会的に要請であり，企業の枠組みを超えた，いわば社会規模での建築の持続的経営である。

　その推進のためには，各企業がたとえば建物の社会的な側面について今まで以上に認識を深める必要があるが，他の多くの分野においても相当な努力が求められる。

　そして，建築生産関係者には建物の完成後を見据えたきめ細やかな対応が期待されている。

図 13・9　「自由に働く場を選ぶことのできる」
ABW イメージ図
（提供：株式会社 オカムラ）

デジタルツインとは

(岩村雅人)

建築におけるデジタルツインとは，BIM や通信ネットワーク，IoT 等を活用して，現実世界（フィジカル空間）の情報をリアルタイムで仮想世界（サイバー空間）に送り込み，コンピューター上の仮想空間に現実世界の環境を再現することを意味する。現実世界の情報と仮想世界の情報が常に対になっていることから"双子（ツイン）"と表現されている。

現在，様々な分野で，性能，品質，耐久性，安全性等の検証にシミュレーションが使われている。デジタルツインもシミュレーションの一種だが，従来のシミュレーションと大きく異なるのは，現実世界の変化にリアルタイムに連動している，という点である。

例えば，ある建物内で現に使われている，特定の設備機器の耐久性のシミュレーションを考えてみる。当然のことながら，使用を開始すると機器は摩耗や破損等の劣化が進行するので，いま使われている機器の，「現時点」での耐久性を正しくシミュレーションするには，当初の機器情報・設置情報だけでは情報が不足している。摩耗や破損による経年劣化状況の情報を与条件に加えて，シミュレーションすることが必要である。従来は，こうした使用開始後のシミュレーションを行う際には，蓄積したデータや経験を頼りに補正係数等を使って劣化度合いを設定し，当初の機器情報・設置情報から得られる与条件を補正して用いていた。しかし，現実世界の機器の劣化は，温度や湿度，機器の設置環境，使用頻度等によって機器毎に細かく異なるので，使用状況を加味した正しい与条件を設定することは困難であった。デジタルツインでは，現実世界で生じた変化と仮想空間が連動しているため，機器の劣化状況はリアルタイムで仮想空間に再現されている。つまり，デジタルツインの仮想空間の情報をそのまま利用すれば，正しく耐久性をシミュレーションすることが出来る。

上記は，設備機器についての例であるが，米国等の IT 先進国ではこの仕組みを建物全体に拡大し，建物全体のバーチャルモデル化，すなわちデジタルツインの構築，そして実用が始まっている。現実世界から仮想世界に連動する情報量を増やし，デジタルツインの情報量を増やすことにより，建物の詳細部分にまで再現性を高めることが出来れば，仮想空間のシミュレーションを用いて，現実世界の場で今後起こり得る故障や変化について，高確度の予測が可能になるであろう。

デジタルツインと IoT や AI 技術

デジタルツインの実用化は，IoT（Internet of Things：現実世界の物理的なモノに通信機能を搭載してインターネットに接続すること，PC 等の IT 機器だけではなく，家電製品等がインターネットに接続され，使用情報等のやり取りをすることも可能になっている）の普及による。従来は，現実世界の情報をデジタル化するためには，情報の読み取り作業や入力作業に多くの人手が必要であった。作業負担が大きいため，技術的には可能であっても，実務上，仮想空間に入れ込む情報量を抑制せざるを得ず，現実世界をそのまま

仮想世界に再現することは困難であった。しかしIoTの普及により，大量のデータを「自動的」にリアルタイムで取得し続けることが可能になり，仮想世界の再現性を高めることが実用化した。

　今後，膨大なデータの送受信には5Gの普及が一つのカギを握る。高速・大容量，多数同時接続，超低遅延・超高信頼性という5Gの特徴は，まさにデジタルツインが求める要件そのものである。

　更に，IoTと5Gによる膨大なデータの分析には，AI（Artificial Intelligence：人口知能）の活用も始まっている。従来のシミュレーション技術に加えて，機械学習を主体としたAI技術を駆使することにより，推論による不足データの補塡や処理速度の向上を図り，より迅速に，より精度の高い予測が可能になっている。

　IoTとAI技術がデジタルツインの可能性を更に切り拓くことになる。

デジタルツインで実現できること

　従来，設備機器の故障等による建物の不具合が発生した場合には，作業員が現場に向かい，原因を特定していた。しかし，デジタルツインを使えば，仮想世界に再現されたバーチャルモデルを調べることにより，現実の建物のどの場所でどんな問題が起きているのかを，遠隔地から特定することが可能である。

　更に，先述の通り，今後起こり得る故障を高確度に予測することも期待されている。

　故障予測は，インターネットのショッピングサイト等で使われているレコメンデーション（顧客に合わせてお薦め商品を表示する）と同様の仕組みで実現可能である。レコメンデーションは，顧客の過去の購買履歴やページ閲覧履歴データを蓄積し，蓄積データの分析により，顧客の興味を惹く商品を推測してレコメンドする，最近ではお馴染みの仕組みである。

　建物に関わる情報は一商品の情報に比べてはるかに膨大なので，建物のデジタルツインでは，商品予測よりもはるかに複雑なプロセスと大量の情報量を有したバーチャルモデルを用いて，様々な予測を行なうことが必要であるが，過去のデータから傾向を導き出し，現在のデータと突き合わせて推論し，ごく近い未来についての答えを見つけるという原理はレコメンデーションと同様である。

　この他にも，デジタルツインでは次のようなことが可能になるとされている。
・設備の修理や部品交換などの保全を目的としたメンテナンス（予知保全）
・データを分析した結果を新規設計へとフィードバックすることによる品質向上
・設計や製造のコストダウン
・設計や施工に要する期間の短縮

　現実世界のデータを収集し，仮想空間でシミュレーションを行ない，その結果を現実世界へフィードバックする，という手法は極めて汎用性の高いものであり，デジタルツインを都市分野に拡げようとする動きもある。ビル，交通網，更には都市そのもののデジタルツインを作るといった試みも始まっている。

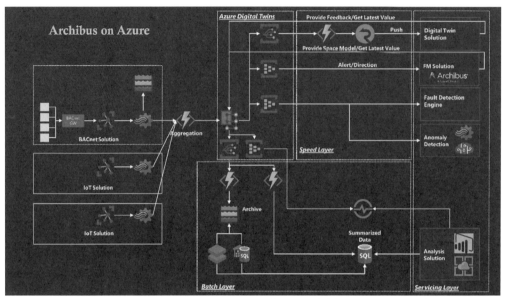

Digital Twin のシステムアーキテクチャ例（提供：株式会社アイスクウェアド）

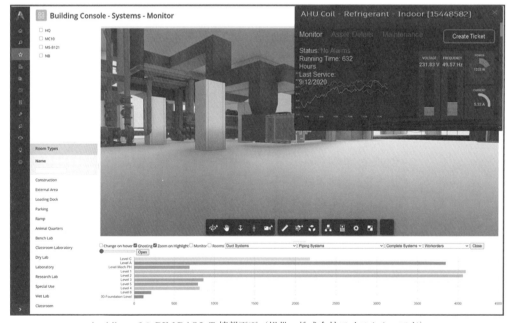

Archibus での BIM,BAS,IoT 情報画面（提供：株式会社アイスクウェアド）

第 **14** 章

ストック時代の建築生産

14・1　建築再生という仕事

14・1・1　建築界の一大転換期

　私たちは今，日本の建築界の一大転換期を迎えている。このことについては，第1章あるいは第5章で既に述べたところであるが，端的にいえば，明治以来の新築に偏向した建築界——新築に偏向した研究教育の内容，新築に偏向した産業の体制と技術，新築に偏向した法体系等の社会規範のあり方——に別れを告げ，ストック時代に相応しい建築界を目指すべき大転換期にある。そして，ストック時代に相応しい建築界においては，新築以外の仕事，すなわち，既存の建築物に手を加え，それを人々の居住環境として豊かに再生させる仕事，建築再生が大きな位置を占めることになろう。

14・1・2　建築再生の業務内容

　もちろん，建築再生がどんなに大きな位置を占めるようになろうと，その業務内容が新築と大きく変わらないのならば，取り立てて「ストック時代の建築生産」などと構える必要はない。しかし，実際にはその業務内容は新築と少なからず異なる。ここでは，再生の典型的なプロセスに沿ってそのことを確認しておこう。なお，ここでの説明の主な部分は，「建築再生学」（市ヶ谷出版社刊）の第1章「これからは建築再生の時代になる」から引用・転載している。

(1)　着　想

　新築時には事業主の着想は，現在ない（所有していないあるいは利用できない）建築に対する必要性に基づくが，再生の場合は現在ある（所有しているあるいは利用している）建築に対する何らかの不満あるいは改善の必要性に基

づく。したがって，通常，その発注の目的はより明確であり，新築時にはとにもかくにも建築が完成することである程度の満足を得られるが，再生の場合はいくら工事をしてもその目的を達成できなければ全く満足を得られない場合がある。

(2)　診　断

　既に建築とその所有者や利用者が存在する点が新築とは大きく異なり，再生ではそれらの診断が最も基本的な業務となる。建築各部の性能等に関する現状把握（図14・1）はもちろんのこと，所有者や利用者の持つ不満や希望を，潜在するものも含めて適切に把握することが求められる。そのため，新築時に不要だった各種の現状把握技術を修得あるいは創出する必要がある。その際，既存建築の欠点だけでなく，伸ばすべき素質を見極める能力も重要になる。

　この業務は建築に関する知識を必要とするため，建築士資格を有した人が従事するに相応しい業務である。

(3)　企　画

　新築の場合は，着想段階で事業主が建築の用途やおよその規模を決めていることが少なくないが，再生の場合，目的は明確であっても，例えば「収益性を改善したい」という目的に代表されるように，それが具体的な建築や工事の内容を示すものとは限らない。したがって，事業主の目的を満足する事業の内容や工事の範囲を明確にすることが企画段階での重要な業務になる。

　この場合，効果的な事業の内容に建築工事が含まれない場合もあり得る点には，業務遂行上必要なノウハウの種類の拡がりという観点から十分に留意する必要がある。したがって，従来

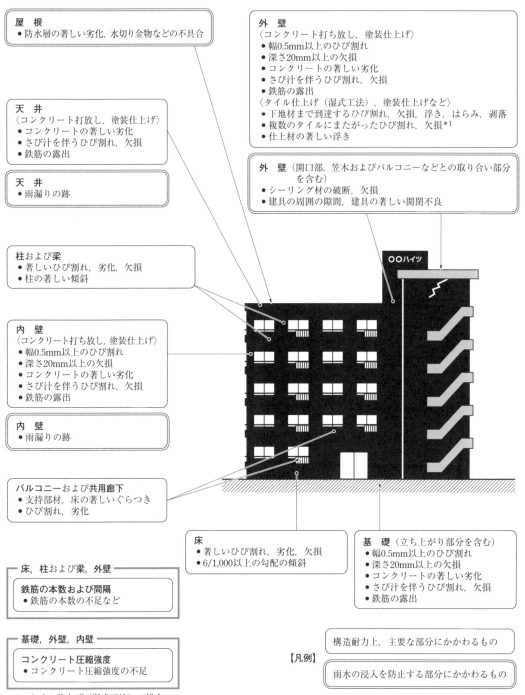

屋　根
● 防水層の著しい劣化，水切り金物などの不具合

外　壁
〈コンクリート打ち放し，塗装仕上げ〉
● 幅0.5mm以上のひび割れ
● 深さ20mm以上の欠損
● コンクリートの著しい劣化
● さび汁を伴うひび割れ，欠損
● 鉄筋の露出
〈タイル仕上げ（湿式工法），塗装仕上げなど〉
● 下地材まで到達するひび割れ，欠損，浮き，はらみ，剥落
● 複数のタイルにまたがったひび割れ，欠損*1
● 仕上材の著しい浮き

天　井
〈コンクリート打放し，塗装仕上げ〉
● コンクリートの著しい劣化
● さび汁を伴うひび割れ，欠損
● 鉄筋の露出

天　井
● 雨漏りの跡

外　壁（開口部，笠木およびバルコニーなどとの取り合い部分
　　　　を含む）
● シーリング材の破断，欠損
● 建具の周囲の隙間，建具の著しい開閉不良

柱および梁
● 著しいひび割れ，劣化，欠損
● 柱の著しい傾斜

内　壁
〈コンクリート打ち放し，塗装仕上げ〉
● 幅0.5mm以上のひび割れ
● 深さ20mm以上の欠損
● コンクリートの著しい劣化
● さび汁を伴うひび割れ，欠損
● 鉄筋の露出

内　壁
● 雨漏りの跡

バルコニーおよび共用廊下
● 支持部材，床の著しいぐらつき
● ひび割れ，劣化

床
● 著しいひび割れ，劣化，欠損
● 6/1,000以上の勾配の傾斜

基　礎（立ち上がり部分を含む）
● 幅0.5mm以上のひび割れ
● 深さ20mm以上の欠損
● コンクリートの著しい劣化
● さび汁を伴うひび割れ，欠損
● 鉄筋の露出

床，柱および梁，外壁
鉄筋の本数および間隔
● 鉄筋の本数の不足など

基礎，外壁，内壁
コンクリート圧縮強度
● コンクリート圧縮強度の不足

構造耐力上，主要な部分にかかわるもの

【凡例】

雨水の浸入を防止する部分にかかわるもの

＊1　タイル仕上げ（湿式工法）の場合
図14・1　既存住宅売買及びリフォーム工事における瑕疵担保責任保険制度の診断検査項目
（資料出所：国土交通省）

の建築に関する専門知識しか持たない人ではこの業務を担いきれず，ファイナンスやある用途空間の市場環境に通じ，かつ実施能力を持つ人と組むなどの，組織的な対応が必要な場合も大いにあり得る。

(4)　資金計画

住宅関連の各種の融資制度に代表されるように，新築の場合には事業資金の調達方法は多様であり，それを支える各種の制度も充実している。これに比べて，再生事業のための資金調達を支える各種の制度はまだまだ充実しておらず，定型的なものの種類も少ない。したがって，多くの場合，資金計画自体が事業の成否を決定付ける極めて重要な段階にあり，新築時以上に高度な専門知識が必要になる。

この業務の担い手に関しては，建築の専門家とは別の人や組織が考えられ，建築再生をより広がりのある分野にするには，そうした人あるいは組織の育成が肝要である。

(5)　設　計

まず，前述した診断結果からそこに示された問題の原因を見極める能力が強く求められる。同時に，既存建築の残すべき部分と変えるべき部分を判断するための明確な方針を持っておく必要がある。また，既存建築の改修を含む場合が多いため，既存建築の仕様やそれに相応しい改修方法に関する知識も十分に保有しておかねばならない。さらに，施工に関わる周辺環境等にも，また既存建築の部分的な取壊し範囲にも極めて個別性が強いため，施工手順等を意識した設計が新築時以上に求められることになる。

この業務の担い手としては建築士が最も相応しいが，以上のような新たな知識習得を心がける必要がある（図14・2）。

(6)　施　工

工事規模が千差万別である上，一部解体工事も加わり，既存建築を利用しながらの工事になる場合もある等，施工条件には新築にない難しさがある。仮設計画・揚重計画・騒音対策等の面で，高度な柔軟性が求められる。また，新築と同じ職種編成では非効率になる場合が少なくなく，プレハブ化・多能工化，チーム編成の工夫等，新たな手法を用いて，それぞれの再生工事に相応しい最適な計画を立案する能力が求められる（章末コラム参照）。

(7)　評　価

前述したように当初の事業目的がより明確であるため，それに対する成果は新築の場合と比較してよりはっきりとした形で表れやすい。専門家側の能力向上という観点からも，当初の目

建物名称：宇目町役場庁舎（旧林業研修センター）
再生設計：青木茂建築工房
竣工年　：新）1999年
用途　　：旧）研修センター　→　新）町役場

(a)　再生後の役場

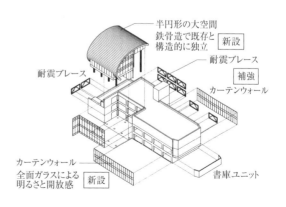

(b)　再生のための設計の要点

図14・2　建築再生の設計例（文献1）

撮影：多田ユウコ

撮影：絹巻豊

図14・3　豊崎長屋（大阪市／改修設計：大阪市立大学生活科学研究科 竹原・小池研究室）
　　　　大正時代に建てられた長屋群を暮らし継いでいくためのプロジェクト。伝統的な意匠や基準寸法を活か
　　　　しながら，構造補強や住みやすさの向上を実現している。

的と照らして事業主や利用者とともに，事業成果を評価することが有益であり，広く実践されることが望ましい。

　こうした新築とはかなり異なる建築再生の担い手については，上述した通りであるが，これらの一連の業務を円滑に連携させる組織化の例や，それを目指す新しいタイプの企業の例はまだ多くはなく，次々に現れることが期待されるところである。

14・2　建築再生の魅力と課題

14・2・1　建築再生の魅力

　建築再生は，新築では得にくい様々な魅力を有してもいる。続いて，住宅分野のリノベーション事例を交えながら，建築再生の面白さを見てみよう（文献2）。

(1)　時間の継承

　既存の建物を継承する建築再生では，時間のなかで蓄積された建物の価値や地域との関係をそのまま計画に取り込むことができる（図14・3）。

(2)　地域との関係

　建築再生は，まちづくりに向けた手段のひとつとして取り組まれるケースが多いのも特徴である。眠っていた空間資源を周囲に開くことで，地域の活性化を促していくことが狙いである（図14・4）。

図14・4　ホシノタニ団地
　　　　（神奈川県座間市／改修設計：ブルースタ
　　　　ジオ・大和小田急建設）
　　　　駅前に立地する鉄道会社の旧社宅を，地
　　　　域に開かれた広場やコミュニティキッチ
　　　　ンのある賃貸住宅に仕立て直した。

(3)　参加のしやすさ

　眼前にある建物を舞台とし，実施の範囲や程度も多岐にわたる建築再生では，着想から施工に至る様々な場面において，当事者である利用者や所有者の主体性が発揮されやすい。そのため，暮らしのあり方をユニークに掘り下げたプロジェクトに展開することも少なくない（図14・5）。

(4)　意外な空間

　新築の場合は，建物や部屋の用途に応じて，それぞれふさわしい寸法や材料が充てられるのが通常だが，用途変更を伴うコンバージョンなどの場合には，そうした近代合理主義的な考え

図14・5　吉浦ビル（福岡市）
空室の目立つ築古の建物を，入居者が自分でカスタマイズできる賃貸マンションとして再生した。1階には，地域に開かれた DIY 工房兼コミュニティスペースもある。従来は部屋が仕上がってから募集をかけていた賃貸住宅の世界で，入居者を空間づくりのパートナーとする動きが生まれている。

方にとらわれない豊かな空間が生まれる可能性がある（図14・6）。

図14・6　求道学舎
（東京都文京区／改修設計：近角建築設計事務所，集工舎建築都市デザイン研究所）
1926年に建てられた RC 造の歴史的建物をコーポラティブ方式で集合住宅に蘇らせた。3メートルを超える天井高など，現代の新築マンションではあり得ない贅沢な住空間が生まれている。

(5)　**引き算の発想**

建物の部分を取り除くことで豊かな環境を得る「減築」は，新築では不可能な再生固有のアプローチである（図14・7）。とりわけ建物の量が余っている現在，この手法の可能性は高まっている。

14・2・2　ストック時代に向けて解決すべき課題

2008年12月に「長期優良住宅の普及の促進に関する法律」（以下「長期優良住宅法」）が成立した（2021年に一部改正）。この法律には，新築偏向だったこれまでの建築生産から脱却し，ストック時代に相応しい建築生産に必要な土台作りとして，重要な事柄が示されている（図14・8）。

この法律に基づく国の基本方針では，「いいものを作って，きちんと手入れして，長く大切に使う」社会へ移行するための課題として，以下の3点が明示されている。

(1)　**建築段階における施策**（図14・9）
　①長期優良住宅建築等計画の認定制度の意義
　②質の高い住宅の建築・取得時の負担の軽減

(2)　**維持保全段階における施策**
　①住宅の計画的な点検，補修，交換等の実施及び記録への保存等
　②住宅のリフォームへの支援
　③住宅の管理体制の整備

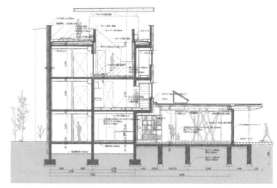

図14・7 パッシブタウン第3期街区（富山県黒部市／改修設計：キーアーキテクツ）
社宅跡地におけるローエネルギーのまちづくりの一環として進められた，既存住棟のリノベーションプロジェクト。徹底的な断熱改修を施すほか，4階建だった建物の4階まるごとと3階の一部を取り除き，立体的な空中庭園を設けている。

④資産としての住宅の活用

(3) **流通段階における施策**（図14・10）
　①既存住宅の流通の促進
　②既存住宅の性能・品質に関する評価の充実及び活用等
　③既存住宅の取引情報の充実
　④住替え・二地域居住の支援

14・3　おわりに

　「長期優良住宅法」に見られるように，ストック時代に相応しい建築生産を実現していくには，様々な取組みが必要であるが，挑戦しがいのある課題ばかりである。本書で学んだ学生諸君には，是非ともこれら新たな課題に取組み，明日の建築生産を担って頂ければと思う。

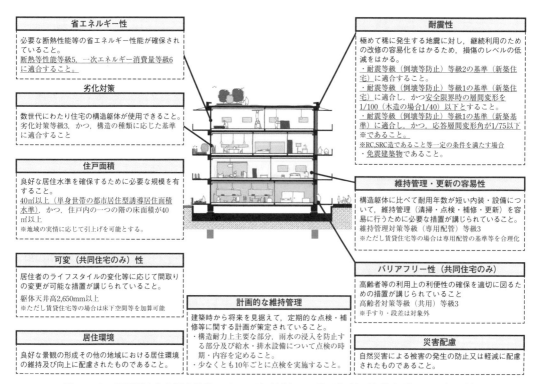

図14・9　長期優良住宅認定基準のイメージ（新築/RC 共同住宅）（資料出所：国土交通省）

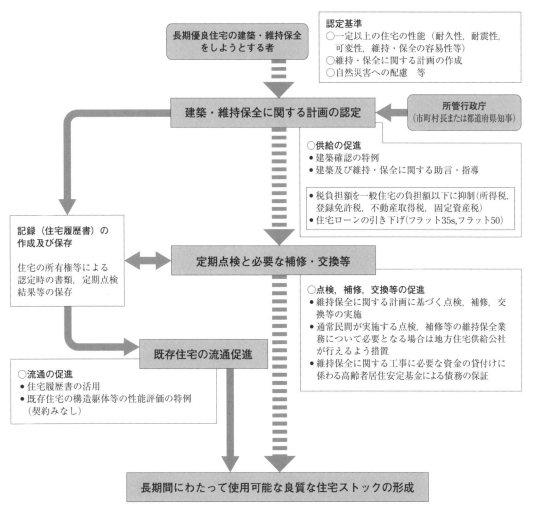

図 14・8 長期優良住宅のコンセプト（資料出所：国土交通省）

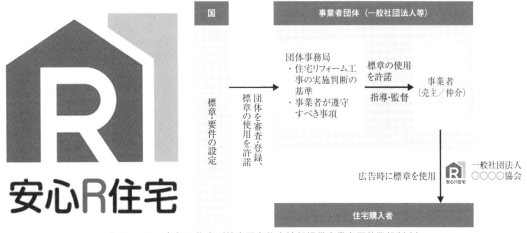

図 14・10 安心 R 住宅（特定既存住宅情報提供事業者団体登録制度）

耐震性があり，インスペクション（建物状況調査等）が行われ，リフォーム等について情報提供が行われる既存住宅に対し，国の関与のもとで事業者団体が標章（マーク）を付与するしくみ。「不安」「汚い」「わからない」といった従来のいわゆる「中古住宅」のイメージを払拭し，既存住宅の流通を促進することが狙われている。

コラム

団地再生：URルネッサンス計画　　　　　　　　　　　　　　　（森田芳朗）

　70万戸を超える賃貸住宅を全国に持つ都市再生機構（UR）は，1960年代後半以降に建てられた団地は，建て替えずに使い続ける方針を掲げている。2000年代末に始まったルネッサンス計画は，その再生方法を探るパイロットプロジェクトである。

　第1期「住棟単位での改修技術の開発」では，解体予定の住棟を用いて，最上階の減築によるまち並みのヒューマンスケール化，メゾネット化や二戸一化による住戸割りの再編，エレベータ設置によるバリアフリー化など，各種ハードの技術開発が行われた（図1）。

（a）最上階の躯体の一部を撤去し，建物のイメージを刷新した

（b）既存スラブをハンドブレーカーで一部撤去し，メゾネット化した。吹き抜けの周囲には梁を新設し補強している

（a）改修前（約1,270m²）

（b）改修後（約1,564m²）

施工フロー

① 準備工事
　（足場組み，墨出し）
　⇩
② 新旧躯体接合部の
　既存モルタルはつり
　⇩
③ 新旧躯体接合部に
　おける後施工アン
　カーの打設
　⇩
④ 鉄骨工事
　（鉄骨柱建方）
　⇩
⑤ 2階スラブ，手摺
　型枠建込み
　⇩
⑥ 2階スラブ配筋，
　型枠建込み
　⇩
⑦ コンクリート打設
　⇩
⑧ 仕上げ工事

（c）鉄骨工事（鉄骨柱建方）後

（d）2階スラブ配筋，型枠建込み

（e）コンクリート打設後

（c）階段室型住棟のバリアフリー化を図るため，既存の階段室を解体撤去し，共用廊下とエレベーターを新設した。階段室の解体撤去の工法は①ハンドブレーカー，②解体用ニブラー（重機），③ウォールソーによる大割解体（屋根スラブ残置，人力＋重機による搬出），④ウォールソーによる大割解体（屋根スラブ撤去，重機による搬出）の4タイプ，共用廊下の架構方式は①鉄骨柱＋RCスラブ，②鉄骨柱＋デッキ合成スラブ，③RC片持ち梁，④RC耐力壁＋RCスラブの4タイプを試行し，それぞれの施工性を検証した

図1　URルネッサンス計画1「住棟単位での改修技術の開発」によるひばりが丘団地ストック再生実証試験（文献3）

　続く第2期「住棟ルネッサンス事業」のテーマは，民間事業者との連携による団地再生の事業化である。そのリーディングプロジェクト「多摩平の森　住棟ルネッサンス事業」では，3者の事業者が15年または20年の定期借家契約で借り上げた住棟をそれぞれ改修し，各社のノウハウを生かしながら，シェアハウス，菜園付き住宅，高齢者向け住宅として経営する社会実験が進んでいる（図2）。

　公募で「たまむすびテラス」と名付けられたこのブロックは，団地単独で閉じることなく，地域に開かれたランドスケープを形成している。空き家や高齢化の問題が集積しやすく，「地域のお荷物」とみなされがちな団地を，「地域の資産」に位置付け直す試みである（文献4）。

（a）まちに開かれたデッキ

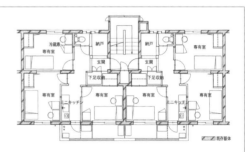

（b）基準階平面図。既存の3Kの間取りを生かし，3室1ユニットのシェアハウスとした。ユニットと個室の入り口にはそれぞれカードキーのセキュリティがある

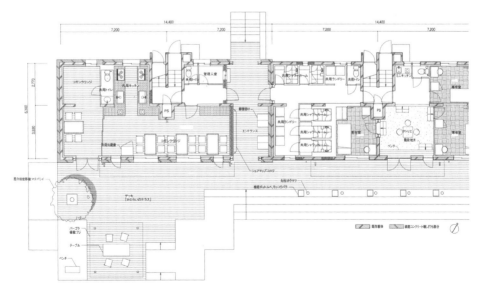

（c）1階平面図。長大な住棟の壁の一部を撤去し，通り抜けのできるトンネル状のエントランスを設けている。共用キッチンのあるコモンラウンジ，自由な使い方のできるアトリエなどが，オープンなデッキを介してまちとつながっている

図2　URルネッサンス計画2「住棟ルネッサンス事業」による団地型シェアハウス「りえんと多摩平」（文献4）

参考・引用文献

第1章
（文献1）PTW＋CCDI＋Arup 設計，写真提供：Arup
（文献2）日建設計中村光男・佐藤義信設計，写真撮影：日建設計井上幸江

第2章
1．蟹澤宏剛「専門工事業の業態と技能者の処遇に関する考察」日本建築学会建築生産シンポジウム論文集　2003年
2．岩下秀男「建築経済」理工図書　1983年
3．日本建設業団体連合会「建設業ハンドブック2020」2020年
4．日本建築学会建設労働小委員会「労務コストから展望する21世紀の建設産業」日本建築学会大会建築経済部門研究協議会資料　1999年
5．岩松準「建設労働の現状を理解するための統計データ集」建築コスト研究62, pp.53-61，2008.7.

（文献1）岩松準「諸外国の建築コストブックの実態に関する文献的調査：日・米・英の労務費の構成」建築コスト管理システム研究所　研究年報　第9号（平成22年度），2011.7

第3章
1．松村秀一「『住宅』という考え方－20世紀的住宅の系譜－」東京大学出版会　1999年

（文献1）坂本功監修「日本の木造住宅の100年」日本木造住宅産業協会　2001年
（文献2）山口廣「郊外住宅の系譜－東京の田園ユートピア」鹿島出版会　1987年
（文献3）住宅部品開発センター（現ベターリビング）「十年の歩み」1983年
（文献4）松村秀一「『住宅ができる世界』のしくみ」彰国社　1998年
（文献5）松村秀一「工業化住宅・考」学芸出版社　1987年
（文献6）佐藤考一，角田誠，森田芳朗，角倉英明，朝吹香菜子「図表でわかる建築生産レファレンス」彰国社　2017年

第4章
1．日本近代建築法制100年史編集委員会「日本近代建築法制の100年　市街地建築物法から建築基準法まで」日本建築センター　2019年
2．日本の近代・現代を支えた建築　建築技術100選　編集委員会「日本の近代・現代を支えた建築　－建築技術100選－」日本建築センター・建築技術教育普及センター　2019年
3．国土交通省第1回建築法体系勉強会資料「建築法体系の概要」2011年
https://www.mlit.go.jp/policy/shingikai/house05_sg_000088.html
4．国土交通省「建築物におけるバリアフリーについて」

『バリアフリー法（建築物分野に限る）の概要』2021年
https://www.mlit.go.jp/jutakukentiku/jutakukentiku_house_fr_000049.html
5．国土交通省「改正建築物省エネ法　オンライン講座テキスト（令和2年7月時点）」2020年
https://www.mlit.go.jp/jutakukentiku/shoenehou.html
6．首相官邸「第二百三回国会における菅内閣総理大臣所信表明演説」2020年
https://www.kantei.go.jp/jp/99_suga/statement/2020/1026shoshinhyomei.html
7．国土交通省「建築物の耐震改修の促進に関する法律等の改正概要（平成25年11月施行及び平成31年1月施行）」『建築物の耐震改修の促進に関する法律の概要』2021年
https://www.mlit.go.jp/jutakukentiku/build/jutakukentiku_house_fr_000054.html
8．経済産業省第6次エネルギー基本計画「2030年度におけるエネルギー需給の見通し（関連資料）」2021
https://www.meti.go.jp/press/2021/10/20211022005/20211022005.html

第5章
（文献1）松村秀一「団地再生——甦る欧米の集合住宅」彰国社　2001年

第6章
1．黒田隆・田村誠邦・高橋照男「建築プロジェクトのコストプランニング」建設物価調査会　1993年
2．田村誠邦「建築企画のフロンティア」建設物価調査会　1993年
3．エクスナレッジ編「都市建築不動産企画開発マニュアル」エクスナレッジ　2008年
4．三井不動産編「これからの賃貸住宅ビジネス」ダイヤモンド社　2001年
5．高橋寿太郎「建築と経営のあいだ　設計事務所の経営戦略をデザインする」学芸出版社　2020年

（文献1）高橋寿太郎他「建築学科のための不動産学基礎」学芸出版社　2021年

第7章
1．巽和夫，岩下秀男，ほか「新建築学大系22　建築企画」彰国社　1982年
2．古川修，永井規男，江口禎「新建築学大系44建築生産システム」彰国社　1982年
3．日本建築学会編「ソフト化時代の建築企画」海文堂　1994年
4．建築企画の実践編修委員会「建築企画の実践」彰国社　1995年
5．建築設計QM研究会編「建築設計のクオリティ・マネジメント」日本規格協会　1997年
6．日本建築学会建築設計ブリーフ特別研究委員会「建築設

計ブリーフの役割と効用」2001 年

7．日本建築学会建築設計ブリーフ特別研究委員会「ブリーフが拓く建築物の発注者と生産者の新たな関係」2002 年

8．日本建築学会建築設計ブリーフ特別研究委員会「建築設計プロセスにおけるブリーフ関連活動の実態と活用方法」2003 年

9．高橋寿太郎「建築と不動産のあいだそこにある価値を見つける不動産思考術」学芸出版社 2015 年

（文献 1）日本建築家協会「建築家の業務・報酬」2002 年
（文献 2）日本建築学会編「建築企画論」技報堂出版 1990 年
（文献 3）「建築学科のための不動産学基礎」6 章文献（1）と同じ
（文献 4）田村誠邦「建築企画のフロンティア」建設物価調査会 1993 年

第 8 章

1．古阪秀三，古川修，遠藤和義「建築プロジェクトマネジメント方式の国際比較」日本建築学会 1990 年
2．日本建築家協会「建築家の業務」1992 年
3．久富洋「施主のための建築発注方式ガイド」日経 BP 出版センター 1995 年
4．建築コスト管理システム研究所「建設工事の国際化に伴う契約関連図書等の在り方調査研究報告書」1995 年
5．建築設計 QM 研究会「建築設計のクオリティマネジメント」日本規格協会 1997 年
6．古阪秀三「設計と施工の統合に関する研究」1999 年
7．海外建設協会「海外建設工事の契約管理 第 1 部 契約管理の基礎知識」2000 年
8．CM 方式導入促進方策研究会「CM 方式導入促進方策調査報告書」2002 年
9．CM 方式導入促進方策研究会「地方公共団体の CM 方式活用マニュアル試案」2002 年
10．日本建築家協会「建築主・建築家及び施工者の役割分担からみた業務内容」2002 年
11．日本 CM 協会「CM ガイドブック 第 3 版」相模書房 2017 年
12．国土交通省大臣官房地方課・大臣官房技術調査課・大臣官房官庁営繕部計画課「国土交通省直轄工事における技術提案・交渉方式の運用ガイドライン」2020.1

（文献 1）齋藤隆「郵政建築における発注者の役割の変化に関する研究」京都大学博士論文 2017 年
（文献 2）古阪秀三総編集「建築生産ハンドブック」朝倉書店 2007
（文献 3）水川尚彦他：建築プロジェクトの発注者業務に関する研究－発注者側から見た建築生産プロセス－，日本建築学会計画系論文 No.598，pp.165-170，2005.12
（文献 4）古川修，永井規男，江口禎「建築生産システム，新建築学大系 44」彰国社 1982 年
（文献 5）国土交通省全国営繕主管課長会議「官公庁施設の設計業務に関する実態調査の結果 2017」2018.5
（文献 6）国土交通省大臣官房営繕部「質の高い建築設計の実現を目指して－プロポーザル方式－」2006.3

（文献 7）国土交通省資料より
（文献 8）国土交通省全国営繕主管課長会議中央省庁営繕担当課長連絡調整会議「公共建築工事総合評価落札方式適用マニュアル・事例集（第 2 版）」2020.7
（文献 9）日本建築家協会「顧客満足度と建築家の挑戦」1999.3
（文献 10）国土交通省不動産建設経済局建設業課入札制度企画指導室「地方公共団体におけるピュア型 CM 方式活用ガイドライン」2020.9

第 9 章

1．古川修ほか「新建築学大系 44 建築生産システム」彰国社 1982 年
2．西部明郎「設計監理の知識［増補改訂版］」鹿島出版会 1999 年
3．日本建築家協会「建築家の業務・報酬」（社）日本建築家協会 2002 年
4．日本建築家協会「建築実施設計図書作成基準」彰国社 2000 年
5．日本建築学会「建築雑誌 2002 年 3 月号特集 建築の情報技術革命」日本建築学会 2003 年
6．岡正樹ほか「施工 2000 年 5 月号特集［総合図］の可能性」彰国社 2000 年
7．国土交通省「業務報酬基準に関するパンフレット」新・建築士制度普及協会 2009 年

（文献 1）国土交通省告示第 15 号
（文献 2）奥村誠一「耐震改修をともなう建築再生における設計プロセスの体系化に関する研究」博士論文 2016 年
（文献 3）奥村誠一「都市環境の形成に寄与する意匠性を向上した外部からの耐震補強技術の開発－浜松市 S ビルの外付け耐震補強」日本建築学会 技術報告集 第 20 巻 第 44 号 2014 年
（文献 4）小笠原正豊「設計分業マトリクスを用いた設計プロセスのマネジメントに関する基礎的研究」博士論文 2017 年

第 10 章

1．建築工事建築数量積算研究会制定「建築数量積算基準・同解説 平成 29 年度版」建築コスト管理システム研究所編集 日本建築積算協会編集 建築コスト管理システム研究所発行 大成出版社 2017 年
2．国土交通省大臣官房官庁営繕部「建築工事内訳標準書式・同解説 平成 30 年度版」建築コスト管理システム研究所編集 日本建築積算協会編集 建築コスト管理システム研究所発行 大成出版社 2019 年
3．建設工事積算研究会編「建築工事の積算 改訂 7 版」経済調査会 2000 年
4．（公社）日本建築積算協会「建築積算テキスト」日本建築積算協会 2006 年
5．岩下秀男「建築設計講座 建築経済」理工図書 1983 年
6．（公社）日本建築積算協会「新・建築コスト管理士ガイドブック」2011 年

（文献1）（公社）日本建築積算協会「新・建築コスト管理士ガイドブック」2011 年
（文献2）国土交通省大臣官房官庁営繕部監修「公共建築工事積算基準の解説建築工事編」建築コスト管理システム研究所　2019 年
（文献3）工事歩掛研究会編「改訂16版　標準工事歩掛要覧〈建築・設備編〉」経済調査会　2008 年
（文献4）アルフォンス　J. デリゾッラ著，上野一郎監訳・嘉納成男・土屋　裕・　中神芳夫訳「建設プロジェクトにおける VE の活用」産能大学出版部　2001 年

第 11 章
（文献1）日本建築学会「建築工事における工程の計画と管理指針・同解説」2004 年
（文献2）内田祥哉編著「建築施工（改訂版）」市ヶ谷出版社　1999 年

第 12 章
1．日本建築学会「木造建築物等の解体工事施工指針（案）・同解説」丸善　2002 年
2．建設リサイクル法研究会「建設リサイクル法の解説」大成出版社　2000 年

（文献1）日本建築学会「鉄筋コンクリート造建築物等の解体工事施工指針（案）・同解説」丸善　1998 年
（文献2）解体・リサイクル技術ノート編集委員会「解体・リサイクル技術ノート」日本建築センター　1999 年

第 13 章
1．FM 推進連絡協議会編「公式ガイド　ファシリティマネジメント」日本経済新聞社　2018 年
2．FM 推進連絡協議会編「総解説　ファシリティマネジメント　追補版」日本経済新聞社　2009 年
3．田村伸夫「経営資源としての建物の最適化を図るための建物総合性能の定量的評価手法の開発とケーススタディ（その1）」日本建築学会誌　116 巻1481 号　技術報告集第 14 号 2001 年
4．田村伸夫「経営資源としての建物の最適化を図るための建物総合性能の定量的評価手法の開発とケーススタディ（その2）」日本建築学会誌　117 巻1490 号　技術報告集第 15 号 2002 年
5．田村伸夫「建物性能の定量的評価手法」NTT ファシリティーズジャーナル vol. 41　No. 238　2003 年
6．内田祥哉「現代建築の造られ方」市ヶ谷出版社　2002 年
7．佐々木秀一「ベーシック　財務諸表入門」日本経済新聞社　2002 年

（文献1）FM 推進連絡協議会編「総解説　ファシリティマネジメント」日本経済新聞社　2003 年

第 14 章
（文献1）松村秀一編著「建築再生の進め方──ストック時代の建築学入門」市ヶ谷出版社　2007 年
（文献2）佐藤考一ほか「図表でわかる建築生産レファレンス」彰国社　2017 年
（文献3）写真提供：UR 都市機構
（文献4）松村秀一編著「建築再生学」市ヶ谷出版社　2016 年

索　　引

あとがき

　「建築生産」（第一版）は，それまで日本になかった全く新しい内容の教科書を目指して，2002 年（今から 20 年前）に編修・執筆に入り，2004 年 4 月に刊行された。A5 版ハードカバーであった。その時の執筆陣（括弧内は 2009 年第一版第 3 刷当時）は，秋山哲一さん（東洋大学教授），浦江真人さん（東洋大学助教授），遠藤和義さん（工学院大学教授），角田誠さん（首都大学東京教授）と私の 5 名が編修執筆委員，五條渉さん（国土技術政策総合研究所建築災害対策官），田村伸夫さん（故人）（NTT ファシリティーズ FM アシスト FM データベースセンタ所長），田村誠邦さん（アークブレイン代表取締役），平野吉信さん（広島大学教授）の 4 名が執筆委員だった。

　第一版発行から 7 年を経て，2010 年（今から 13 年前）に第二版の改版作業を開始した。第一版では初物の意欲からやや詰め込みすぎだったと反省して内容を少し減らし，図表類を増やすなどすることで，よりわかりやすくした。これは「第二版発行にあたって」に記述したが，出版社の方針で今回も掲載した。2010 年 10 月に刊行された「建築生産【第二版】」では，平野さんを除く 8 名全員が編修執筆委員を務めた。第一版よりも大きめの B5 版ソフトカバーになり，内容もわかりやすくなったことで，教科書として採用して下さる大学も増えた。

　それから 10 年が過ぎると，編修執筆委員の多くが大学で教鞭をとる立場から離れる年齢を目前に控える時期になった。そこで，これから長く建築生産関連の教育・研究に携わる若い方々に仲間に加わって頂き，第二版の構成と内容を土台として活かしながら，新たな視点から加筆等をして頂くことで，第三版を作成することにした。

　第二版の編修執筆委員では私だけが第三版のそれに名を連ねることになったが，第三版の構成と内容の多くを，故人となった田村伸夫さんを含む 7 名の第二版の編修執筆委員の方々に負っている。貴重な知財を次の世代を担う方々に快くバトンタッチされた秋山さん，浦江さん，遠藤さん，五條さん，田村さん，角田さんに心より敬意を表したい。

　また，新たな編修執筆委員の方々には，継承した内容を活かしながらの執筆という難しい面のある作業をして頂いた。第二版の編修執筆委員を代表して謝意を表したい。

2022 年 6 月

松村秀一

〔編著者〕

松村秀一　Shuichi MATSUMURA
　　　　　1980 年　東京大学工学部建築学科卒業
　　　　　1985 年　同大学院修了
　　　　　現　在　東京大学大学院工学系研究科建築学専攻　特任教授
権藤智之　Tomoyuki GONDO
　　　　　2006 年　東京大学工学部建築学科卒業
　　　　　2011 年　同大学院修了
　　　　　現　在　東京大学大学院工学系研究科建築学専攻　准教授

〔執筆者〕（五十音順）

磯部孝行　Takayuki ISOBE
　　　　　武蔵野大学　工学部
　　　　　環境システム学科　講師
岩村雅人　Masato IWAMURA
　　　　　工学院大学　建築学部
　　　　　建築学科　教授
小笠原正豊　Masatoyo OGASAWARA
　　　　　東京電機大学未来科学部建築学科　准教授
奥村誠一　Seiichi OKUMURA
　　　　　文化学園大学造形学部
　　　　　建築・インテリア学科　准教授
片岡　誠　Makoto KATAOKA
　　　　　日本工業大学　建築学部　建築学科　教授
佐々木留美子　Rumiko SASAKI
　　　　　東北工業大学　建築学部建築学科　講師

杉田　洋　Hiroshi SUGITA
　　　　　広島工業大学　建築デザイン学科　教授
角倉英明　Hideaki SUMIKURA
　　　　　広島大学大学院先進理工系科学研究科
　　　　　建築学プログラム　准教授
高橋寿太郎　Jutaro TAKAHASHI
　　　　　創造系不動産
　　　　　神奈川大学　建築学部　教授
西野佐弥香　Sayaka NISHINO
　　　　　京都大学大学院工学研究科
　　　　　建築学専攻　准教授
森田芳朗　Yoshiro MORITA
　　　　　東京工芸大学工学部工学科　教授
渡邊史郎　Shiro WATANABE
　　　　　国立研究開発法人建築研究所
　　　　　建築生産研究グループ　主任研究員

〔建築生産　旧著者〕

松村秀一（編著）

秋山哲一　　浦江真人　　遠藤和義　　五條渉　　田村伸夫　　田村誠邦　　角田誠

（肩書きは，第三版発行時）

建築新講座テキスト建築生産（第三版）

2004 年 4 月 5 日　　初 版 発 行
2010 年 10 月 25 日　　第 二 版 発 行
2022 年 8 月 15 日　　第 三 版 発 行
2024 年 2 月 28 日　　第三版第 2 刷

編 著 者　　松 村 秀 一・権 藤 智 之

発 行 者　　澤 崎 明 治

（印刷・製本）　大日本法令印刷
装丁　加藤三喜

発 行 所　　株式会社 市ヶ谷出版社
東京都千代田区五番町 5
電話　03-3265-3711（代）
FAX　03-3265-4008
http://www.ichigayashuppan.co.jp

ⓒ2022　　　　　ISBN978-4-87071-299-7